La Soif des entreprises

DU MÊME AUTEUR

The Plot to Save the World, Toronto, Clarke, Irwin, 1973.

Fuelling Canada's Future, Toronto, Macmilan of Canada, 1974.

Making Connections, Toronto, Gage Pub, 1979.

Ockham's Razor, Toronto, Patrick Crean Editions, 1999.

Spirit of the Web, Toronto, Key Porter Books, 1999.

Galileo's Mistake, Toronto, Thomas Allen, 2001.

WADE ROWLAND

La Soif des entreprises

Traduit de l'anglais par Julie Lavallée

Constantes

HURTUBISE
HMH

Catalogage avant publication de Bibliothèque et Archives Canada

Rowland, Wade, 1944-

La soif des entreprises : cupidité inc.

(Collection Constantes)
Traduction de : Greed, Inc.
Comprend des réf. bibliogr.

ISBN 2-89428-857-3

1. Progrès - Histoire. 2. Civilisation - Histoire. 3. Environnement –
Dégradation. I. Titre. II. Collection.

HF5387.R6914 2006   174'.4   C2005-942507-5

Les Éditions Hurtubise HMH bénéficient du soutien financier des institutions
suivantes pour leurs activités d'édition :

· Conseil des Arts du Canada ;
· Gouvernement du Canada par l'entremise du Programme d'aide au déve-
loppement de l'industrie de l'édition (PADIÉ) ;
· Société de développement des entreprises culturelles du Québec (SODEC) ;
· Programme de crédit d'impôt pour l'édition de livres du gouvernement du
Québec

Maquette de la couverture : Olivier Lasser
Maquette intérieure et mise en page : Andréa Joseph [PageXpress]
Traduction : Julie Lavallée

Éditions Hurtubise HMH ltée   DISTRIBUTION EN FRANCE :
1815, avenue De Lorimier   Librairie du Québec / DNM
Montréal (Québec) H2K 3W6   30, rue Gay-Lussac
Tél. : (514) 523-1523   75005 Paris
                                     www.librairieduquebec.fr

ISBN 2-89428-857-3

Dépôt légal : 1er trimestre 2006
Bibliothèque nationale du Québec
Bibliothèque nationale du Canada

Imprimé au Canada
www.hurtubisehmh.com

Ce livre est dédié à Christine Collie Rowland,
femme de la Renaissance.

La plus grande tâche qui attend la civilisation est de rendre les machines telles
qu'elles devraient être : les esclaves des
hommes plutôt que leurs maîtres.

Havelock Ellis

L'entreprise est une machine qui sert à
faire de l'argent.

Auteur anonyme

Remerciements

J'ai effectué la plupart des recherches liées à ce livre tandis que j'étais titulaire de la chaire en éthique dans les médias Maclean Hunter de l'Université Ryerson de Toronto et au cours de mes études de doctorat en communication et culture à l'Université York, également située à Toronto. Je suis reconnaissant envers l'école de journalisme de Ryerson et sa faculté de m'avoir donné l'occasion d'enseigner et de faire de la recherche pendant deux ans dans un domaine qui m'inspire un constant intérêt, et envers les nombreux étudiants qui m'ont aidé à préciser mes idées. À York, de nombreux membres de la faculté m'ont guidé dans ma réflexion sur l'éthique et la nature des sociétés par actions modernes. J'aimerais tout particulièrement remercier les professeurs Beth Seaton et David F. Noble, qui ont tous deux largement dépassé leur mandat en tant que professeurs et conseillers. Ils ont été pour moi des exemples vivants de la vraie nature du professorat. Et puis, comme toujours, je suis reconnaissant envers mon éditeur, Patrick Crean, dont j'apprécie tant l'appui inébranlable et les encouragements constants.

Introduction

NOUS VIVONS DANS LA MEILLEURE et la pire des époques. La démocratie libérale se répand dans le monde avec un succès triomphal. La technologie a révolutionné les transports, les communications et l'accès à l'information. Les sciences médicales ont contribué à prolonger nos vies et à nous les simplifier de milliers de manières différentes. La société de consommation nous procure une satisfaction instantanée de nos moindres désirs matériels. Le progrès est en marche.

Parallèlement à tout cela, on ressent un malaise. Nous sommes moins heureux qu'avant ; on dirait que quelque chose cloche. D'une part, nous faisons un vrai gâchis de notre planète. D'autre part, les objectifs éternels que sont la justice et l'équité semblent s'estomper à un rythme accéléré. Il n'y a pas que le progrès qui soit en plein essor, mais aussi l'avidité. Comme l'expose un essai paru récemment dans *The Guardian :* « L'idée même de ce que cela signifie d'être humain, et les conditions nécessaires à l'épanouissement des qualités humaines, sont en train de s'éroder[1]. »

Cet essai signale trois tendances qui sont en train de modifier profondément la nature de notre société. La première est l'essor de l'individualisme. « Nous vivons à une époque où l'égoïsme va de soi, et dans laquelle

l'essor de l'individualisme [...] a fait du *soi* l'intérêt
dominant et le point de référence universel, comme il a
fait des besoins personnels la justification absolue de
tout.» La deuxième tendance consiste en l'intrusion
implacable du marché dans chaque aspect de la société.
«La logique du marché est devenue universelle. Elle
n'est pas seulement l'idéologie des néolibéraux, mais
celle de tout le monde. C'est cette logique que nous
employons dans le contexte de notre emploi ou de nos
achats, mais aussi dans notre vie personnelle et jusque
dans nos relations les plus intimes. Elle érode la notion
même de ce que cela signifie que d'être humain.» La troisième tendance est la révolution au sein des technologies
de la communication, qui «efface progressivement le
temps dont nous disposons et qui accélère notre rythme
de vie». Ce qui a pour résultat net que tout ce qui prime
dans la vie humaine s'estompe devant les tensions
incessantes d'une société égoïste mue par le marché.

Personnellement, je suis ambivalent à propos de la
valeur et du sens de l'amélioration des technologies de
la communication. Je ne peux m'empêcher de penser
qu'Internet et toutes les ressources que cet outil met à
notre portée doivent être une bonne chose. Les télé-
phones cellulaires, malgré toutes leurs fonctions aga-
çantes, sauvent régulièrement des vies et procurent une
certaine sécurité. Je suis toujours heureux de prendre un
appel de ma fille qui se rend à un cours à l'université, ou
de mon fils qui veut que nous allions prendre un café
ensemble quelque part en ville. En ce qui concerne le
courriel, je n'ai pas encore décidé s'il s'agit d'une malé-
diction ou d'une bénédiction. En revanche, je suis
convaincu que la télévision, en raison de son caractère
commercial, fait plus de mal que de bien.

Je place l'égoïsme et l'essor de l'individualisme au
cœur des problèmes que je souhaite aborder dans ce

livre. L'avidité, que l'on définit généralement comme un instinct de possession pour tout ce qui se consomme, est un symptôme de l'intérêt personnel poussé trop loin. Dans un célèbre discours tiré du film *Wall Street* d'Oliver Stone (1987), Gordon Gekko, homme d'affaires et requin de la finance interprété par Michael Douglas, dit ceci à propos de l'avidité :

> Certains m'accusent de voracité ; eh bien la voracité, je dirais plutôt la faim, est utile ; la faim est bonne, la faim est un moteur, la faim clarifie les problèmes ; elle décèle et s'imprègne de l'essence même de l'évolution de l'esprit. La faim sous toutes ses formes, oui, la faim de la vie, de l'amour, de l'argent, de la connaissance a marqué chaque pas en avant de l'humanité et la faim, notez bien mes paroles, va non seulement sauver cette entreprise mais aussi cette belle société si mal gérée que sont les États-Unis.

Le discours de Gekko, choquant dans son contexte, est souvent cité comme résumant bien l'éthique du « moi d'abord » qui était prônée dans les années 1980. Mais ce pourrait aussi être le *credo* du capitalisme d'entreprise moderne en général, un énoncé prétendument précis de la manière dont fonctionne le monde et dont il doit fonctionner. Je remarque, par exemple, que les républicains du Whitman College (Washington) affichent ce discours sur leur site Web, avec la mention : « Son personnage était peut-être désagréable, mais son discours était tout à fait juste. »

Cette ambivalence quant à l'avidité et à l'intérêt personnel est essentielle pour comprendre ce que je considère comme une faille profonde dans le cours de ce qu'on en est venu à appeler le progrès. Je veux parler, le plus clairement possible, de la façon dont nous nous sommes trompés de route et du moment où cela s'est produit. En tant que créatures imparfaites, nous ne pourrons jamais créer une société parfaite, mais nous pouvons faire beaucoup mieux que nos récentes réalisations. Pour y arriver, nous devons d'abord comprendre la source du problème, et ensuite le régler.

Les théoriciens de la société et autres commentateurs pointent régulièrement du doigt le capitalisme comme source des maux sociaux. Sans aucun doute, mais où cela nous mène-t-il ? Comment pouvons-nous modifier les préceptes à la base de la société ? Comment pouvons-nous réformer le capitalisme ? Cette tâche semble colossale, voire impossible à accomplir. L'essai de *The Guardian* conclut par ces mots :

> « Et que peut-on y faire ? » demandent les bûcheurs acharnés. Pas grand-chose, je suppose. [...] Si suffisamment de gens se rendent compte de ce qui s'est produit et de ce qui continue de se produire, nous pourrions peut-être retrouver un peu de nous-mêmes ou, du moins, récupérer ce que nous avons perdu.

Le présent ouvrage donne à penser qu'il est certainement possible d'agir à ce sujet, mais qu'il faut d'abord déterminer clairement la nature du problème structurel auquel nous faisons face. Le véritable problème n'est pas le capitalisme ni le capitalisme de marché, mais bien le capitalisme d'*entreprise*. Ce sont les sociétés par actions modernes qui détournent et dominent le capitalisme.

Nous savons tous que les entreprises ont souvent un comportement profondément antisocial. Des sociétés pharmaceutiques dissimulent les résultats d'essais défavorables ; des pétrolières dégradent l'environnement ; des fabricants de vêtements exploitent une main-d'œuvre enfantine ; des constructeurs automobiles mettent sur le marché, en toute connaissance de cause, des véhicules ayant des vices de conception pouvant entraîner la mort ;

des entreprises médiatiques diffusent des images de violence aux enfants. Lorsqu'elles sont surprises à commettre un crime, les compagnies tentent habituellement de s'en sortir en cachant la vérité. En fait, elles mentent généralement dans le cadre de la publicité sur leurs produits et services et de leurs relations publiques, et on dirait qu'elles s'en foutent complètement.

La question est la suivante : *pourquoi* donc les entreprises se conduisent-elles comme des sociopathes ? La réponse réside, selon moi, dans l'exploration de la sagesse éthique du quotidien, sujet qui semble aller de soi mais qui est pourtant négligé. Plus particulièrement lorsqu'on se pose cette autre question : l'intérêt personnel chez les humains est-il inné, ou tendons-nous instinctivement vers un comportement tourné vers les autres, authentiquement bienveillant et altruiste ? Cette question, débattue dans des temps aussi lointains que ceux de Socrate, le premier philosophe moral, est d'une extrême importance. En effet, si nous croyons que nous sommes égoïstes de nature, nous devons également croire que ce que nous appelons le comportement moral — un comportement qui favorise le bien-être des autres — est issu des structures sociales. Quelle autre origine pourrait-il avoir ? En revanche, si nous sommes convaincus que le comportement moral est l'expression d'une sensibilité ou d'un instinct éthique inné, nous sommes susceptibles de conclure que les structures sociales sont *rendues possibles* par cette impulsion morale.

Qu'est-ce que cela a à voir avec les entreprises et leurs défauts ? Simplement que les hommes (c'étaient tous des hommes) qui ont conçu l'économie de marché, soit l'institution sociale dominante de la fin de l'ère moderne, et qui ont adapté l'ancien instrument juridique qu'était la compagnie pour mener leurs activités en son sein, étaient convaincus que la moralité était générée par les institutions sociales. Les sciences sociales, qui venaient d'apparaître aux XVIIIe et XIXe siècles, défendaient avec assurance l'égoïsme et l'avidité comme des caractéristiques universelles et irrépressibles des êtres humains. Le marché et l'entreprise étaient tous deux conçus comme des mécanismes servant à corriger ces défauts *en fabricant automatiquement le bien commun à partir du vice individuel.* Ces machines servaient à synthétiser le comportement éthique.

À l'instar du plus élégant des ponts, qui s'écroulera si les ingénieurs ont commis des erreurs de physique, les constructions sociales comme le marché et l'entreprise échoueront, souvent de façon spectaculaire et surprenante, si elles reposent sur de fausses hypothèses à propos des relations humaines. C'est ce qui s'est produit pour la compagnie, qui apparaît comme un projet d'ingénierie dont on aurait perdu le contrôle.

La vision rationaliste de l'essence morale de l'être humain aux XVIIIe et XIXe siècles, selon laquelle nous sommes dénués de morale en l'absence de la société et de ses institutions, est un point de vue qui contredit directement la plupart des considérations antérieures sur la morale. En effet, la philosophie prérationaliste plaçait la source du comportement éthique en soi, dans une impulsion ou un instinct moral inné. La vision rationaliste représente un tournant très important dans la manière de percevoir le monde, car si l'on accepte que la société est un précurseur nécessaire à la moralité, il faut également accepter que la moralité dépend de la société, et que des sociétés différentes auront des moralités différentes, toutes également valables dans leurs propres contextes. Cela procure un argument solide au relativisme moral et crée un environnement social dans lequel les circonstances, et non les principes, déterminent le bien et le mal. Cette vision prescrit également une certaine approche de la construction et de la gestion des institutions sociales ; approche découlant essentiellement de la manière dont le comportement éthique doit être imposé, plutôt que décidé par les membres de la société, et encouragé. Ce n'est pas une coïncidence s'il s'agit exactement du type de comportement requis par le capitalisme d'entreprise moderne et son éthique du consommateur, et par-dessus tout, par les entreprises modernes, lesquelles constituent le sujet principal de ce livre.

En quelques lignes, le problème posé par les compagnies est qu'elles ont été conçues pour ne reproduire qu'un seul des nombreux aspects de la psyché humaine : l'avidité. Elles ne recherchent que le profit. En outre, elles ne reflètent aucune des qualités des hommes, compensatrices de leurs défauts, que sont les produits de l'impulsion morale. En tant qu'acteur prédominant dans l'institution sociétale prééminente que constitue le marché, l'entreprise personnifie et amplifie le côté vénal de la nature humaine, tant et si bien qu'elle a réussi à refaçonner les grands traits de la société occidentale en une image unidimensionnelle. Cela n'avait pas été prévu ainsi ; l'alchimie du marché devait s'accomplir et transformer l'avidité de l'entreprise en bien-être commun, mais quelque part le long du chemin qui nous a menés jusqu'ici, les entreprises ont pris le dessus et le pouvoir. Il est essentiel de savoir d'abord comment et quand cela s'est produit afin de pouvoir corriger cette erreur de parcours historique.

Les quelques termes techniques que j'ai cru nécessaire d'utiliser dans cet ouvrage seront définis et expliqués au fur et à mesure qu'ils se présenteront. Voici tout de même quelques définitions qui pourraient être utiles aux lecteurs dès maintenant :

Le terme *rationalisme*, tel que je l'ai employé, désigne une théorie selon laquelle l'exercice de la raison, contrairement à l'autorité, à la révélation spirituelle, à l'instinct et l'intuition ou même aux perceptions sensorielles, est la *seule* source de savoir valable et fiable. La science, qui est issue de la raison, est donc une source de savoir supérieure à la religion, qui relève de la révélation et de l'autorité. Le rationalisme est une théorie du savoir.

Le *déterminisme* est une théorie selon laquelle chaque événement, acte et décision découle inévitablement des conditions préalables qui sont indépendantes de la volonté humaine et donc immuables. Le déterminisme explique pourquoi et comment les choses se produisent.

Les premiers penseurs rationalistes étaient fortement déterministes, ce qui signifie qu'ils croyaient que la plupart, sinon tous les événements et toutes les décisions de la vie, étaient déterminés par les lois de la nature, lesquelles étaient indépendantes de la volonté des humains.

En employant les termes « éthique », « moralité » et leurs variantes de manière interchangeable tout au long du présent ouvrage, j'ai suivi une convention pédagogique sans tenir compte des autres. Les conventions pédagogiques sont pertinentes dans leur contexte, mais pour les besoins de ce livre, le fait de donner différents sens à un mot aurait été tout simplement trop compliqué. Le mot *éthique* a une racine grecque et, le mot *moralité*, une racine latine, et elles se rapportent toutes deux à la notion de Bien.

Note

1. Martin Jacques, « The Death of Intimacy », *The Guardian*, le 18 septembre 2004.

PREMIÈRE PARTIE

Comment l'économie a perverti la moralité et pourquoi cela est important ?

On peut dire que les « moyens » utilisés par un homme sont beaucoup plus importants que la « fin » qu'il recherche, car ils expriment mieux l'esprit dans lequel il agit. Si un homme lutte pour la liberté au moyen de la tyrannie, pour l'amour au moyen de la haine, pour la fraternité au moyen de la dissension et pour la vérité au moyen du mensonge, il est peu probable que la noblesse de ses objectifs vienne adoucir le jugement porté à son égard. Selon moi, un homme qui a lutté pour la tyrannie, la haine, le mensonge et la dissension au moyen de la liberté, de l'amour, de la vérité et de la fraternité est le meilleur des deux.

Nicolay Berdyaev, *The Destiny of Man* (1937).

Chapitre premier

Le voyage du pèlerin

L'AUTOROUTE 401, artère principale du Canada, ondoie parmi les paisibles collines de Northumberland qui longent la rive nord du lac Ontario, à quelques kilomètres de l'endroit où j'habite. L'autoroute en elle-même n'a rien de paisible ; elle est réputée être la plus achalandée d'Amérique du Nord, et le fait de rouler dessus vous donne un assez bon aperçu de l'état du monde. Au fil des ans, par exemple, surtout depuis la conclusion de l'Accord de libre-échange nord-américain, on a observé une augmentation marquée du nombre de camions, immenses poids lourds qui passent en trombe à 120 km/h peu importe le temps qu'il fait, qui transportent un peu de tout : des pièces automobiles jusqu'aux déchets chimiques, du bois d'œuvre jusqu'aux motoneiges, et des détritus destinés à des lieux d'enfouissements se trouvant à des centaines de kilomètres jusqu'aux produits frais provenant du Mexique. Des dizaines de milliers de voitures y circulent, conduites par des banlieusards qui, les mains crispées sur le volant, s'efforcent de se tenir à l'écart des semi-remorques en allant et venant de leurs lieux de travail situés à Toronto et dans les environs. Ils roulent parfois coincés aux côtés de remorques remplies de volailles et d'animaux d'élevage terrifiés, provenant de parcs d'engraissement surpeuplés et de fermes industrielles, en route vers les abattoirs de la ville.

Juste au sud de l'autoroute, non loin du lac, le réseau de chemin de fer du pays court le long de voies ferrées doubles, et on peut parfois apercevoir les pathétiques petits trains bleus et jaunes de Via Rail, comptant trois ou quatre wagons, qui représentent le service ferroviaire national pour passagers. Un grand nombre, si ce n'est la plupart, des banlieusards qui font la navette en automobile préféreraient prendre le train, mais le service n'est pas assez fréquent ni fiable, et coûte trop cher. Plus près de la ville, là où l'autoroute commence à s'élargir, passant de 6 à 8, puis finalement à 16 voies, il est possible de prendre un train GO, mais au fil du temps, ce train de banlieue à deux étages, mis en service par le gouvernement provincial d'une autre époque, a vu ses subventions réduites, et le service n'est pas parvenu à satisfaire la demande.

J'ai fait la navette des milliers de fois entre Hope Township, où je jouis d'un environnement bucolique, et Toronto, où j'ai travaillé pendant de nombreuses années, faisant une croix sur deux ou trois heures de ma vie à chaque voyage, seul dans mon automobile. Je comptais sur la radio (merci CBC !) et sur des cassettes de musique pour m'aider à préserver ma santé mentale. L'une des cassettes que je faisais jouer de temps en temps était enregistrée par la chanteuse et artiste multidisciplinaire Laurie Anderson, et l'une des pièces me semblait toujours convenir à la route. Intitulée *The Dream Before*, la pièce est une adaptation musicale de l'image poétique et poignante de l'« ange de l'histoire » de Walter Benjamin. Ce n'est que longtemps plus tard que je suis tombé sur le texte original :

Il existe un tableau de Klee qui s'intitule *Angelus Novus*. Il représente un ange qui semble avoir dessein de s'éloigner de ce à quoi son regard est rivé. Ses yeux sont écarquillés, sa bouche ouverte, ses ailes déployées. Tel est l'aspect que doit nécessairement avoir l'ange de l'histoire. Il a le visage tourné vers le passé. Où paraît devant nous une suite d'événements, il ne voit qu'une seule et unique catastrophe, qui ne cesse d'amonceler ruines sur ruines et les jette à ses pieds. Il voudrait bien s'attarder, réveiller les morts et rassembler les vaincus. Mais du paradis souffle une tempête qui s'est prise dans ses ailes, si forte que l'ange ne peut plus les refermer. Cette tempête le pousse incessamment vers l'avenir auquel il tourne le dos, cependant que jusqu'au ciel devant lui s'accumulent les ruines. Cette tempête est ce que nous appelons le progrès[1].

En route vers mon emploi au sein d'une entreprise, j'avais amplement de quoi réfléchir. Beaucoup de choses dans ma vie me rendaient heureux, je jouissais même de plus que de ma juste part de bonheur. Toutefois, je trouvais de plus en plus difficile de demeurer enjoué, car un trop grand nombre d'éléments de ces va-et-vient en automobile me dérangeaient. J'étais troublé à l'idée de parcourir une centaine de kilomètres dans un véhicule qui engloutissait de l'essence et qui vomissait du smog ; troublé de constater le pitoyable manque de transports en commun comme solution de rechange, ce qui en disait long sur la société ; troublé par l'étendue maligne de subdivisions débordant régulièrement des paysages autrefois verdoyants séparant la grande ville de ma petite propriété rurale, ce qui en disait long quant à notre impact sur la planète.

J'ai souvent eu l'impression que, depuis ma naissance, le monde a connu un mouvement d'abandon radical des préoccupations relatives au bien-être public et aux objectifs et valeurs communautaires au profit d'une attitude du « moi d'abord » axée sur l'individu, qui caractérisait les années 1980 mais qui était devenue de plus en plus courante au cours des trois décennies précédentes. Les institutions qui reflétaient notre côté noble et généreux échouaient, subsistant grâce à des budgets de ventes de pâtisseries maison, tandis que celles qui reflétaient notre côté vénal fleurissaient et érigeaient de séculières cathédrales de verre et d'acier au cœur de nos villes. C'était à n'y rien comprendre.

Quand je me laissais aller à réfléchir là-dessus, j'étais encore plus perturbé à la pensée de ce que mon emploi exigeait de moi une fois arrivé au bureau. À cette époque, ma conscience me soufflait que les nouvelles, telles que je les préparais chaque soir pour l'auditoire télévisuel national, faisaient beaucoup de tort en éveillant des peurs non fondées, en simplifiant à l'extrême des éléments intrinsèquement complexes, en se prêtant à une curiosité vulgaire, en traitant la politique comme un événement sportif, en présentant des spéculations comme des faits, en brossant un tableau caricatural du monde et de ses acteurs, et en prétendant que ce que les informations ne couvraient pas n'avait pas d'importance. Je me suis ménagé une promotion, montant de la salle des nouvelles à la direction, en pensant que je pourrais améliorer les choses, pour finalement découvrir que cette position me procurait encore moins d'autorité fonctionnelle qu'avant.

La situation est devenue si désagréable que j'ai fini par partir. En réalité, j'ai été mis à pied. Officiellement, la disparition de mon poste de « directeur de la politique et du développement pour les nouvelles et les questions d'actualité » avait été planifiée. On avait déclaré ce poste redondant dans le cadre d'une des séries de restructurations. Par un vendredi après-midi pluvieux, on m'a invité à remettre mes clés et ma carte d'identité de l'entreprise avant de quitter mon bureau par la porte de service, sans m'arrêter sur mon chemin ni rien apporter avec moi. « Nous allons emballer vos affaires et vous les envoyer à votre domicile. » On m'a envoyé consulter un « conseiller en replacement » qui, m'a-t-on assuré, allait « s'occuper de tout ». Il s'agissait d'une disparition de l'entreprise plus ou moins normale, comme j'en suis arrivé à concevoir ces événements, orchestrée et exécutée de manière professionnelle, sauf peut-être pour le fait que ma conseillère en replacement, une femme assez jeune d'une bonne humeur à toute épreuve, m'a sidéré en me proposant de l'aider à écrire un livre de recettes, qu'elle avait planifié de mettre en œuvre à l'intention des cadres qui, comme moi, avaient récemment été mis à pied. Elle affirmait faire cela par compassion, sentant que le livre répondrait à un réel besoin de nourriture réconfortante. Peu après mon congédiement, j'ai remarqué, annoncé sur la marquise du Palais des congrès de Toronto, la tenue d'un événement intitulé « le Salon du replacement ». J'ai imaginé la dame dans son petit kiosque, avec sa bonne humeur pleine de compassion, débitant son boniment aux employés « redondants » et aux inconsolables de ce monde pour leur vendre son livre de recettes à 50 dollars l'exemplaire. Aux yeux de mes collègues « survivants », je suis tout simplement disparu, comme bien d'autres avant et après moi en raison des réorganisations.

Au moment où mon « exécuteur » administratif m'a laissé partir « avec regret » parce que mon poste n'avait plus sa raison d'être dans le plus récent organigramme, nous savions tous les deux que la véritable raison de ma mise à pied était que j'avais affronté, avec une désinvolture suicidaire, le nouveau PDG du réseau. Nous étions en désaccord sur à peu près tout, ce qui était peut-être normal, puisqu'il ne connaissait absolument rien au journalisme, ni à la télévision d'ailleurs, et que je n'appréciais pas ce que je connaissais des gestionnaires d'entreprises professionnels. Le grand changement au sein de la haute direction s'est produit vers le milieu de ma carrière de cadre dans le domaine de la télévision. Le président du réseau, un vieux routier du secteur possédant une connaissance approfondie de la production, avait été évincé, tandis que le vice-président de la division des informations, un homme doté d'une longue expérience journalistique dans l'imprimerie et un pionnier des nouvelles télévisées, avait pris sa retraite. Le directeur de la compagnie, déterminé à remplacer le PDG par l'un des membres de la nouvelle race de gestionnaires d'entreprises produits à la chaîne par des écoles de gestion universitaires de très bonne réputation, avait investi une somme importante pour embaucher un chasseur de tête et avait reçu en entrevue plusieurs candidats avant de fixer son choix sur notre néophyte ambitieux et bien intentionné.

Une fois le nouveau PDG en poste, les gestionnaires du réseau se sont lancés dans le processus de rationalisation cyclique si populaire dans les années 1980 et 1990, incluant une vague après l'autre de mises à pied, de réembauches et de réorganisations sans fin de services et de divisions, y compris la mienne. J'ai commencé à comprendre à quel point mes collègues et moi avions été naïfs. Nous avions cru que les nouvelles étaient essentiellement et honorablement une entreprise altruiste, financée à même les vastes ressources du réseau dans l'intérêt du public, comme une manière de rembourser la société en échange du privilège d'utiliser les ondes publiques à des fins de profit privé. Croyez-le ou non, c'est ainsi que la plupart des journalistes télé du réseau percevaient leur travail avant la fin des années

1980, moment où les gestionnaires du réseau où je travaillais se sont montrés impatients d'adopter un modèle de gestion « moderne » et d'augmenter les marges de profit. C'est dans la même vague de modernisation et de rationalisation des entreprises nord-américaines que les chaînes ABC, CBS et NBC ont toutes été vendues à des grandes sociétés américaines, que le couperet est tombé sur chacune de leur division des nouvelles et que tout a changé de manière définitive. À partir de ce moment-là, on s'est mis à considérer les informations comme n'importe quelle autre division de la société assujettie aux profits. La question de la qualité journalistique a été remplacée par des mesures comptables visant à déterminer le succès ou l'échec des divisions des nouvelles. Je suppose qu'il en allait de même dans de nombreux autres secteurs ; nul doute que nombre de gens qui travaillaient dans le domaine de la fabrication de chaussures avaient cru que leur rôle était de produire les meilleures chaussures possibles, avant que le couperet tombe et que leurs emplois soient relocalisés dans des ateliers de misère du tiers-monde.

À la fin de ma période d'affectation en tant que cadre du réseau, j'avais assisté à un nombre suffisant de réunions du comité de direction pour savoir que si notre devise avait déjà été « la qualité pour la qualité », elle ne l'était plus. Il n'était désormais question que d'augmenter les recettes et de réduire les coûts. Pour la première fois, les directeurs et les producteurs des nouvelles et des émissions d'affaires publiques ont commencé à subir une pression importante de la part de la division du marketing et de ses vendeurs de publicité, qui cherchaient à outrepasser les politiques d'usage pour faire passer le message « cette émission vous est présentée par... » pendant le téléjournal du soir et faire commanditer des segments d'émissions du matin de type magazine. Une société pharmaceutique pouvait ainsi payer un tarif supplémentaire pour que sa publicité soit diffusée dans une émission où l'on présentait des rapports sur la santé, et même davantage pour que cette portion de l'émission soit officiellement commanditée par l'annonceur. Le personnel à tous les niveaux était surexploité. En outre, le produit était accessoire par rapport aux marges de profit, et pouvait même être délibérément dégradé (en réalité, il l'était souvent) si un quelconque chiffrier montrait que cela se traduisait par un bénéfice supplémentaire. On faisait en sorte que tout devienne moins coûteux. Même si ceux qui y portaient une attention particulière le remarquaient, la plupart des téléspectateurs peu avisés (catégorie dont faisaient partie tous les nouveaux cadres de direction) ne s'en rendaient pas compte, car les nouvelles de tous les réseaux subissaient le même sort au même moment. Malgré le fait que la qualité absolue avait piqué du nez à la suite des mises à pied massives et des réductions de budgets radicales, la qualité *relative* demeurait à peu près la même. Tout le monde manquait les mêmes nouvelles, fermait les mêmes bureaux régionaux et internationaux, congédiait la même catégorie de reporters et de réalisateurs professionnels coûteux, mais réfléchis et talentueux.

Bien entendu, j'avais vu venir ma mise à pied et j'avais même fait le ménage de mon bureau et tâté le terrain pour d'autres emplois bien avant qu'elle se produise. Malgré tout, cela demeure l'un des événements qui m'a le plus affecté dans ma vie, car ceux qui ont agi d'après les ordres du PDG, qui ont réalisé le « plan » au cours de réunions secrètes et qui m'ont ensuite mis devant le fait accompli de ma mise à pied étaient, du moins je le croyais, certains de mes meilleurs amis. On ne s'attend pas à ce que nos amis agissent ainsi envers nous.

Cette expérience m'a amené à me poser de nombreuses questions, notamment : Qu'est-ce exactement qu'une conscience, et pourquoi la mienne insistait-elle pour me faire congédier ? Qu'est-ce qui a poussé mes amis à accepter docilement ce qui est arrivé ? Qu'est-ce qui, dans la vie d'entreprise, incite de bonnes personnes à mal agir ? Qu'est-ce qui a réellement conduit la compagnie qui m'employait à dégrader délibérément la qualité d'un produit aussi vital que les nouvelles ? Comment diable le conseil d'administration en était-il arrivé à juger bon d'embaucher un PDG dont l'expérience se limitait aux industries du tabac et de la restauration rapide pour diriger un réseau de télévision ? (Lui aussi est parti depuis longtemps, exilé à la suite de ses efforts au nom de l'établissement, et s'est engagé dans les chemins tortueux de la radio régionale.) Bref, qu'est-ce que tout cela signifiait ?

En revenant plus tard sur ces questions (mon nouveau statut de pigiste me laissait amplement le temps de réfléchir), je me suis rendu compte qu'elles se divisaient en deux segments de préoccupation plus ou moins distincts, tous deux liés au sujet, plutôt vaste, de la nature de la moralité et de ce qui constitue le comportement éthique. La première question a trait à la conscience et à son rôle dans le comportement éthique des humains. En bref, cela se résume à une série de questions sur la moralité : s'agit-il simplement d'un ensemble de conventions sociétales qui dépendent du moment, du lieu et des circonstances, ou plutôt d'un ensemble de principes universellement valables ? La deuxième question concerne le statut moral de l'entreprise moderne et des personnes qui y travaillent. L'entreprise en soi est-elle un agent moral, ou reflète-elle simplement le point de vue moral de ceux qui y travaillent ? Il s'agit ici d'un champ d'enquête important, car au cours des cinquante dernières années, la compagnie est devenue une institution d'un pouvoir et d'une influence sans précédent dans l'histoire.

Selon moi, ces deux questions sont inextricablement liées : l'entreprise moderne, avec tout son pouvoir et son influence sur nos vies, incarne une conception morale établie délibérément par des penseurs et des décideurs d'une autre époque, dont les perspectives et les attitudes étaient façonnées par l'émergence de la science moderne dans toute sa vigueur et son assurance primordiales. Il s'agit des rationalistes scientifiques, qui cherchaient à trouver un substitut scientifique, fondé sur la raison, à l'autorité morale de l'Église et aux croyances « irrationnelles » dans des phénomènes non observables comme la conscience. En d'autres mots, leur but était d'établir un système moral fondé sur la logique, scientifiquement enraciné dans les lois perçues par la nature humaine, et convenant davantage à une ère durant laquelle régnait une extrême confiance qui en est venue à se considérer, par opposition à l'époque médiévale, comme une période souverainement éclairée.

L'ère rationaliste à laquelle je me reporte s'étend sur à peu près trois siècles, de 1600 à 1900. Elle inclut ce que les historiens appellent la révolution scientifique, qui commence avec Galilée, Descartes et Hobbes. Elle inclut également le siècle des Lumières, qui remonte officiellement aux dernières décennies de 1600, moment de la naissance de Voltaire, Bach et Haendel, et période durant laquelle Louis XIV, le Roi-Soleil, trônait à Versailles, jusqu'au carnage de la Révolution française de 1789. C'est l'époque où vécurent Swift, Goethe, Rousseau, Adam Smith, Bentham et les utilitaristes, et celle de la guerre d'indépendance des États-Unis. Le capitaine James Cook naviguait autour du monde tandis que James Watt brevetait sa machine à vapeur améliorée. Le rationalisme était à la fine pointe de la mode intellectuelle de cette époque et il était répandu de croire que la science et la raison fournissaient à elles seules les connaissances utiles et que tout le reste n'était que clichés et superstitions. Il s'agissait d'une « raison » étroite et quantitative à laquelle Pascal, le seul qui s'est exprimé à ce sujet, s'est opposé au moyen de son plaidoyer de la « connaissance du cœur ».

Avec les années 1790, période des romantiques, arriva la riposte aux excès du rationalisme et de son engagement fanatique envers la raison et la logique, dont découlaient la perturbation sociale, la discipline excessive, la pauvreté et le désespoir de la révolution industrielle européenne. William Blake publia son poème *Chants d'innocence* l'année où les révolutionnaires français assaillirent la Bastille ; Wordsworth et Coleridge ont tous deux publié d'importantes collections de poésie lyrique seulement une décennie plus tard. Toutefois, à ce moment-là, la philosophie rationaliste avait été enracinée, je dirais même *institutionnalisée* dans la pensée sociale, par les travaux des philosophes utilitaristes et des grands théoriciens classiques du capitalisme de marché. Elle inclurait plus tard l'autorité des théories de l'évolution de Charles Darwin (1809-1882) et des nouvelles sciences du comportement, dominant ainsi la politique et l'économie de l'ère victorienne, qui couvre la majeure partie du XIXe siècle.

Si j'avais entrepris de mener pareille fouille dans nos racines sociales de l'autre côté, plus ancien, de ce grand tournant historique, je me serais retrouvé non pas devant des entreprises et un marché, mais devant les trois principaux états de la société médiévale : l'Église, la noblesse et les roturiers. On dit parfois que les compagnies ont pris la place de l'Église dans les sociétés capitalistes actuelles. Le capitalisme de marché est notre théologie, la théorie économique libérale est son dogme et l'entreprise est l'organe administratif qui « répand la bonne nouvelle » et insiste pour que ce dogme et ses rituels soient respectés. Cette analogie est attrayante, si l'on considère que le capitalisme est un système qui, à l'instar du christianisme, vise le bien-être de l'humanité. Et tout comme le christianisme, il possède ses points de vue bien définis sur le rôle de l'être humain au sein du système social élargi, et sur ce en quoi consiste un comportement bon ou mauvais.

Bien entendu, ces deux idéologies portent des regards très différents sur la nature de Dieu et sur ce qui constitue le bien-être des humains entre autres choses, à un point tel que je crois qu'il est plus exact de considérer la compagnie comme une sorte d'*anti-Église*. Non pas parce qu'elle s'oppose à l'Église, mais parce qu'elle est son contraire, comme son image inversée reflétée par un miroir. Le capitalisme de marché, en tant que théologie, est certainement l'antithèse de la doctrine chrétienne telle qu'elle a été promulguée pendant les quinze siècles qui ont précédé la révolution scientifique, et peut ainsi être qualifiée d'anti-théologie. Cela ferait des « chefs » du monde des affaires — les chefs de la direction, les chefs de l'exploitation et les chefs des finances, ainsi que leurs acolytes en complets et cravates — l'anti-clergé de notre époque. Ils font à leur tour appel à de grandes firmes de publicité et de relations publiques, de même qu'à des centres d'études et de recherches en matière économique comme l'institut Cato, l'institut Fraser et le Conference Board pour appuyer la proposition et la dissémination du dogme, de la même manière que l'Église catholique romaine faisait appel au Saint-Office, aux ordres et au Collège des cardinaux.

Personne n'a mieux saisi la différence essentielle entre l'ancien et le nouveau que l'historien R. H. Tawney :

La différence la plus fondamentale entre la pensée économique du Moyen Âge et celle des Temps modernes réside à vrai dire dans le fait que, tandis que la seconde se réfère normalement à l'opportunisme économique pour justifier toute action, comportement ou système d'organisation particuliers, la première part du principe qu'il y a une autorité morale à laquelle doivent être subordonnées les considérations d'opportunisme économique[2].

Ce dont j'ai parlé comme d'un point tournant ressemblerait donc davantage à un miroir. D'un côté, nous avons une société médiévale détachée des contingences avec ses valeurs chrétiennes stimulées par l'humanisme et la philosophie grecque classique. De l'autre, nous avons une image inversée, le modernisme, défini par le capitalisme de marché, la science et ses lois inviolables, l'éthique de l'intérêt personnel et une obsession des biens matériels, qui finiront tous par atteindre leur apothéose dans la compagnie.

Notes

1. Walter Benjamin, *Theses on the Philosophy of History*, IX.
2. R. H. Tawney, *La Religion et l'essor du capitalisme*, Paris, Librairie Marcel Rivière et Cie, 1951, p. 45.

Chapitre 2

La fable des abeilles

S'IL FALLAIT ACCORDER À UNE SEULE PERSONNE le mérite (ou le blâme) de la métamorphose de l'Europe, qui est passée d'un cocon médiéval à un modernisme grouillant, ce serait au philosophe anglais Thomas Hobbes (1588-1679). Homme aux habitudes modérées, à l'esprit aiguisé et à la stature imposante, Hobbes était le fils d'un pasteur rural illettré et querelleur qui avait dû quitter son village à la suite d'une altercation avec un autre pasteur à la porte de l'église. L'un de ses frères, gantier bien nanti, prit en charge la femme du pasteur et ses trois enfants, dont le précoce Thomas, qui raconta lui-même que sa mère accoucha de lui avant terme sous le choc de la vision de l'Armada espagnole au large des côtes anglaises en 1588. Hobbes avait l'habitude de dire qu'il était né avec un jumeau, la peur. « J'ai un courage féminin », blaguait-il.

Étudiant doué, Hobbes partit à quinze ans étudier à Oxford, où il apprit le latin et le grec classique et reçut l'enseignement scolaire normal de l'époque, complété par le puritanisme agressif qui prévalait depuis peu à son collège, Magdalen Hall. D'après ses dires, il s'ennuyait ferme et se tourna donc vers l'astronomie, particulièrement vers les cartes du monde et les incroyables récits de Francis Drake et d'autres naviga- teurs intrépides de cette époque. Ce n'est que plus tard qu'il se mit à la philosophie. Pourtant, si la pensée d'un homme a jamais été le reflet de son époque, c'est bien la vision pessimiste de l'humanité de Hobbes, résumée par une phrase de son livre *Léviathan*: « Si bien qu'en premier, je tiens comme une inclination générale de tous les hommes un désir permanent et sans relâche d'acquérir pouvoir après pouvoir, désir qui ne cesse qu'à la mort. » Hobbes a imaginé un début violent pour l'humanité, une existence infernale où tout le monde était en guerre contre tout le monde et où la vie était « désagréable, brutale et courte ». Pas surprenant : parmi les calamités qui ont marqué Hobbes pendant sa vie adulte, mentionnons la sanglante et dévastatrice guerre de Trente Ans, qui a éclaté alors qu'il avait justement 3o ans (en 1636) ; la guerre civile en Angleterre et la dictature de Cromwell, période d'émoi et de terreur que Hobbes subit de l'âge de 54 à 72 ans ; la grande peste de Londres (1665), durant laquelle 60 000 personnes sont mortes de cette maladie ; et le grand incendie de Londres qui, l'année suivante, brûla les deux tiers de la ville.

Pendant la majeure partie de sa vie, Hobbes fut au service d'une famille de la noblesse, les Cavendish. C'est par leur intermédiaire qu'il rencontra de grands esprits tels que Ben Jonson, le plus important auteur de théâtre de son temps après Shakespeare, et Francis Bacon, partisan précoce et influent de la science et de ses méthodes. À titre de tuteur des enfants de la famille Cavendish et d'autres jeunes aristocrates, Hobbes fit plusieurs voyages en Europe. Pendant l'un de ses séjours sur le continent, en 1636, il rencontra Galileo Galilei (1564-1642) à la villa du grand astronome située à Arcetri, juste à l'extérieur des murs de Florence. Galilée, dont la popularité et la santé déclinaient, était en train d'ébaucher son grand *opus* scientifique sur la loi du mouvement, tout en étant détenu à domicile pour avoir défié l'injonction du pape Urbain VIII interdisant de promouvoir les théories coperniciennes. À cette époque, il était communément accepté que le Soleil, et non la Terre, se trouvait au centre du mouvement des planètes, théorie que Galilée avait déjà confirmée au moyen de ses observations au télescope. Toutefois, sa vive insistance sur le fait que la science l'emportait sur toutes les autres sources de vérité l'avait mis dans l'embarras avec le pape, et avait entraîné le procès qui fixa le sort du débat de la foi contre la science pour les 350 années qui suivront. Galilée et Hobbes avaient en commun leur admiration sans borne pour leurs propres capacités intellectuelles (sans conteste remarquables) et un immense dédain pour la science aristotélicienne qui avait nourri la philosophie durant tout le Moyen Âge.

On ne sait pas de quoi ils parlèrent, ni combien de temps dura leur entretien, mais on peut s'imaginer que la conversation fut surtout axée sur la nouvelle vision mécaniste et matérialiste de la nature que tous deux, de concert avec René Descartes (1596-1650), leur contemporain et correspondant mutuel, se préparaient à répandre dans un monde sans méfiance. La modernisation radicale du questionnement philosophique de Descartes, qui privilégiait la pensée par rapport à la matière, rendait possible, voire inévitable, la conclusion selon laquelle la raison désincarnée exerçait sa suprématie sur les autres sources, moins cérébrales, de connaissance et de vérité. Descartes le philosophe, Galilée le physicien et astronome, et Hobbes le théoricien social et politique étaient en voie de changer le monde, et leur succès serait tel qu'eux-mêmes en auraient été ébahis.

Galilée et Hobbes avaient comme principal point commun une confiance sans précédent historique dans la capacité de la raison humaine de tout connaître ce qu'il y avait à connaître sur le monde et l'existence ou, comme l'aurait dit Galilée, de savoir ce que Dieu savait. Rétrospectivement, on peut y voir la naissance de la vision scientifique du monde, soit l'un des jalons intellectuels les plus importants de toute l'histoire de l'humanité. À la lumière de la science, la race humaine avait perdu sa place au centre de l'univers et son optimisme quant à la bienveillance providentielle de la nature, et devait dorénavant prendre en main sa propre destinée. L'avant-garde scientifique était de plus en plus persuadée qu'elle en était parfaitement capable. Le clergé, avec ses appels calculés à la divine providence en tant que première source de bien-être humain, devait s'en tenir à son rôle, c'est-à-dire à la théologie et à la philosophie morale, et laisser la science dévoiler les mystères de l'univers et mettre en œuvre ces connaissances au nom du progrès.

Selon la nouvelle vision du monde, seul ce qui était physiquement tangible existait réellement, tout le reste n'étant que superstition et absurdité. Dieu, qui avait été tout au long de l'histoire l'objet et la source de toutes les interrogations philosophiques, n'était pour les penseurs rationalistes, parmi lesquels comptaient Hobbes, Galilée et Descartes, qu'un simple horloger, réduit à regarder passivement fonctionner les mécanismes infinis de son invention. Les créatures vivantes n'étaient rien d'autre que des machines complexes fonctionnant selon des principes mécaniques, à la seule exception des humains, que Dieu avait dotés d'une âme, « le fantôme dans la machine ».

Le désengagement scientifique à l'égard du divin, libérateur en un sens, présentait aussi un côté obscur.

L'excitation causée par la nouvelle compréhension entraînait une angoisse existentielle croissante. Pour la première fois dans l'histoire, les philosophes et les scientifiques remettaient en question l'hypothèse selon laquelle la nature fournissait suffisamment de tout ce dont la société humaine avait besoin pour mener une existence confortable et que le seul problème à régler pour la société résidait dans la juste répartition de cette abondance. Pour ces nouveaux penseurs, on ne pouvait plus tenir pour acquis les privilèges du fonctionnement des systèmes naturels. On ne pouvait plus présumer, comme Aristote, que la nature avait un dessein, l'accomplissement du bien, et que ce bien était en fait le moteur qui faisait fonctionner l'univers. Pour Aristote, tout mouvement naturel, y compris tout ce qui croissait et qui déclinait, était un mouvement en direction de Dieu et de l'accomplissement parfait de toute chose.

Pour la première fois, les penseurs rationalistes ont commencé à s'inquiéter de problèmes qui n'avaient jamais été pris en considération dans le passé, comme la surpopulation : les références les plus anciennes remontent à 1516 dans l'*Utopie* de Thomas More, à 1597 dans les *Essais* de Francis Bacon et dans le *Léviathan* de Hobbes. La nature commençait à être perçue d'une manière entièrement nouvelle, non pas comme le cadeau généreusement offert par Dieu à l'humanité, mais comme un environnement possiblement exposé aux dangers qu'il fallait rapidement comprendre puis conquérir, comme on conquiert puis administre un sujet. On appréhendait de plus en plus la vie comme une lutte pour la survie dont la science était une indispensable alliée. Parallèlement, on croyait avec beaucoup d'assurance que la nature *pouvait* être gérée, si on libérait et donnait libre cours à la pensée rationnelle[1]. La célèbre épitaphe d'Alexander Pope destinée à Isaac

Newton, né l'année du décès de Galilée, capte en versets l'aspect optimiste de l'époque : « La nature et ses lois restaient cachées dans l'obscurité. Dieu dit alors : Que Newton soit ! et la lumière fut[2]. »

Ces deux facteurs, soit la perte de la foi dans la bienfaisance de la nature et la nouvelle confiance dans les compétences humaines à comprendre et à manipuler la nature, menèrent naturellement à la notion que les pouvoirs de la science et de la raison, une fois appliqués aux problèmes de la société humaine, pouvaient produire des résultats aussi spectaculaires que ceux démontrés dans le monde physique par Galilée, Newton et leurs semblables. Les penseurs ont tourné leur attention vers les rouages de l'économie, sujet prioritaire dans un monde où les hommes ne pouvaient plus compter sur la nature pour répondre à leurs besoins sans exercer une gestion attentive. Ils se sont retrouvés face à une série de préceptes qui avaient gouverné la vie économique en Europe depuis le Moyen Âge et qui étaient encore en vigueur à leur époque. Ces règles et ces hypothèses semblaient avoir un urgent besoin de subir une révision rationaliste complète pour s'harmoniser davantage avec les réalités du capitalisme émergent, lui-même un modèle du potentiel de l'ordre rationnel à servir les intérêts humains. R. H. Tawney, dans son ouvrage classique intitulé *La Religion et l'essor du capitalisme*, a résumé ces anciens principes comme suit :

> Leurs principes fondamentaux, [...] étaient les suivants : d'une part les intérêts économiques sont subordonnés au sens véritable de la vie, qui est le salut, d'autre part le comportement économique est un aspect de la conduite personnelle, aspect qui est, comme tous les autres, soumis aux lois de la morale. Les richesses matérielles sont nécessaires ; elles ont une importance puisque, sans elles, les hommes ne

peuvent ni se suffire à eux-mêmes, ni secourir les autres. [...] Mais les motifs économiques sont suspects. Comme ils suscitent de puissants appétits, les hommes les craignent, mais ne sont pas assez vils pour les applaudir. Pas plus qu'aux autres passions violentes, il ne faut, pensait-on, leur laisser le champ libre, il faut les réprimer. Il n'y a pas de place, dans la théorie médiévale, pour une activité économique qui n'est pas rattachée à une fin morale ; et fonder une science de la société sur l'hypothèse que l'appât du gain est une force constante et facile à évaluer, qu'il faut accepter, comme les autres forces naturelles, comme une donnée évidente et inévitable aurait semblé, aux yeux du penseur du Moyen Âge, à peine moins irrationnel ou moins immoral que de fonder la philosophie sociale sur le développement sans contrainte d'attributs humains aussi nécessaires que le goût de la lutte ou l'instinct sexuel[3].

L'un des principaux problèmes moraux du capitalisme, peut-être même le principal, a été énoncé succinctement par saint Paul dans son avertissement « Car l'amour de l'argent est la racine de tous les maux » (Timothée 6,10). Cette prescription contre l'avidité est l'un des plus importants piliers de la tradition judéochrétienne, sur laquelle s'est construite la civilisation médiévale occidentale. Parallèlement, les rationalistes se doutaient que l'amour de l'argent et la poursuite de richesses matérielles étaient les forces motrices indispensables et scientifiquement validées qui alimentaient l'immense moteur de l'économie de marché capitaliste.

Ce paradoxe moral troublant des nouvelles économies capitalistes modernes fut mis à nu de manière provocante par Bernard Mandeville (1670-1733), physicien hollandais établi à Londres au XVIIe siècle. Sa *Fable des abeilles*, une œuvre alimentaire d'abord publiée en 1705, était caractéristique de l'engagement indéfectible des rationalistes à voir les choses telles qu'elles étaient plutôt que telles qu'elles devraient être. La fable déclencha une tempête de condamnations, mais eut néanmoins une vaste influence. Elle compte quatre cents lignes, je n'en reproduis donc ici qu'une partie :

> Une vaste ruche bien fournie d'abeilles,
> Qui vivait dans le confort et le luxe,
> Et qui pourtant était aussi illustre pour ses armes et ses lois,
> Que pour ses grands essaims tôt venus,
> Était aux yeux de tous la mère la plus féconde
> Des sciences et de l'industrie…
> Ces insectes vivaient comme les hommes, et tout
> De nos actions ils accomplissaient en petit :
> Ils faisaient tout ce que font les bourgeois,
> Les gens d'épée, les gens de robe.
> Bien que leurs œuvres savantes, par l'agile dextérité
> De doigts minuscules fussent invisibles aux yeux des hommes,
> Nous n'avons nulle machine, nul ouvrier,
> Navire, château, armes, artisans,
> Technique, science, boutique ou instrument,
> Dont ils n'eussent l'équivalent…
> On se pressait en foule dans la ruche féconde,
> Mais ces foules faisaient sa prospérité.
> Des millions en effet s'appliquaient à subvenir
> Mutuellement à leurs convoitises et à leurs vanités,
> Tandis que d'autres millions étaient occupés
> À détruire leur ouvrage.
> C'est le vice qui faisait prospérer leur économie :
> La source de tous les maux, la cupidité,
> Ce vice méchant, funeste, réprouvé,
> Ce noble péché, tandis que le luxe

Donnait du travail à un million de pauvres gens,
Et l'odieux orgueil à un million d'autres.
L'envie elle-même, et la vanité,
Étaient serviteurs de l'application industrieuse ;
Leur folie favorite, l'inconstance
Dans les mets, les meubles et le vêtement,
Ce vice bizarre et ridicule, devenait
Le moteur même du commerce.
Voilà quels étaient les bonheurs de cet État ;
Leurs crimes participaient de leur grandeur,
Et la vertu, à qui la politique
Avait enseigné mille ruses habiles,
Nouait, grâce à leur heureuse influence,
Amitié avec le vice. Et toujours depuis lors
Les plus grandes canailles de toute la multitude
Ont contribué au bien commun.

Selon la thèse de Mandeville, la vertu n'était ni plus ni moins que de l'hypocrisie, une fiction mise en place par les chefs d'État et les philosophes d'autrefois en tant qu'outil de propagande servant à simplifier la gouvernance. La vertu, disait Mandeville, est en réalité nuisible aux causes du progrès commercial et intellectuel, car ce sont les vices – les actes égoïstes, cupides et luxurieux des gens – qui favorisent la circulation de l'argent et du capital, qui permettent de mener un train de vie luxueux, lequel, en contrepartie, enrichit la société et encourage l'activité culturelle et intellectuelle.

L'absence de l'intérêt personnel signifiait la mort du progrès, croyait Mandeville. Dans sa fable, il décrivait ce qui se passe lorsque la ruche est frappée de droiture, « dans son contentement [satisfaction matérielle] et son honnêteté ». Elle sombre dans l'apathie et la paralysie économique, puis se dépeuple rapidement.

À mesure que l'orgueil et le luxe décroissent,
Graduellement ils quittent aussi les mers.
Ce ne sont plus les négociants, mais les compagnies
Qui suppriment des manufactures entières.
Les arts et le savoir-faire sont négligés.
Le contentement ruine l'industrie,
Les remplit d'admiration pour l'abondance de biens tout simples
Sans en chercher ou en désirer davantage.

Dans un commentaire concluant son poème, l'auteur ne mâchait pas ses mots :

Après cela, je me flatte d'avoir démontré que les qualités d'amitié et l'affection ne sont pas naturelles chez l'homme, au même titre que les vertus réelles qu'il peut acquérir grâce à la raison et au déni de soi ne constituent le fondement de la société. Toutefois, ce qu'on appelle le « mal » dans ce monde, moral aussi bien que naturel, est le grand principe qui fait de nous des créatures sociales ; la base solide, la vie et le soutien de tous les commerces et de tous les emplois sans exception : c'est là qu'il nous faut chercher pour trouver la véritable origine de tous les arts et les sciences. Dès que le mal cesse, la société se dépouille, si elle ne se désagrège pas complètement[4].

Les écrits de Mandeville pourraient facilement être écartés en tant que satire sociale désinvolte : Samuel Johnson a affirmé que tous les jeunes hommes de l'époque en possédaient copie, croyant qu'il s'agissait d'un livre immoral. Le commentaire de Mandeville, qui se voulait toutefois sérieux, a été profondément influencé par les théories d'un autre hollandais qui compte parmi les philosophes les plus influents du début de l'ère moderne. Son nom était Baruch Spinoza

(1632-1677) et il ne prenait pas les choses à la légère. De concert avec Descartes, Galilée, Hobbes et d'autres penseurs de l'époque, il a mis l'Europe sur la voie du matérialisme philosophique et du rationalisme scientifique qui sont demeurés, depuis, le trait caractéristique de la civilisation occidentale. Sa théorie de la métaphysique (en réalité, une sorte d'anti-métaphysique) a été vue comme la plus achevée de l'histoire de la philosophie. Il fut peut-être le dernier théoricien mécaniste, allant même plus loin que Descartes selon qui la nature était un mécanisme d'horlogerie, en soutenant que la vie n'était qu'un simple mécanisme et que l'« esprit » tel que nous l'expérimentons n'en était qu'un effet secondaire. Tout ce qui composait la nature, y compris les relations humaines, pouvait donc être divulgué et décrit de manière rationnelle, de la même façon qu'on désassemble une machine et qu'on analyse l'utilité de ses composants.

Il n'y avait manifestement pas de place dans une telle théorie pour les notions traditionnelles de moralité : « Selon moi, écrit Spinoza dans *Éthique* (1677), rien de ce qui se produit dans la nature ne peut être attribué à une imperfection de celle-ci. » En d'autres mots, il y a une raison et une nécessité à tout ce qui survient dans la nature. Ainsi, il est inutile de qualifier les actions de bonnes et de mauvaises. Spinoza définit Dieu simplement (et scandaleusement, de l'opinion d'un grand nombre de ses contemporains) comme l'« *utile souverain* ». Pour le philosophe, une fois qu'on avait entièrement compris la nature des passions humaines, les relations sociales n'étaient pas plus mystérieuses que le mouvement des planètes.

Ainsi, affirmait Spinoza, l'attitude philosophique adéquate à adopter envers les prétendus vices humains n'était pas de les critiquer, mais plutôt de découvrir à quoi ils servaient. Selon lui, il était essentiel de politiser le genre humain afin de faire un bon usage social du comportement corrompu ou « passionné ». Cela était réalisé au moyen d'un lien de cause à effet très mécanique entre les passions nées de l'instinct de conservation et les vices quotidiens nés de la primauté de l'intérêt personnel.

> Comme les hommes sont dominés par leurs passions [vices], qui dépassent de loin en puissance leur résistance ou leur vertu, ils sont souvent entraînés dans différentes directions et entrent en conflit les uns avec les autres, tout en ayant besoin de s'entraider. Il va de soi que des hommes qui sont nécessairement assujettis à des passions, inconstants et variables, peuvent être en mesure d'assurer mutuellement leur sécurité : aucun acte ne peut être empêché, sauf par une réaction plus forte que lui et contraire à lui. Ainsi, les hommes s'abstiennent de faire du mal par crainte d'un mal plus grand. C'est la loi selon laquelle une société sera établie.

Cent ans après Spinoza et soixante-dix ans après Mandeville, Adam Smith (1723-1790), le père de l'économie moderne, écrivait, dans *La Richesse des nations* (1776), à propos des extraordinaires processus mécaniques du marché capitaliste : « Sans aucune intervention de la loi, les intérêts privés et les passions [c'est-à-dire l'intérêt personnel et le vice] des hommes les mènent naturellement à diviser et à distribuer le capital de chaque société entre les différents emplois qui y sont occupés, le plus près possible de la proportion la plus agréable, dans l'intérêt de l'ensemble de la société. » Ce que les contemporains de Spinoza et de Mandeville avaient rejeté comme les calomnies d'un athée et de vulgaires gribouillages satiriques étaient devenus la solide orthodoxie de l'économie, la plus récente et la plus influente des sciences sociales. Qu'étaient devenus le mal et l'immoralité ? Ils avaient été transformés en vertu par le mécanisme du marché ! L'avidité privée se retrouvait convertie, par le biais des processus automatiques du marché, en bien public. Un vice, d'un côté du miroir, devenait une vertu de l'autre, ou mieux encore, une *nécessité* sociale.

Le grand paradoxe moral du capitalisme avait été effacé, comme par magie.

Notes

1. Pour un traitement exhaustif et totalement exaltant de cette transition extrêmement importante, voir Hans Blumenberg, *The Legitimacy of the Modern Age*, Cambridge, MIT Press, 1988, surtout le chapitre 5.
2. Ce à quoi William Blake a répondu : « Que Dieu nous préserve de la vision unique et du sommeil de Newton. » Lettre adressée à Thomas Butts, le 22 novembre 1802, dans Alicia Ostriker, dir., *William Blake : The Complete Poems*, New York, Penguin, 1977.
3. R. H. Tawney, *La Religion et l'essor du capitalisme*, *op. cit.*, p. 37-38.
4. Hans Blumenberg, *The Legitimacy of the Modern Age*, *op. cit.*, p. 370.

Chapitre 3

Une moralité mécanique

À PEINE UN SIÈCLE après la rencontre de Galilée et de Hobbes à Arcetri, des philosophes et des scientifiques occidentaux prétendaient avoir découvert le code pour comprendre la nature humaine et deviné les impératifs sous-jacents de ses institutions sociales. « Quelle chance, a dit un anthropologue de l'ère victorienne, de vivre dans l'une de ces périodes mouvementées de l'histoire intellectuelle et morale pendant laquelle les portes de la découverte et de la réforme demeurent grandes ouvertes, elles qui ont tendance à se refermer promptement. »

On trouve l'exemple le plus frappant de l'incidence de la pensée rationaliste sur la théorie de l'organisation des institutions sociales dans les écrits du philosophe et socialiste français Henri Saint-Simon (1760-1825). Un nouvel ordre mondial était en train de naître, affirmait-il, dans lequel la société serait gouvernée, avec une efficacité sans précédent, par des « principes scienti-fiques » reposant sur l'ordre naturel des choses, et donc totalement indépendants de la volonté humaine. La politique, de même que toutes ses contradictions, serait remplacée par des institutions fonctionnant de manière scientifique comme une « grande machine à transformer les irrationalités humaines en comportement rationnel ». Auguste Comte (1798-1857), sociologue d'avant-garde, ami et allié du philosophe utilitariste John Stuart Mill (1806-1873), était également reconnu pour croire que l'interaction sociale devait être régie par des lois naturelles immuables. Il a nommé sa vision sociologique « physique sociale ».

Cette révolution rationaliste était bien établie dans les sciences humaines au moment où Darwin publiait sa théorie, point tournant décisif, dans son ouvrage *L'Origine des espèces*, en 1859, vers la moitié du long règne de la reine Victoria. Il avait combiné l'idée, alors en vogue, que l'existence était une lutte pour survivre, avec des notions antérieures d'évolution, incluant celles de son grand-père, pour engendrer un mécanisme visant l'évolution et l'embranchement des espèces que les scientifiques trouvèrent tout à fait convaincant. La vision du monde mécaniste qui caractérisait la révolution scientifique serait dorénavant réinterprétée en fonction de processus *biologiques* étroitement liés, elle ne serait plus l'engrenage de pignons, de roues dentées et de cames que Descartes, Spinoza et Hobbes avaient imaginé. Toutefois, l'une n'était pas plus *déterministe* que l'autre ; dans les deux cas, la nature opérait avec une inexorabilité aveugle et méthodique qui s'expliquait essentiellement par des algorithmes mathématiques. Si on possédait suffisamment de connaissances sur la machine et son état initial, on pouvait prédire les résultats futurs : la vision, selon Galilée, d'une connaissance absolue de la nature à la portée de la raison humaine, grâce à la science, semblait plus près que jamais de se concrétiser.

Le philosophe utilitariste James Mill (1773-1836), père de John Stuart, avait fait une audacieuse incursion dans la psychologie humaine en tentant d'analyser toute expérience à la lumière d'«atomes sensoriels» primaires qui interagissaient conformément aux lois fondamentales de la physique. Mills décrivit la tendresse, le sens de l'esthétisme, le sentiment moral ainsi que la croyance comme des états atomiques complexes pouvant essentiellement être ramenés à des unités mesurables de plaisir et de douleur. L'esprit, énigme inobservable, en était réduit au comportement, perceptible par tous. L'esprit n'était pas la cause du comportement, c'est l'inverse qui était vrai. C'était une sorte d'épiphénomène – avantage intéressant mais éphémère et, au bout du compte, non pertinent – produit par des actes physiques déterminés par des circonstances physiques. L'esprit était le film par le biais duquel nous expérimentions l'existence, qui était en réalité déterminée par des faits et des circonstances physiques immuables.

Le rationalisme était en train de se transformer en béhaviorisme, et de telles idées naîtrait la théorie béhavioriste en psychologie lancée par le Russe Ivan Pavlov (1849-1936), qui a mené des expériences sur les réflexes conditionnés chez les animaux. Les réflexes (éternuer, se gratter, réagir au petit coup diagnostique du médecin sur le genou) sont des actes physiques qui se produisent en l'absence de pensée consciente, c'est-à-dire mécaniquement. Ils valent la peine d'être étudiés, car ils représentent, dans sa forme la plus pure, le mécanisme réel du comportement humain. Dans le cadre d'une célèbre expérience, Pavlov a été capable d'entraîner un chien à saliver au son d'une cloche, en associant d'abord la cloche avec de la nourriture. En se fondant sur des principes de preuves aussi minces, il étendit ses théories pour couvrir l'ensemble du comportement humain, y compris l'utilisation du langage.

Voilà donc pour ce qui est de la psychologie. Toutefois, il resterait un problème à résoudre avant que les théoriciens sociaux de cette époque puissent expliquer, en termes scientifiques, l'apparition des *sociétés* humaines dans l'histoire. Le darwinisme et la théorie de la loi de la jungle avaient ressuscité une question déconcertante en matière d'évolution : comment le sens social collectif – la collectivité et la civilisation – pouvait-il découler de la lutte pour la survie des individus selon Darwin ? Comment, en tant que créatures prétendument semblables à des machines dont le comportement était entièrement déterminé par notre constitution physique et les circonstances de l'environnement, étions-nous passés de l'état sauvage à la civilisation ? À cela, Hobbes avait déjà apporté sa célèbre réponse, expliquée en détail dans son ouvrage *Léviathan*, où il posait comme principe que les origines de la société humaine se trouvaient dans un monde primitif si dur, dangereux et bestial que les gens, désespérés, s'étaient réunis par pure et simple nécessité dans le cadre d'un contrat social qui plaçait leur gouvernance dans les mains d'un parfait despote, en échange de paix et de sécurité. Toutefois, il s'agissait d'une idée beaucoup trop abstraite pour une époque aussi éclairée que le XIXᵉ siècle. Il fallait plutôt une réponse qui repose solidement sur la nature, sa structure et ses règles de fonctionnement.

La réponse largement acceptée résidait dans une combinaison de béhaviorisme et de théorie de l'évolution. Le comportement social résultait de milliers d'années de conditionnement par récompense et punition, transmis de génération en génération et favorisant la coopération au sein du groupe. La question de savoir qui survivait et qui ne survivait pas n'était pas simplement déterminée par les traits physiques des individus, mais aussi par la valeur d'adaptation de la communauté, sa capacité de faire face collectivement à son environnement. On mesurait ensuite cela à l'aptitude de la collectivité à contrôler ses membres, à déployer ce qu'on appelait une *discipline salutaire*. Cela revenait à une expression plus scientifique des réflexions philosophiques de Hobbes sur les débuts de la société en tant que rassemblement prudent d'individus effrayés en quête de sécurité.

Si l'on prend en considération que cette conception du commencement de la société fut mise de l'avant à l'ère de l'impérialisme européen mondial, il est facile de se représenter sa popularité parmi les élites sociales et intellectuelles. On y trouvait implicitement une justification morale du colonialisme, entre autres injustices rentables de cette époque. Grâce à l'évolution, les Européens étaient manifestement supérieurs, sur le plan racial et moral, aux groupes qu'ils avaient assujettis — la preuve de cela étant l'assujettissement lui-même. La circularité et le vide essentiel de ce raisonnement (l'assujettissement aurait pu être — et en réalité, était — le résultat d'autres facteurs que la race et la fibre morale) étaient typiques des rationalisations réductrices de la pensée béhavioriste.

Les premiers spécialistes en sciences sociales de la fin du XVIIIe siècle et du XIXe, bien que de plus en plus intéressés par la recherche en tant que telle, percevaient leur principal rôle en fonction de la sociologie appliquée, y voyant la possibilité de construire des institutions rationnelles reposant sur la science pour la gestion des activités humaines. Ces institutions, particulièrement les institutions économiques, devaient être conçues pour compléter les impératifs évolutionnistes darwinistes en appliquant, au sein des communautés, le type de discipline salutaire qui leur permettrait de prospérer. Là où le bon sens envisage les institutions sociales comme le produit organique ascendant de conventions et de rites communs évolutifs, possiblement fondé sur une conscience morale innée et commençant logiquement avec la famille, les penseurs béhavioristes les envisageaient comme des *technologies* sociales descendantes, soit des outils conçus consciemment pour l'avancement du bien-être des humains et même de leur évolution. L'imagination humaine, de concert avec les pouvoirs illimités de la raison, pouvait et devait concevoir des technologies qui compléteraient la loi naturelle en rationalisant le processus évolutionniste, en corrigeant ses erreurs et ses inefficacités. La raison compenserait ainsi les insuffisances perçues de la nature.

À cette époque d'industrialisation effrénée accompagnée de bouleversements et de misère, on pouvait s'attendre à ce que l'idéologie béhavioriste soit récupérée en tant que fondement servant à justifier les politiques économiques qui créaient autant de perturbations dans la société. On refaçonna la discipline salutaire, qui était le salut évolutionniste des sauvages nerveux imaginé par Hobbes, sous forme d'*éthique du travail,* qui cherchait à neutraliser deux réalités tracassières relatives aux humains : leur inclinaison naturelle à se satisfaire de ce qui est suffisant et leur préférence envers des activités autres que le travail. John Stuart Mill, important penseur utilitariste et ingénieur social du XIXe siècle, se plaignait qu'en l'absence de la cœrcition d'institutions sociales organisées de manière rationnelle, la plupart des gens tentaient d'éviter de travailler davantage que ce qui était nécessaire pour jouir d'un confort matériel supportable. « En vain, nous avons cherché parmi l'ensemble des classes ouvrières la juste fierté de choisir de fournir du bon travail en échange d'un bon salaire. Dans la plupart des cas, le seul effort consiste à recevoir le plus possible et à donner aussi peu que possible sous forme de service[1]. » La raison pour laquelle cela était perçu comme un comportement aberrant ou problématique est un mystère dont il faut chercher la solution dans le monde moral sens dessus dessous du capitalisme de marché.

D'après l'éthique du travail, dont les bienfaits réparateurs étaient vantés par les théoriciens sociaux du début de l'ère industrielle, il faut toujours donner pour recevoir. Cet axiome, tant moral que pratique, rejetait la vision catholique romaine et humaniste qui dominait précédemment, selon laquelle les gens ont une valeur et que celle-ci ne dépend pas de leur contribution. En outre, l'éthique du travail soutenait qu'il était erroné et insensé de se satisfaire de ce que l'on avait. Aussi long-temps qu'il était possible d'acquérir davantage, on était moralement obligé d'abattre le travail nécessaire pour l'obtenir. Cela contredisait non seulement le christia-nisme, mais également les présomptions classiques et humanistes antérieures, selon lesquelles au-delà d'un certain niveau de suffisance et de confort, la possession de biens matériels supplémentaires était un grave han-dicap spirituel. La présomption de l'éthique du travail était que « le travail est l'état normal de tous les humains ; ne pas travailler est anormal ». Comme l'observe le sociologue Zygmunt Bauman, l'important corollaire qui en découle est que « la plupart des gens accomplissent leur devoir (le travail), et il serait injuste de leur deman-der de partager leurs bénéfices ou leurs profits avec les autres », qui pourraient aussi accomplir leur devoir mais qui, pour une raison ou une autre, omettent de le faire. On pouvait tirer une autre conclusion significative de la logique de l'éthique du travail : « C'est seulement le type de travail dont la valeur est reconnue par les autres – le travail qui exige un salaire, qui peut être vendu et qui est susceptible d'être acheté – qui possède la valeur morale dont l'éthique du travail fait l'éloge[2]. »

La discipline salutaire imposée aux travailleurs par le régime industriel – le régime sévère du travail d'usine – était, dans ce sens, pourvue de contenu éthique : les travailleurs qui s'y soumettaient, que ce soit volontairement ou, le plus souvent, sous la contrainte, élevaient leur personne. Ceux qui ne s'y soumettaient pas avaient un comportement immoral. Pour faire en sorte que la majorité du bassin de main-d'œuvre d'usine potentielle fasse les bons choix, les diverses *Lois sur les pauvres* en Grande-Bretagne furent révisées en 1834, d'après les conseils des théoriciens utilitaristes et des économistes libéraux partisans du « laisser-faire », afin que les chômeurs ne soient plus en mesure de vivre avec le minimum de dignité que permettaient précédemment les allocations d'assistance. Il fallait que les conditions de vie des chômeurs soient physiquement et émotionnellement intolérables. Cela représentait le bâton. La *Loi sur les usines*, votée l'année précédente à Westminster, limitait la journée de travail à 9 heures pour les enfants âgés de 9 à 13 ans qui travaillaient dans les usines de textiles, et à 12 heures par jour pour les enfants de 14 à 18 ans. Dix ans plus tard, d'autres réformes limitèrent la semaine de travail en usine à 69 heures pour les enfants âgés de moins de 18 ans. Cela représentait la carotte.

De toutes les nouvelles sciences populaires et sociales, c'est l'économie qui connut le progrès le plus rapide en réduisant les complexités du monde réel aux relations de type mécanique et arithmétique tant admirées par les rationalistes. Les économistes jusqu'à aujourd'hui ont eu tendance à modeler l'économie de marché comme un système cybernétique ; un ensemble de relations mécaniques régulées automatiquement par la rétroaction d'information, à la manière dont un thermostat régularise la température d'une pièce.

Une illustration précoce et instructive de ce type de pensée précède de près d'un siècle et demi la science moderne de la cybernétique. Il s'agit de la loi d'airain

(1820) de David Ricardo, un excellent exemple d'une rationalisation rigoureusement raisonnée des niveaux de rémunération de subsistance qui maintenaient le travailleur moyen et sa famille dans un état de précarité proche de la famine. Ricardo (1772-1823) soutenait que le travailleur était condamné à vivre à des niveaux de subsistance découlant d'une longue chaîne de relations mécaniques. Le loyer économique et le prix à payer pour l'utilisation des terres et des ressources naturelles avaient tendance à augmenter au fur et à mesure de la croissance de la société et de l'épuisement des meilleures terres, ce qui contraignait l'agriculture à reculer vers des terres à faible rendement. À mesure que le loyer augmentait, il accaparait une part de plus en plus importante du revenu national, et le montant en capital disponible pour développer les ressources diminuait, de même que le rendement du capital investi (désormais investi dans des ressources inférieures). Les propriétaires s'enrichissaient, mais les capitalistes pouvaient s'attendre à un déclin régulier des profits tirés de leurs investissements, à moins qu'ils puissent réduire le coût de la main-d'œuvre qu'ils employaient. Les profits et les salaires étaient en concurrence directe, dans le cadre d'un concours où le capitaliste avait le dessus. L'augmentation des profits venue de la réduction des salaires stimulait l'investissement en capital, qui entraînait une production accrue, laquelle accroissait le niveau de vie aux alentours — du moins il aurait dû en être ainsi — sauf que l'amélioration du niveau de vie, présumait Ricardo, entraînerait une augmentation de la population et, du même coup, une pression croissante sur les terres disponibles. Cela ferait augmenter une fois de plus les taux de location, et mettrait une pression renouvelée (vers le bas) sur les salaires.

En un mot, cet ensemble de relations fondées sur la rétroaction indiquait que les capitalistes devaient récolter des profits en fonction du progrès ; les propriétaires s'enrichissaient, peu importe les moyens pour y arriver, et les travailleurs étaient condamnés à vivre en marge de la société. Comme l'exposait Ricardo : « Le prix naturel du travail est le prix nécessaire pour permettre aux travailleurs, tous ensemble, de subsister et de perpétuer leur race, sans augmentation ni diminution. » Mis à part les fluctuations périodiques qui ont pu avoir lieu et les brèves périodes d'abondance, la loi d'airain avait replongé sans remords les travailleurs dans la misère. Malgré cette indigence endémique, Ricardo concluait par l'observation, d'une quintessence rationaliste, que « ce sont les lois qui réglementent les salaires et qui gouvernent le bonheur de la majorité de chaque collectivité. Comme tous les contrats, les salaires devraient être laissés à la juste et libre concurrence du marché, sans jamais être contrôlés par l'ingérence de la loi ».

Ricardo, comme le rapportent ses biographes, était loin d'être un misanthrope. Il voyait dans la dureté de ses théories un réalisme et un regard clair sur la manière dont les choses devaient être. Sur ce point, il était profondément influencé par son ami le révérend Thomas Malthus, connu pour avoir soutenu que, compte tenu que les populations s'accroissaient plus rapidement que les terres agricoles pouvaient être exploitées (l'une croît de façon exponentielle et l'autre, de façon arithmétique), les humains étaient voués à vivre au bord de la famine, à moins que des mesures sévères limitant la reproduction ne soient mises en place. Il concluait en affirmant que de telles limites étaient imposées fortuitement par les relations fondées sur des rétroactions automatiques du marché. En d'autres mots : l'extrême pauvreté laissée à elle-même limiterait la croissance de la population (et c'est l'idée de la rareté de la nourriture et de ses répercussions, provenant de Malthus, qui a inspiré à Darwin l'idée de la lutte pour la survie dans un monde où les ressources sont limitées et dont il fit la clé de la théorie de l'évolution). Tout ce pessimisme a incité l'essayiste Thomas Carlyle à surnommer les économistes de « respectables professeurs de la science funeste[3] ».

Dans la même veine déterministe, Jean-Baptiste Say proposa une *Loi des marchés* (vers 1830), qui soutenait qu'une économie fournit toujours une demande suffisante pour acheter sa propre production (sans se demander si les travailleurs reçoivent un juste salaire ou non). Les revenus tirés de la production seraient dépensés ou mis de côté et utilisés pour investir, auquel cas ils seraient également dépensés. De plus, il ne pourrait jamais y avoir de pénurie de pouvoir d'achat. Cette loi impliquait manifestement, une fois de plus, que l'ingérence de la loi dans le marché était inutile et contre-productive. La loi de Say a représenté une opinion consensuelle de la théorie économique pendant plus d'un siècle, jusqu'à la Grande dépression des années 1930, où l'on a découvert qu'elle n'avait aucun rapport avec le monde réel[4].

Au cœur de la conception de la « loi naturelle » repose la justification intellectuelle, politique et morale du système de laisser-faire du marché, un supposé miracle autorégulateur d'efficacité économique. Pour les derniers rationalistes de l'ère victorienne, les célèbres « lois » du comportement social et économique étaient le plus souvent de simples rationalisations forcées, consciemment ou non, pour défendre l'existence des normes sociales et des relations de pouvoir contemporaines. Cela garantissait que les structures juridiques et institutionnelles établies autour des « lois »

justifiaient invariablement le *statu quo* social. Le processus était doté d'une circularité autorenforcée que
l'on retrouvait même dans une théorie faisant autorité
dans le monde scientifique comme l'évolution darwinienne. Le biologiste Richard Lewontin déclare que
« Darwin a pris l'économie *politique* du début du
XIXᵉ siècle et l'a étendue pour inclure toute l'économie
naturelle ». Ainsi, sa théorie de l'évolution ressemble
de façon troublante à la théorie économique politique
des débuts du capitalisme. « Qui plus est, sa théorie de
la sélection sexuelle était remarquablement similaire
aux rapports hommes-femmes de la société victorienne, où la force dominante est la compétition entre
les mâles pour être plus attirants aux yeux des femelles
averties[5] ». Dans ce système circulaire autorenforcé, la
« loi » darwinienne telle que perçue (d'un œil victo-
rien) dans la nature faisait ensuite l'objet d'une relec-
ture dans les institutions sociales comme moyen de les
analyser et de déterminer les mesures sociales. Cela a
permis l'essor du prétendu darwinisme social qui a
donné une crédibilité scientifique au *credo* moral de
l'éthique du travail et a étendu les prescriptions politiques rationalistes de Ricardo et de Malthus au-delà du
début du XXᵉ siècle, jusqu'à la résurgence du néolibéralisme d'aujourd'hui.

Le rationalisme s'est transformé, passant d'une
philosophie à une idéologie, et d'une méthode d'inves-
tigation à une doctrine politique. Il s'agit d'une tournure
particulièrement ironique des événements, compte tenu
que le rationalisme est apparu au XVIIᵉ siècle comme un
moyen scientifique sans compromis de découvrir la
vérité. En tant qu'idéologie du XIXᵉ et du XXᵉ siècle, le
rationalisme deviendrait un ensemble de croyance
n'ayant que peu de rapport avec les faits observables de
la vie et de la nature.

Néanmoins, en tant qu'idéologie conçue comme un ensemble d'idées sur les relations que les humains peuvent et doivent avoir entre eux, le rationalisme se préoccupait inévitablement des points de vue moral et éthique. On pourrait dire que les résolutions rationalistes en sociologie appliquée étaient motivées par la perception selon laquelle les machines étaient plus efficaces que les humains pour mener à bien les processus essentiellement mécaniques qui devaient reposer au cœur de toutes les institutions sociales adéquatement organisées – des processus comme ceux qui entrent en jeu dans l'atteinte et le maintien du fragile équilibre parmi les forces du marché, qui sont essentiels à la stabilité et à la vigueur de l'économie. On sentait que les machines étaient beaucoup plus « rationnelles » que les humains dans la prévisibilité de leur fonctionnement et leur dévouement indéfectible à une seule activité, pour laquelle elles étaient conçues. Au XIXᵉ siècle, cette notion s'est attachée à l'action morale, ainsi qu'à d'autres aspects de l'activité humaine : on présumait qu'une moralité mécanique pouvait être tout aussi robuste et fiable.

En revêtant l'autorité de la science, et particulièrement du jargon darwiniste, l'économie, plus que toute autre science sociale, était en mesure d'attribuer un caractère d'inévitabilité naturelle aux processus qu'elle décrivait. Devant cette autorité, ceux qui réagissaient par un sentiment d'indignation éthique aux effets sociaux dévastateurs du capitalisme industriel du XIXᵉ siècle et de ses « sombres usines sataniques » étaient perçus comme étant à la fois égoïstement méprisants de l'utilité collective élargie et tout simplement ignorants.

Rien n'a vraiment changé depuis : les idéologues néolibéraux du XXIᵉ siècle (souvent désignés à tort comme des néoconservateurs) réagissent pratiquement de la même manière aux types de préoccupations exprimées dans ces pages.

Notes

1. J. S. Mill, *Principle of Political Economy*, 4e éd., Londres, John W. Parker & Son, p. 337. Cité dans Zygmunt Bauman, *Work, Consumption and the New Poor*, Buckingam, Open University Press, 1998, p. 7.
2. Bauman, *Work, Consumption and the New Poor*, *op. cit.*, p. 5-6.
3. « Charles Kingsley, Friedrich Engels, Blake ou Carlyle, ne se trompaient pas en croyant que l'image même de l'homme avait été souillée par quelque terrible catastrophe. [...] Et, plus impressionnant encore que les accès de douleur et de colère des poètes et des philanthropes, il y avait le silence glacial sous lequel Malthus et Ricardo passaient les scènes d'où provenait leur philosophie de perdition séculaire. » Karl Polanyi, *The Great Transformation: The Political and Economic Origins of our Time*, Boston, Beacon Press, 2002 [1944], p. 102-103.
4. Les idées de John Meynard Keynes sur le financement du déficit seraient nécessaires pour sortir le monde industrialisé du cycle de la dépression.
5. Richard Lewontin, *The Doctrine of DNA: Biology as Ideology*, Londres, Penguin Books, 1993, p. 10.

Chapitre 4

La « science » de l'égoïsme

Lorsque j'étudiais l'économie dans les années 1970, presque tous les cours offerts par mon université examinaient le fonctionnement du régime de marché, à l'échelle macroscopique ou microscopique. Il y avait bien un ou deux cours d'histoire de l'économie portant sur les origines de l'organisation et de l'apparition du marché, mais il s'agissait de très petites classes. Aucun cours n'était offert sur la raison pour laquelle le marché *devait* fonctionner comme il le faisait. L'hypothèse implicite semblait être que l'économie de marché était un fait concret, une force de la nature, aussi immunisée contre les défis éthiques que la gravité ou l'inertie. On prêtait beaucoup attention aux mécanismes de la création de la richesse, mais très peu à sa distribution équitable. Aucun professeur d'économie ne parlait de l'impact des régimes économiques sur la main-d'œuvre impliquée ou des répercussions de la consommation et du marketing de masse ; ils laissaient cela aux sociologues ou à la discipline naissante et guère crédible des études culturelles. L'économie, à ce moment-là, s'était complètement lavé les mains des questions confuses et émotives de moralité, d'équité et de justice.

Pour un jeune homme sensibilisé à la politique et décidé à faire quelque chose d'utile de sa vie, ni la sociologie ni les études culturelles ne semblaient être des choix viables. Que peut-on faire de tels diplômes? J'ai poursuivi mes études en économie aussi longtemps que j'ai pu, mais, bloqué par des cours obligatoires de statistiques et d'économétrie, j'ai fini par abandonner durant la dernière année du programme spécialisé et je suis allé travailler pour un journal.

J'ai raconté cette histoire car il me semblait, et il me semble encore aujourd'hui, très ironique qu'une prétendue science fondée par un philosophe moral intéressé à répandre le comportement éthique dans la société par le biais des institutions économiques finisse par se montrer essentiellement hostile au questionnement moral. Le fondateur dont je parle se nomme, bien sûr, Adam Smith (1723-1790).

On raconte une anecdote à propos de sa petite enfance, anecdote qui aurait pu changer le cours de l'histoire. À l'âge de quatre ans, vivant avec sa mère, veuve, dans le village de pêcheurs écossais de Kirkcaldy, près d'Édimbourg, le jeune Adam fut enlevé par une bande de romanichels gitans. Des recherches furent organisées à la hâte, puis le garçonnet fut relâché par ses ravisseurs et rendu à sa mère. Le premier biographe de Smith, un homme à l'humour empreint d'ironie, avait sans doute raison de dire : « Je crains qu'il eut fait un bien médiocre gitan. » Néanmoins, on ne peut s'empêcher de se demander ce que le monde serait devenu si Smith avait opté pour le foulard et le violon au lieu de jeter les bases du laisser-faire économique.

Smith a reçu une éducation universitaire en philosophie morale à Glasgow et à Oxford à un moment où, aussi étrange que cela puisse paraître aujourd'hui, la discipline englobait non seulement l'éthique et la religion, mais aussi le droit et l'économie politique. Il en vint à percevoir l'économie et l'éthique comme étant si étroitement liés qu'ils en devenaient inséparables, et il publia des ouvrages importants dans les deux domaines. Il a écrit le premier, *La Théorie des sentiments moraux*, tandis qu'il enseignait la philosophie morale à l'Université de Glasgow. Il y décrit les principes de la nature humaine qui, conformément à la pensée de l'époque, était selon lui une loi naturelle dont on pouvait déduire le comportement humain et les mécanismes des institutions sociales. L'ouvrage pose une question essentielle sur l'origine du comportement moral : comment, compte tenu du pouvoir prépondérant des motivations instinctives que sont l'intérêt personnel et l'instinct de conservation, les gens peuvent-ils porter des jugements moraux sur leurs propres actions et celles des autres ? À cela, Smith finit par répondre que chacun de nous porte en lui un observateur qui agit en tant que « spectateur impartial », observant, jugeant et communicant par l'intermédiaire d'une voix intérieure impossible à ignorer. Les rationalistes et les béhavioristes qui lui succédèrent n'ont pas pris en considération la solution moins qu'entièrement satisfaisante de Smith et préférèrent ne pas tenir compte de cette question purement et simplement métaphysique, et donc dénuée de sens.

Néanmoins, la perception de la double nature des gens par Smith, de leurs passions irrésistibles et instinctives d'une part, et de leur capacité de raisonner et de ressentir de la sympathie pour les autres d'autre part, a fourni la pierre angulaire de ses dernières réflexions sur l'économie. Les instincts passionnels étaient régulés et utilisés principalement par les institutions sociales, qui servaient à canaliser les instincts agressifs, combatifs, compétitifs et « naturels » pour en tirer des résultats avantageux. (Il est impossible de ne pas y voir des similitudes avec la beaucoup plus primitive *Fable des abeilles* de Mandeville, ce que Smith a contesté avec indignation.) Comme il l'a dit et répété dans son grand ouvrage sur l'économie, les gens intéressés sont « dirigés par une main invisible [...] sans le savoir, sans le vouloir, pour faire avancer les intérêts de la société[1]. »

À l'instar de Hobbes, Smith devint le bénéficiaire du mécénat éclairé d'une famille aristocrate, qui l'embaucha comme tuteur et avec laquelle il séjourna en Europe et en fit le « tour complet » obligé. Il connaissait déjà de nombreux grands personnages de l'époque du côté nord de la Manche, tels le chimiste Joseph Black, James Watt, célèbre pour sa machine à vapeur, l'homme d'affaires et marchand négociant Andrew Cochrane ainsi que le grand philosophe David Hume, et il nouerait plus tard des amitiés avec le philosophe politique Edmund Burke, l'essayiste Samuel Johnson et l'historien Edward Gibbon. De plus, on pense qu'il était une connaissance de Benjamin Franklin. Sur le continent, Smith rencontra un grand nombre de personnalités phares de l'Âge de la raison ou des Lumières françaises. À Genève, il discuta avec Voltaire et à Paris, il s'est mêlé à un groupe de réformateurs et de théoriciens sociaux qui se faisait appeler les *économistes*, connus aujourd'hui sous le nom de physiocrates.

Le dirigeant du groupe était François Quesnay, médecin à la cour de Louis XV, connu pour avoir écrit la première analyse systématique d'une économie entière. Imprégnés de théories contemporaines de la loi naturelle et de la justice naturelle (le terme *physiocratie* signifie « la règle de la nature »), Quesnay et les physiocrates croyaient également en un ordre économique naturel et s'opposaient violemment aux règlements, à l'imposition inappropriée ainsi qu'à d'autres formes d'interférence. Leur célèbre slogan était *laisser faire*, *laisser passer*. Ils proposèrent d'éliminer tous les impôts, hormis un *impôt unique* sur le revenu net tiré de la terre, qu'ils considéraient comme la véritable source de toute richesse. La portée exacte de l'influence des physiocrates sur la pensée économique de Smith est sujet à controverse, mais on sait qu'il admirait sincèrement Quesnay, à qui il avait eu l'intention de dédier son propre *opus* économique avant le décès du médecin.

L'ouvrage monumental *Recherches sur la nature et les causes de la richesse des nations* de Smith, qu'il a achevé à son retour de France et publié l'année de la Révolution américaine (1776), était principalement consacré à démontrer comment l'intérêt personnel pouvait engendrer le bien commun grâce à la « direction institutionnelle des passions ». Comme dans son livre précédent, il soutenait que les institutions sociales, qui semblent naturellement extérieures au commerce et aux rapports humains, canalisaient les vices humains pour en tirer des résultats avantageux sur le plan social. Les deux ouvrages soutenaient, sans accorder trop d'attention aux preuves anthropologiques ou historiques (bien maigres), que les relations sociales et économiques, telles qu'on présumait qu'elles existaient en l'absence d'ingérence gouvernementale, étaient un phénomène naturel, le fruit des lois de la nature humaine et, en principe, fonctionnaient mieux si on ne s'en mêlait pas. L'ingérence humaine dans les institutions, motivée par le bien-être public, était donc une erreur et risquait d'être vaine. Smith présumait que de par son influence sur les entrepreneurs individuels, le capitalisme de marché, avec son abondante concurrence, décourageait les comportements contraires à l'éthique ou autres comportements antisociaux et offrait un renforcement positif de la « propriété » nécessaire au commerce ordonné. En faisant ressortir la concurrence

comme mécanisme institutionnel vital, Smith écrivait :
« La discipline réelle et efficace qui s'exerce sur un
ouvrier [...] est celle de ses clients. C'est la peur de
perdre son emploi [aux mains de la concurrence] qui
limite ses fraudes et corrige sa négligence[2]. »

L'ouvrage *Richesse des nations* est principalement
consacré à détailler la manière précise dont opère la
main invisible. La concurrence mutuelle entre personnes intéressées de manière innée, qui sont instinctivement poussées à faire des échanges, fait constamment
baisser les prix des biens jusqu'à leur niveau « naturel »,
déterminé par le coût de production. Smith y a expliqué
de quelle façon les salaires, les loyers et les profits, qui
sont tous des coûts de production, sont chacun leur tour
assujettis à la concurrence, et donc maintenus à leurs
niveaux « naturels ». Smith était impatient d'expliquer
comment la croissance économique pouvait avoir lieu
dans le cadre de ce mécanisme autorégulateur, et son
explication est à la fois ingénieuse et dangereusement
erronée. Lorsque des fabricants ayant accumulé un
certain capital souhaitent étendre leur production, ils
embauchent de nouveaux travailleurs, ce qui fait mon-
ter les salaires. – Smith a écrit cela juste avant l'ère de
l'industrialisation et de la mécanisation. – Toutes
choses étant égales, l'augmentation des salaires peut
entraîner la ruine des fabricants (la hausse des coûts les
rend moins concurrentiels), mais il y a une lacune. En
effet, l'augmentation des salaires accroît le nombre de
travailleurs (surtout, présumait Smith, en raison de la
diminution de la mortalité infantile), et comme ils sont
plus nombreux à se disputer les emplois, les salaires
chutent. Les profits et l'accumulation du capital aug-
mentent, et le cycle peut se répéter. De cette façon,
l'économie pouvait croître, graduellement, jusqu'à un

point où même ceux qui se situaient au bas de l'échelle économique pouvaient devenir relativement prospères.

L'analyse de Smith dépeignait une machine auto-régulatrice fonctionnant sans heurts, en harmonie avec la mentalité mécaniste et déterministe de l'époque. Il a également incorporé une idée inventée par son époque : le progrès.

Tandis que Smith, économiste universellement reconnu, a gagné sa place au panthéon des penseurs sociaux modernes, on a malheureusement négligé les répercussions de sa philosophie morale. En tant qu'économiste et professeur de théologie naturelle travaillant au cœur de ce qu'on appelait les Lumières écossaises à Édimbourg, Smith était inspiré, d'une part, par une croyance dans l'ordre divin de la nature et, d'autre part, par la toute-puissance de la raison. Ensemble, ces deux visions l'ont amené, ainsi que d'autres penseurs et décideurs de cette période, à s'engager dans ce qui semblait être le principal défi des classes scolarisées : trouver des moyens d'utiliser l'ordre naturel des choses pour créer un monde meilleur. Ses théories constituent rien de moins que la genèse d'un programme ambitieux visant à synthétiser le comportement moral, à supplanter le sens moral, peu fiable, sinon complètement fictif du point de vue rationaliste, au moyen des procédés autonomes et autorégulateurs inclus au sein des institutions.

Ironiquement et malgré ses indubitables bonnes intentions, Smith, en décrivant ce qui était, selon lui, un système automatisé et naturel servant à produire des résultats moraux, a préparé la voie à la marginalisation de l'authentique discours moral, faisant de l'éthique un sujet ne concernant que la vie privée. Dans la vie publique, la moralité était gérée de manière institutionnelle.

En pratique, cela finirait par vouloir dire que les mesures prises au sein de ces institutions étaient moralement neutralisées, dans la mesure où chaque action représentait un maillon d'une longue chaîne de causalités menant à des objectifs distants et rationnels. Les mauvais résultats étaient des erreurs de fonctionnement dont les effets secondaires n'étaient la faute de personne, plutôt que des échecs sur le plan éthique. La moralité était réduite à des règles de procédure qui, dans le contexte économique, étaient mesurées non pas en fonction du bien et du mal, mais de normes d'efficacité.

Même si ses idées pouvaient sembler révolutionnaires, Smith était à certains égards un dinosaure dans le milieu effervescent et riche en expérimentation dans lequel il vivait et travaillait. Sa piété et sa reconnaissance d'un résidu d'altruisme chez les humains (le «spectateur impartial» en chacun de nous, capable d'une semblant de réaction morale objective) étaient déphasées comparativement aux idéologies plus ostentatoires et franches des penseurs rationalistes, notamment les philosophes utilitaristes, qui travaillaient tous au noir en tant qu'économistes. Selon le théoricien utilitariste et juriste Jeremy Benham (1743-1832) : «Les êtres humains [...] manquent d'altruisme ; il faut la menace de la coercition pour les inciter à rechercher l'intérêt de la majorité plutôt que le leur.» Bentham et les utilitaristes entreprirent de réécrire la loi pénale britannique avec cette vision (la douleur de l'emprisonnement devait surpasser le plaisir éprouvé en commettant le crime) ; de leur côté, David Ricardo et John Stuart Mill ont étayé la science économique de Smith à l'aide d'idées utilitaristes actualisées, établissant la recherche du plaisir et l'évitement de la douleur en tant que principaux stimulants économiques.

Là où Smith a postulé une vision plus ou moins traditionnelle des humains en tant qu'êtres sensibles à la morale qui ont tout de même besoin d'être encouragés par les institutions, les utilitaristes avaient tendance à adopter le point de vue, de plus en plus dominant, que les humains étaient des créatures essentiellement égocentriques. Ce que les gens désiraient le plus, affirmaient les utilitaristes, c'était le plaisir, et ce qu'ils souhaitaient le plus éviter était la douleur ; la vie était donc un processus qui visait à atteindre et à maintenir un équilibre aussi favorable que possible entre les deux, en autant que les circonstances le permettaient. Peu importait si le sens moral n'était pas inné : l'extraordinaire capacité humaine de raisonner pouvait fournir un substitut, sous forme d'un schéma de calcul complexe qui fonctionnait plus ou moins comme l'arithmétique. D'après la morale utilitariste, une action était bonne (moralement correcte) si elle donnait lieu au meilleur équilibre possible entre le plaisir et la douleur (entre le bonheur et son contraire) pour le plus grand nombre de personnes. En d'autres mots, la moralité utilitariste se définissait exclusivement en fonction de résultats observables, peu importe les moyens, le motif ou l'intention utilisés pour parvenir à ses fins. (À vrai dire, les rationalistes avaient tendance à soutenir que les humains étaient incapables de motivation authentiquement altruiste et posaient ce qu'on appelle des actes moraux uniquement pour atteindre plus facilement leurs objectifs.) Les utilitaristes ont déployé de grands efforts pour dresser une liste des différents plaisirs par ordre d'importance, allant jusqu'à leur affecter des valeurs numériques, afin de permettre de résoudre mathématiquement les dilemmes éthiques.

Bertrand Russell, philosophe britannique du XXe siècle, a capté succinctement le vide essentiel propre à l'utilitarisme en tant que philosophie morale. Il a fait remarquer que John Stuart Mill, dans son ouvrage qui fait autorité (*Utilitarisme*, 1861) « propose un argument si fallacieux qu'il est difficile de comprendre comment il a lui-même pu le croire valable. » Russell avait en tête l'affirmation de Mill selon laquelle le plaisir est la seule (et suprême) chose désirable et que tous les autres désirs y sont soumis, dans la mesure où ils visent tous à obtenir du plaisir d'une façon ou d'une autre. Voici comment Russell analyse l'argument de Mill :

> Il dit : *Le plaisir est la seule chose désirée, donc le plaisir est la seule chose désirable.* Il affirme que seules les choses visibles sont vues, que seules les choses audibles sont entendues, et, dans le même ordre d'idées, que seules les choses désirables sont désirées. Il ne remarque pas qu'une chose est visible si elle *peut* être vue, mais désirable si elle *doit* être désirée. Ainsi, le mot « désirable » présuppose une théorie éthique : nous ne pouvons déduire ce qui est désirable en fonction de ce qui est désiré.

Russell poursuit son raisonnement en désignant un autre problème majeur de l'argument de Mill :

> Si chaque être humain recherche inévitablement son propre plaisir, il est inutile de dire qu'il *doit* faire autre chose. Kant insiste sur le fait qu'« on doit » sous-entend qu'« on peut » ; inversement, si on ne peut pas, il est vain de dire que l'on doit[3].

Malgré ses multiples insuffisances, à titre de science autant que de philosophie, l'utilitarisme, préalable absolu à la pensée rationaliste progressiste, était l'un des fondements sur lequel ont été érigés les édifices majestueux du libéralisme politique et du capitalisme de marché de laisser-faire au XIXᵉ siècle[4]. Le grand économiste libéral William Stanley Jevons (1835-1882) a

défini l'économie comme «les mécanismes de l'utilitaire et de l'intérêt personnel», en ajoutant que «satisfaire nos désirs au mieux en faisant le moins d'efforts
possible, fournir la plus grande quantité de ce qui est
désirable au détriment de ce qui est le moins indésirable
— en d'autres mots, maximiser le plaisir — constitue la
problématique de l'économie[5]».

    Jevons était un homme vraiment de son temps. Né
dans une riche famille de marchands de fer de Liverpool,
son père fut un pionnier de la construction de navires
dotés de coque de métal. Le jeune Jevons, qui partageait
l'intérêt de son père pour l'ingénierie et les sciences
physiques, a étudié la chimie et les mathématiques au
Liverpool Mechanics Institute. Il fut essayeur en chef
pendant cinq ans à la Monnaie australienne récemment
ouverte, avant de retourner à Londres afin de poursuivre des études universitaires en mathématiques
supérieures et en économie. Il croyait ardemment dans
les libres marchés et s'opposait aux réformes compatis-
santes de l'assistance sociale : «Une loi sur les pauvres
doit être sévère et chiche si on ne veut pas qu'elle mine
les sources de notre bien-être[6]», affirmait-t-il. De plus,
il s'opposait aux syndicats, dans lesquels «les travailleurs [sont] mus par l'ignorance pour freiner la véritable
croissance de notre liberté», c'est-à-dire le marché de
laisser-faire.

    Selon lui, la solution au problème du syndicalisme
était de commencer à éduquer les enfants de la classe
ouvrière très tôt afin «de leur inculquer les simples
vérités» des lois de l'économie, «auxquelles ils ne
peuvent échapper et doivent finir par obéir. Ils doivent
apprendre qu'il existe des lois naturelles qu'ils ne
peuvent enfreindre». Ces lois, croyait-il, faisaient partie de l'ordre divin de la nature, au même titre que les
lois de la physique ou de la chimie. «Tout comme en

science physique, on peut déduire des principes généraux et approfondis d'un grand nombre de phénomènes
apparents. Ainsi, à propos de l'homme ou de la société,
on doit également pouvoir déduire les lois et les principes qui sous-tendent tous les débats actuels et les
arguments partiels. » En tant qu'économiste, il a
déclaré : « En acceptant les triomphes progressifs de la
science physique, je participerais à la réforme de la
science [sociale] abstraite [...] mais j'adhérerais à la
science pour des raisons de moralité et de religion. Je
tenterais de démontrer que ce n'est pas un antago-
nisme. » La loi morale de Dieu, selon Jevons, était écrite
dans les lois de la nature qui gouvernaient le comportement social des humains, principalement par le biais
de l'économie de marché. Le comportement religieux
exigeait donc de se conformer à ces lois du marché. Il
considérait son propre esprit comme une « machine ».
Sur les traces de Bentham, il a affirmé : « À mon sens,
l'homme est en réalité essentiellement égoïste, dans la
mesure où toutes ses actions ont pour but de retirer un
maximum de plaisir et d'éviter la douleur. Cet intérêt
personnel est certainement le mobile principal de
toutes ses actions. »

En cherchant à mettre l'économie dans une position strictement mathématique, fondée sur le type
d'hypothèses « idéales » posées par les prétendues
sciences exactes, il a élaboré une théorie sur un marché
idéal dans lequel la concurrence, les connaissances et
l'égoïsme seraient parfaits, tout comme l'absence de
friction serait un idéal de la physique. Cette vision est
devenue la norme par excellence et s'est répandue dans
toute la « science » économique moderne.

Si l'on doit retenir une seule contribution de
Jevons, ce doit être le concept d'utilité marginale, qui a
directement relié l'utilitarisme aux prix du marché par

une formule ingénieuse et, ce faisant, a sensiblement étendu et approfondi l'impact de la pensée utilitariste sur les institutions sociales. Dans un marché idéal comprenant un vendeur et un acheteur, au fur et à mesure que les gens acquièrent des « unités » d'un produit ou d'un service (par exemple, des sandwichs), chaque nouvelle acquisition a moins de valeur subjective (d'utilité marginale) que la précédente. La demande du produit ou du service est alors réduite, ce qui fait baisser le prix jusqu'au point où le consommateur possède tant de ce produit ou service qu'une « unité » supplémentaire ne lui apporte rien de plus. À cette étape, le prix est tombé à zéro car il n'y a plus de demande. « La valeur, soutenait Jevons, dépend entièrement de l'utilité. »

Toutefois, l'utilitarisme n'est pas la seule philosophie éthique à l'œuvre dans le capitalisme de marché moderne. Dissimulée loin derrière la structure théorique du système telle que conçue par Smith, Jevons et leurs successeurs, existe une prémisse plus primitive appelée « égoïsme éthique ». Il s'agit du fondement de l'hypothèse idéalisée du parfait égoïsme parmi les acteurs de l'économie, élaborée par Jevons, et d'une hypothèse fondamentale de la pensée utilitariste. L'égoïsme éthique repose sur une théorie en psychologie appelée *égoïsme psychologique*, qui suggère que les gens sont génétiquement disposés à *toujours* rechercher leur propre bien-être, ou, en termes utilitaristes, à *toujours* choisir la ligne de conduite qui leur apportera le meilleur équilibre personnel entre le plaisir et la douleur. La théorie de l'égoïsme psychologique est, bien entendu, incompatible avec le concept d'impulsion morale innée, ce qui explique sans doute en partie pourquoi elle a attiré les ingénieurs sociaux. Il s'agit d'une notion qui, aux yeux de ses défenseurs, semblait validée par l'idée darwiniste de survivance des plus aptes, qui suggérait que les individus d'une espèce qui réussissaient à obtenir ce qu'ils désiraient étaient plus susceptibles de survivre et de se reproduire. Dans un monde d'égoïsme psychologique, les humbles n'héritent de rien et n'ont pas de descendants.

Selon l'hypothèse de départ de l'égoïsme psychologique, on peut finir par expliquer toutes les actions humaines en fonction du bien-être personnel — de l'égoïsme. Le physicien et mathématicien John von Neumann, l'un des pères de la bombe atomique et créateur de la *théorie des automates* qui a eu une énorme influence sur la théorie économique moderne, soutenait, sans ressentir le besoin de fournir des preuves à l'appui, qu'« il est aussi bête de se plaindre que les gens sont égoïstes que de se plaindre que le champ magnétique n'augmente pas à moins que le champ électrique comporte une boucle. Il s'agit là de lois de la nature[7]. »

Mais cela a-t-il du sens ? Que penser de l'employé fatigué qui cède sa place à une femme enceinte dans le métro ? Ou de la victime de torture qui refuse de trahir ses camarades ? Ou du médecin qui se prive de richesses et de confort pour aller servir les miséreux dans un pays en voie de développement ? Ou de l'activiste qui risque une peine d'emprisonnement en militant pour la justice ? Ou de tous les autres innombrables cas que je pourrais citer comme exemples de comportement altruiste ou tourné vers les autres ? À cela, les béhavioristes répondraient probablement que dans chaque cas, l'individu doit avoir davantage envie d'accomplir l'action en question que de ne pas l'accomplir, sinon, il ne le ferait pas. La victime de torture, par exemple, désire davantage protéger ses camarades qu'elle souhaite que la douleur cesse. Toutefois, cette explication modifie sensiblement l'argumentation, car elle invoque d'abord ce qui *est*, puis ensuite ce qui *doit être* le cas. Cette revendication ne se rapporte plus à la nature, mais à la nécessité ; l'action *doit* découler du désir ou elle ne sera pas accomplie. Ainsi, la critique endosse sa propre vérité en la défendant : « Nous savons que l'égoïsme psychologique est en cause, sinon les actions altruistes seraient inexplicables. » Il s'agit d'un argument circulaire, et donc dépourvu de contenu significatif.

En s'efforçant d'extraire la philosophie morale des lois naturelles, les penseurs économistes du XIXe siècle ont accumulé les erreurs, donnant lieu à un enchevêtrement que nous tentons toujours de démêler. La revendication de l'égoïsme psychologique, selon laquelle nous agissons toujours dans notre propre intérêt, est influencée par une doctrine philosophique, l'égoïsme éthique, qui repose sur une hypothèse selon laquelle les gens *doivent* toujours agir dans leur meilleur intérêt personnel. La raison pour laquelle ils doivent toujours agir égoïstement est que, prétend la doctrine, ils le font *naturellement* ; que dans leur « état naturel » (peu importe ce que cela peut bien signifier) les gens se comportent de manière égoïste, à moins qu'ils soient obligés de faire autrement. Comme nous le verrons ci-après, il n'existe aucune preuve de cela. Néanmoins, l'égoïsme éthique revendique aussi que *tous* les humains doivent *toujours* agir ainsi : le mouvement universalisé est nécessaire pour transformer ce qui serait autrement une simple observation (laquelle peut-être erronée) en une théorie.

Cela semble être une étrange philosophie morale, du type qui doit inévitablement mener à une sorte d'enfer hobbesien où tout le monde est constamment en guerre[8]. L'égoïsme éthique est dans une impasse logique à laquelle il n'y a aucune échappatoire visible.

Comment un monde peuplé d'égoïstes s'organise-t-il en sociétés et en civilisations ? La question vous dit peut-être quelque chose, car Adam Smith l'a posée dans son ouvrage *La Théorie des sentiments moraux*. La seule solution concevable était une sorte de mécanisme qui synchroniserait comme par miracle l'intérêt personnel de chaque personne avec celui de ses voisins, pour faire en sorte qu'aucun conflit ne survienne ; que la satisfaction de l'intérêt d'une personne n'empêche jamais (ou rarement) le voisin de satisfaire le sien. Une sorte d'alchimie était nécessaire pour garantir qu'en poursuivant des fins égoïstes individuelles, les gens agissaient parallèlement dans l'intérêt général. Et c'est Smith qui a fourni une explication avec sa main invisible.

Notes

1. Les citations de cette section sont tirées d'Adam Smith, *An Inquiry into the Nature and Causes of the Wealth of the Nations*, R. H. Campbell et A. S. Skinner, dir., New York, Clarendon Press, 1976, p. 146.
2. *Ibid.*
3. Bertrand Russell, *History of Western Philosophy*, Londres, George Allen et Unwin, 1961, p. 744.
4. La politique était également prise en compte. Thomas Jefferson a écrit que la seule visée du gouvernement était « d'assurer le niveau le plus élevé possible de bonheur à la population en général et à ceux qui y sont associés ». Par ailleurs, dans *Thoughts on Government*, John Adams a écrit : « La meilleure forme de gouvernement est celle qui communique le plus haut niveau d'aise, de confort et de sécurité ou, en un mot, de bonheur, au plus grand nombre de personnes possible. »
5. William Stanley Jevons, *The Theory of Political Economy*, (tirage à part de « Economic Classics », Augustus M. Kelly, 1965 [1871]).
6. Cette citation de Jevons et les suivantes sont tirées de David F. Noble, *Beyond the Promised Land : An Essay on the Passing of the Modern Myth*, Toronto, Between the Lines, 2005.
7. Cité dans Philip Mirowski, *Machine Dreams : Economics Becomes a Cyborg Science*, Cambridge, Cambridge University Press, 2002, p. 100.
8. Et, bien entendu, nous pouvons observer la même incohérence logique soulignée par Russell relativement à l'utilitarisme, selon laquelle si les gens agissent automatiquement dans leur propre intérêt, en vertu de la loi naturelle, cela n'a aucun sens de dire qu'ils *doivent* le faire.

Chapitre 5

L'éthique et le marché

LES LECTEURS CONNAISSENT SANS DOUTE l'histoire de Ptolémée, astronome et géographe de l'Égypte du IIe siècle qui, convaincu que seuls la perfection et l'ordre régnaient dans les cieux, s'est efforcé de trouver une explication au mouvement apparemment chaotique de ce qu'on appelait les « étoiles errantes », c'est-à-dire les planètes. Il imagina son explication (inventant la trigonométrie par la même occasion) en se fondant, selon ses convictions, sur des orbites parfaitement circulaires. Ses calculs sur le mouvement des planètes sont encore utilisés par quelques rares navigateurs qui trouvent leur position en mer non pas au moyen de gadgets GPS, mais à l'aide d'un sextant, d'une montre de bord et de tableaux des éphémérides, qui donnent les positions des planètes en fonction de la date et de l'heure. À l'instar de toute bonne théorie scientifique, celle de Ptolémée offrait à la fois des explications et des prédictions, et fut admis pendant 1 400 ans, jusqu'à ce que Copernic en propose une meilleure. Elle reposait toutefois sur une hypothèse erronée, selon laquelle le Soleil tournait autour de la Terre.

La main invisible d'Adam Smith aurait bien pu être imaginée par Ptolémée. En effet, on trouve ce mécanisme de coordination automatique et magique qui transforme les actes individuels égoïstes en bien social pleinement réalisé dans ce qui est peut-être le passage le plus connu de son ouvrage *Richesse des nations*. Il commence par observer que, même dans leur état naturel, les animaux sont indépendants et peuvent se passer de l'aide des autres animaux.

> L'homme a presque continuellement besoin de l'aide de ses frères et c'est en vain qu'il attendrait seulement de leur bienveillance. Il a plus de chance de l'emporter s'il peut intéresser leur amour d'eux-mêmes en sa faveur et leur montrer qu'il est de leur propre intérêt de faire pour lui ce qu'il en attend. C'est ce que fait celui qui propose à un autre un marché quel qu'il soit. Donne-moi ce que je veux et tu auras ce que tu veux, tel est le sens de toutes ces propositions ; c'est de cette manière que nous obtenons les uns des autres la plus grande partie des bons offices dont nous avons besoin. Ce n'est pas de la bienveillance du boucher, du brasseur ou du boulanger que nous attendons notre dîner, mais de l'attention qu'ils portent à leur propre intérêt. Nous nous adressons non à leur humanité mais à leur amour d'eux-mêmes, et nous ne leur parlons jamais de nos propres besoins mais de leur avantage. Il n'est personne, si ce n'est un mendiant, pour choisir de dépendre principalement de la bienveillance de ses concitoyens[1].

Smith poursuit en affirmant que dans les transactions du marché :

> La personne ne vise que son propre gain, et elle est, *dans ce cas comme dans bien d'autres, menée par une main invisible* afin de promouvoir une fin qui ne faisait pas partie de son intention. D'ailleurs, cela ne représente pas toujours le pire pour la société. En effet, lorsqu'elle poursuit son propre intérêt, la personne

promeut souvent celui de la société plus efficacement que si elle avait l'intention de le faire. Je n'ai jamais entendu dire que ceux qui affectent de faire du commerce dans l'intérêt du bien public font beaucoup de bien. Il s'agit en réalité d'une affection plutôt rare parmi les marchands, et très peu d'arguments sont nécessaires pour les en dissuader[2].

L'idée du fonctionnement synchrone de nombreux individus se traduisant par un bien-être commun, comme j'ai pu l'observer, a acquis de la crédibilité au cours du XIXe siècle en raison de son affinité manifeste avec la théorie évolutionniste de Darwin. Pour ce dernier, l'évolution des espèces était le résultat de mutations qui se produisaient au hasard. La course à la nourriture ou les autres pressions environnementales remettaient de l'ordre dans ce chaos à caractère aléatoire en assurant la sélection naturelle des mutations qui procuraient un avantage adaptatif. Les individus ayant hérité de la mutation avantageuse s'épanouiraient et finiraient par remplacer les moins favorisés. L'analogie avec les affirmations d'Adam Smith était claire : les pressions environnementales ayant transformé le chaos de la brutalité sociale primitive en un processus économique bienfaisant étaient contenues dans les institutions de l'économie de marché capitaliste, qui transformaient automatiquement l'égoïsme individuel en bien-être général. Même aujourd'hui, la théorie du marché se résume à une mécanisation de la dynamique de l'égoïsme éthique et à une élimination de la question morale de justice distributive — la façon dont les richesses devraient être distribuées — de par son absorption complète dans une théorie des processus naturels et autonomes. Cela donne lieu à une moralité *synthétique*, puisque le comportement déterminé de cette façon, soit par des influences externes ou par coercition, n'est pas véritablement moral du fait que le libre choix est restreint ou complètement écarté.

Tout au long de l'histoire de la théorie économique, depuis les écrits d'Adam Smith jusqu'à maintenant, l'« agent économique rationnel » tant vanté (l'individu et son interaction avec le marché) a été universellement caractérisé comme une personne dont la seule obligation consiste à trouver le meilleur équilibre possible entre le plaisir et la douleur[3]. Cette définition a été adoptée par des générations successives d'économistes politiques allant de Thomas Malthus, David Ricardo et Stanley Jevons jusqu'aux auteurs des traités actuels, pour qui elle est simplement devenue une description empirique de la « façon de penser économique » :

> Il s'agit essentiellement d'une hypothèse sur ce qui guide le comportement humain. Les théories sur l'économie, avec moins d'exceptions qu'on pourrait s'y attendre, sont simplement un prolongement de l'hypothèse selon laquelle les individus posent les actes qui, selon eux, leur procureront les meilleurs avantages nets. On suppose que tout le monde agit en fonction de cette règle[4].

Voici un autre exemple, tiré d'un manuel couramment consulté intitulé *Economics*, publié par McGraw-Hill :

> Le capitalisme présume que l'intérêt personnel est la marche à suivre fondamentale des différentes unités économiques exprimant leur libre choix. Le motif de l'intérêt personnel procure orientation et cohérence à ce qui pourrait autrement être une économie extrêmement chaotique[5].

Toutefois, une incohérence logique fondamentale sous-tend ce qui équivaut à la formulation d'un dogme idéologique. Bien que selon cette formulation, l'intérêt personnel — l'intérêt inné — procure « orientation et cohérence » au marché, il est également possible que le contraire soit vrai et que ce soit le marché qui impose la primauté de l'intérêt personnel aux gens. Voilà donc l'erreur « ptolémique » de la théorie de Smith : elle part du principe erroné de l'égoïsme éthique (la Terre est stationnaire selon Ptolémée) et de l'hypothèse d'un ordre parfait dans la nature (les orbites circulaires selon Ptolémée) et impose aux interactions économiques des gens un ordre qui, loin d'être naturel comme on le prétendait, est résolument artificiel.

Rares sont les scientifiques sociaux qui ont pensé à remettre en question la « loi », devenue loi du bon sens, de l'égoïsme psychologique relatif au comportement économique des humains. Cependant, ceux qui l'ont fait ont découvert que ce concept n'était soutenu par aucune preuve. Le politicologue canadien C. B. Macpherson (1911-1987) a démontré en détail dans son œuvre charnière, *La Théorie politique de l'individualisme possessif*, et par d'autres écrits, « que c'est uniquement là où les relations capitalistes de production prévalent [...] que tous les hommes doivent agir ainsi[6] ». En d'autres mots, le comportement humain est généré par le système plutôt que le contraire. Les gens se comportent de manière égoïste : ils exigent un maximum de revenu pour un minimum d'efforts ; ils demandent ce que peut supporter le marché ; ils n'hésitent pas à profiter de leurs voisins ; en résumé, ils cherchent à arriver les premiers, car c'est la seule façon de survivre dans la structure institutionnelle. Dans une économie de marché, cela équivaut à un comportement rationnel. Le grand historien de l'économie Karl Polanyi a également écrit que l'histoire ne justifie pas l'idée de la propension innée des gens à « faire des échanges », dans le sens où Adam Smith l'employait, et à toujours être en quête de leur propre avantage matériel. En fait, Polanyi affirme que « c'est seulement dans le marché autoréglementé du XIXe siècle que l'intérêt économique personnel est devenu le principe dominant de la vie sociale », uniquement parce qu'il a été imposé aux gens comme l'unique façon de survivre dans un système de marché. La citation entière est digne d'intérêt :

> Les penseurs du XIXe siècle supposaient que, dans son activité économique, l'homme luttait pour le profit et que sa propension matérialiste l'amènerait à opter pour le moindre effort et à s'attendre à un salaire en échange de son travail. En bref, ils supposaient que dans le cadre de son activité économique, l'homme aurait tendance à s'en tenir à ce qu'ils décrivaient comme la rationalité économique, et que tout comportement contraire était le résultat d'une ingérence externe. [...] Ainsi, rien n'était plus normal qu'un système économique constitué de marchés et placé sous le seul contrôle des prix du marché ; une société humaine fondée sur ces marchés semblait par conséquent être le but de tous les progrès. Peu importe qu'une telle société soit souhaitable ou non pour des raisons morales, sa possibilité de mise en œuvre reposait sur les caractéristiques immuables de la race[7].

Pourtant, les recherches historiques et anthropologiques menées par Polanyi et ses étudiants diplômés racontaient une tout autre histoire :

> En fait, comme nous le savons, le comportement de l'homme, tant dans son état primitif qu'au fil de l'histoire, est presque à l'opposé de ce que ce point de vue sous-entend. La tendance à faire des échanges, sur laquelle Adam Smith s'appuyait avec tant de confiance pour peindre le portrait de l'homme primitif, n'est pas une tendance courante, mais plutôt rare, de l'être humain dans ses activités économiques. Le marché a

été le résultat d'une intervention consciente et souvent violente de la part de gouvernements qui imposaient l'organisation de marché à la société à des fins non économiques[8].

Soyons clairs : le capitalisme de marché n'est pas un phénomène naturel issu de certaines caractéristiques de la nature de l'homme. Il s'agit d'une création humaine, d'un système social construit délibérément et consciemment au même titre que le républicanisme, la démocratie parlementaire, la jurisprudence anglaise ou encore le système d'écoles publiques. À vrai dire, et j'en reparlerai dans le chapitre suivant, si l'on concevait un système économique fondé sur la nature humaine, il faudrait tenir compte d'une caractéristique aussi importante chez l'humain que l'égoïsme, sinon plus profondément typique : l'intérêt inné envers les autres.

Voilà un autre cas de raisonnement circulaire propre à la pensée rationaliste et réductionniste des sciences sociales, qui projettent les mœurs et attitudes sociales contemporaines sur la nature, pour ensuite réinterpréter des lois prétendument naturelles à partir de celle-ci. Le capitalisme a encouragé, à titre de norme sociale et de signe de comportement rationnel, un instinct de possession égoïste que la société européenne antérieure considérait comme inconvenant, voire pathologique. Il a rendu vertueux (économiquement rationnel) ce qui avait été, au mieux, un mal nécessaire, en créant la philosophie (plus ou moins inventée de toutes pièces) de l'égoïsme éthique. Cette théorie part du principe que le comportement généreux est *a priori*, pour une raison ou une autre, contraire à la raison. « ˮNormalementˮ, le soi n'est pas moral, à moins d'une raison particulière et solide ; pour le devenir, il doit d'abord abandonner ou tronquer l'un de ses autres constituants (l'hypothèse la plus courante voulant que l'élément abandonné soit l'intérêt personnel – l'action morale n'ayant pas tendance à être généreuse). » Pourtant, affirme le sociologue Zygmunt Bauman, « la responsabilité morale est précisément l'acte de construction de soi ». C'est dans notre soi moral que nous découvrons notre identité, car nous sommes ce en quoi nous croyons et ce qui nous intéresse profondément. Si une idée doit être abandonnée, ce devrait être l'acceptation de la notion étrangère de l'intérêt personnel en tant que fondement de la paix sociale et du bonheur. Ce n'est pas étonnant qu'il ait fallu des siècles d'exercices de dressage juridique assistés et d'endoctrinement philosophique pour que [cela] finisse par avoir l'apparence de la vérité[9]. »

Bien que l'hypothèse selon laquelle les économies doivent être organisées autour de l'intérêt personnel soit sérieusement remise en question, peu de gens oseraient s'opposer au principe utilitariste selon lequel la raison d'être d'un système économique est de rendre heureux le plus grand nombre de gens possible. Toutefois, en y réfléchissant un instant, nous verrons que cette proposition qui semble aller de soi soulève un problème apparent. En effet, quels sont les cadres et les politiques économiques qui permettent d'atteindre les résultats utilitaristes les plus favorables ? Rendons-nous plus de gens heureux, plus souvent, en nous concentrant sur le bonheur privé (et conflictuel) de l'individu ou sur des objectifs et des programmes sociaux plus larges et plus généraux ? On peut écarter sans crainte la deuxième option si, et seulement si, nous présumons que l'intérêt individuel (égoïsme éthique) est une loi de la nature, car dans ce cas ce serait pure folie de concevoir une politique ne tenant pas compte d'un fait concret aussi essentiel et immuable. Par ailleurs, si l'égoïsme éthique *n'est pas* en cause (nous avons vu qu'il s'agit d'une proposition très discutable), la deuxième option vaut la peine d'être prise en considération.

Une autre hypothèse rarement examinée de la théorie économique actuelle a fait l'objet d'un brillant essai par le philosophe John O'Neill, de l'Université Lancaster. Cet essai met en lumière le processus qui consiste à supprimer systématiquement la moindre valeur non monétaire et difficile à quantifier du langage économique, pratique qui permet d'exprimer les préceptes économiques en nombres et de les universaliser afin qu'ils puissent être appliqués à l'ensemble des sciences sociales[10]. Cette convention reflète non seulement le sentiment d'envie qu'éprouvaient depuis longtemps les économistes à l'égard de la plus respectable et de la plus « objective » des sciences, la physique, mais aussi la lutte intestine actuelle menée par les théoriciens, qui cherchent à se positionner à l'avant-plan des sciences sociales. O'Neill juxtapose l'ensemble de citations suivantes afin d'illustrer le processus qui consiste à supprimer tout vocabulaire chargé de valeur et la résistance qui lui a récemment été opposée. La première citation, qui évoque la *Fable des abeilles* de Mandeville, vient du moraliste rationaliste et proto-économiste du XVIIᵉ siècle Pierre Nicole (1625-1695) :

> Ainsi, au moyen du [...] commerce, tous les éléments nécessaires à la vie sont fournis sans que la charité y soit mêlée. Dans les États où l'on n'admet pas la charité parce que la véritable religion y est bannie, les hommes ne cessent pas pour autant de vivre dans la paix, la sécurité et le confort, comme s'ils vivaient dans une république de saints[11].

La deuxième citation est tirée d'un manuel d'économie contemporain :

Un nombre important d'économistes, d'Adam Smith jusqu'aux auteurs actuels, ont cherché à démontrer qu'une économie décentralisée motivée par l'intérêt personnel et guidée par les signaux de prix serait compatible avec une disposition cohérente des ressources économiques pouvant être considérée, dans un sens précis, comme étant supérieure à une vaste catégorie d'autres dispositions possibles[12].

La troisième citation vient d'Andrew Collier, représentant d'une nouvelle tendance saluée en sociologie, qui prend position contre le relativisme radical du postmodernisme et pour une acceptation de l'existence de vérités et de réalités objectives :

Si l'expression « agent économique rationnel » signifie « une personne qui cherche d'abord et avant tout à réaliser des gains monétaires », l'expression correspondante en langue courante serait « grippe-sou[13] ».

Dans le manuel (citation du milieu), toute référence aux valeurs a été supprimée de manière efficace. Le tableau de questions révélatrices ci-après éclaire le

Formulation morale	Formulation économique
L'avidité est-elle une tendance universelle ?	La maximisation de l'espérance d'utilité est-elle une tendance universelle ?
Si oui, est-il possible d'établir un bon ordre social ?	Si oui, est-il possible d'établir un bon ordre social ?
L'avidité mène-t-elle au bien-être individuel ?	Cette quête d'espérance d'utilité mène-t-elle au bien-être individuel ?

sens de ces propos en comparant des formulations morales avec leurs équivalents en langage économique.

Les questions de la colonne de gauche sont posées dans le contexte du discours moral augustinien (chrétien) traditionnel et les réponses sont, dans l'ordre, oui (à cause de la chute) ; un oui mitigé à la seconde (un ordre de gouvernement terrestre peut, et même doit, être établi malgré le péché originel) ; et non pour la dernière, parce que l'avidité est la principale source de malheur chez les hommes. C'est-à-dire que celle-ci n'entraîne pas le bien-être individuel, mais qu'un bon ordre social peut, et même doit, être établi *malgré elle*. Toutefois, lorsqu'elles sont posées dans le cadre du discours économique moderne, il est possible de répondre à ces trois questions par l'affirmative. Comme le fait remarquer O'Neill :

> La réponse affirmative à la première question est l'axiome qui définit l'agent économique rationnel. La réponse affirmative à la deuxième question est un théorème fondamental de l'économie de bien-être – des marchés idéaux donnent lieu à des résultats optimaux. Une réponse affirmative à la troisième question est plus contradictoire, car certains économistes veulent faire la distinction entre « utilité » et « bien-être ». Mais dans la plupart des traités sur la nouvelle économie de bien-être, on considère que c'est vrai car les termes « utilité » et « bien-être » sont interchangeables, si bien que le fait de tirer le maximum de l'utilité personnelle maximise aussi le bien-être[14].

La conclusion selon laquelle l'avidité peut entraîner le bien-être des humains, écartée dans la première colonne, devient acceptable dans la deuxième, c'est-à-dire que ce qui est inacceptable sur le plan moral l'est sur le plan économique. Cela s'explique par le fait que dans le langage économique moderne, le lien établi entre les préférences personnelles « la maximisation de l'espérance d'utilité personnelle » et les états objectifs de bien-être, que l'un soit meilleur que l'autre ou non, a disparu. Le discours économique n'aborde pas le *contenu* des préférences ; il n'émet aucune hypothèse sur ce qui constitue le bien-être des humains. Il présume que ce dernier est un état purement subjectif – ce qui est bon pour une personne est déterminé par ce qu'elle désire.

C'est uniquement cet usage particulier du langage qui permet de répondre par l'affirmative à la question : « L'avidité peut-elle entraîner le bien-être des humains ? » Les économistes utilisent le langage de telle sorte qu'ils *semblent* parler de la vie quotidienne et de ses difficultés, alors que ce n'est pas vraiment le cas. Les politiques économiques qui semblent s'attaquer à ces difficultés servent peut-être complètement à autre chose, car les économistes ne parlent pas la langue du peuple.

Pour les gens ordinaires, les concepts d'« intérêts » ou de « préférences » dans la théorie économique ne signifient rien s'ils n'ont pas une certaine notion de ce que sont les composants objectifs et réels de l'intérêt personnel ; en d'autres mots, s'ils n'ont pas une idée de ce qu'il *faut* désirer. Le fait d'affirmer, comme le font les économistes, que l'intérêt personnel est ce qui intéresse les gens est un énoncé circulaire vide de sens. Contrairement à ce que supposent tant d'économistes modernes, la neutralité relative aux questions morales n'est pas de l'objectivité. La neutralité est une prise de position politique, alors que l'objectivité est épistémologique et indique une fidélité à la vérité. Ainsi, même si un discours exempt de valeurs est neutre, il risque d'être tout *sauf* objectif. Ce qu'il laisse à l'écart est susceptible de l'éloigner de la vérité du sujet, lequel, en ce qui concerne l'économie, doit incontestablement prendre en considération les besoins et les désirs humains *moralement justifiables*, c'est-à-dire ce qui est objectivement bon. Après tout, si l'économie n'est pas fondamentalement vouée à l'atteinte de buts relatifs au bien-être humain véritable ou objectif, quelle est sa raison d'être ?

L'idée de rendre compte objectivement du bien-être déclenche une certaine inquiétude chez de nombreuses personnes nées au XXe siècle, car elle leur rappelle le type d'autoritarisme et de paternalisme qui caractérisait les pires administrations de l'Europe de l'Est communiste. Ce qui, à mon avis, est bon pour moi peut être mauvais selon une autre norme objective. Cela ne laisse-t-il pas la voie libre à une autorité centrale me dictant ce que je peux et ne peux pas faire de ma vie ?

On peut soulever au moins trois questions à partir de ce lien. Premièrement, comme je l'aborderai au chapitre suivant, le concept d'objectivité (ou d'absolutisme) dans les valeurs *ne* sous-entend *pas* l'infaillibilité. Nous pouvons avoir foi dans des vérités objectives tout en acceptant que nous ne savons pas (et ne pouvons peut-être pas savoir) avec certitude ce qu'elles sont. En fait, lorsqu'elle est correctement interprétée, l'objectivité suggère une obligation d'écouter et d'explorer d'autres perspectives, car elles peuvent nous rapprocher de la vérité objective. Deuxièmement, l'objectivisme ou l'absolutisme *n'*affirme *pas* que ce que les gens veulent est sans rapport avec leur bien-être. Même saint Augustin, qui croyait manifestement aux vérités objectives, reconnaissait que le bonheur peut dépendre du fait qu'une personne obtienne ou non ce qu'elle désire, mais avec d'importantes réserves : « Tous ceux qui sont bénis ont ce qu'ils veulent, même si tous ceux qui ont ce qu'ils veulent ne sont pas nécessairement bénis. Toutefois, ceux qui n'ont pas ce qu'ils veulent, ou qui ont ce qu'ils ne veulent pas sont, à juste titre, misérables. L'homme béni est donc celui qui possède à la fois tout ce qu'il souhaite, et qui ne souhaite rien de mal[15]. » Personne ne peut être heureux si ce qu'il a n'a pas de valeur à ses yeux, ou si ce qu'il ne peut obtenir en a. Parallèlement, il est tout à fait possible de se tromper sur ce qui a réellement de la valeur et de valoriser à tort des choses qui rendent malheureux. C'est pourquoi le fait que les gens soient malheureux s'ils n'ont pas ce qu'ils désirent ne signifie pas nécessairement qu'ils seront heureux s'ils l'obtiennent. En d'autres mots, le fait qu'une personne obtienne ce à quoi elle accorde de la valeur est une condition nécessaire, mais insuffisante, pour qu'elle accède au bonheur.

La troisième question est la suivante : le processus qui consiste à effectuer des choix réfléchis sur le bien-être d'un individu est-il un composant important du « bien » humain ? Il est bon pour nous de se poser ces questions : cela « forme la personnalité ». Comme nous le verrons dans le chapitre suivant, il s'agit du processus au moyen duquel nous déterminons qui nous sommes et ce que nous sommes en tant qu'individus. Les choix sont difficiles parce qu'il ne s'agit pas simplement de choisir parmi un éventail d'options, comme le présenterait la théorie économique, mais de *découvrir ce qui a de la valeur*. Il s'ensuit qu'une bonne société donne à ses citoyens la possibilité d'apprendre et de réfléchir sur des questions de valeur plutôt que de leur dicter les réponses, à l'instar des économies de l'Europe de l'Est avant 1989[16].

Revenons maintenant en arrière et observons la deuxième série de questions exposées précédemment (la « formulation économique » du tableau) tout en les considérant comme des exposés de faits : 1) Le bien-être humain consiste en la satisfaction des désirs ou des préférences d'une personne (énoncé considéré comme axiomatique par la théorie économique). 2) Les économies de marché sont des institutions qui facilitent ce processus mieux que toute autre solution (énoncé également considéré comme axiomatique par la théorie économique libérale). 3) Donc, l'économie de marché sert au mieux le bien-être humain (la conclusion inévitable des deux premières assertions). On peut toutefois remettre en question la deuxième, notamment en ce qui a trait aux assises de la répartition équitable des richesses. Même si elle est reconnue comme véridique, la première est écartée pour des raisons que nous avons déjà examinées : *il est erroné* d'affirmer que la satisfaction des préférences personnelles mène inévitablement au bonheur. Rien ne pourrait être plus clair, au sein d'une économie où les désirs sont fabriqués régulièrement à des fins purement commerciales, surtout par des entreprises qui n'agissent pas en fonction de l'intérêt moral, mais en fonction des profits. Si l'énoncé est faux, la conclusion est incertaine : « La quête de la maximisation de l'espérance d'utilité personnelle », ou avidité, pourrait ne pas entraîner le bien-être humain, comme l'indique la formulation morale. À tout le moins, cela ne peut être tenu pour acquis.

Toutefois, si nous sommes restreints à un monde où l'on parle le langage exempt de valeurs employé par l'économie (ou d'autres sciences sociales), cela ne nous apparaît jamais manifestement. Je crois que nous pouvons y voir une des raisons qui font que les spécialistes techniques et les citoyens ordinaires semblent si souvent mal se comprendre dans les débats sur la technologie et la sécurité, la protection de l'environnement ou la politique sociale. Bien qu'en surface ils semblent aborder le même sujet et parler le même langage, le discours des citoyens ordinaires est beaucoup plus riche en références au monde *tel qu'il est en réalité*, et est donc susceptible de mener à des conclusions différentes et plus objectivement exactes.

Il est possible que le principal problème moral et éthique en ce qui a trait à l'utilitarisme et à l'égoïsme éthique – et par extension, à la théorie de Smith quant à l'automatisation du comportement éthique, et en allant encore plus loin, à la théorie économique actuelle – soit que *l'éthique et la moralité n'ont rien à voir avec la réciprocité.* Autrement dit, un acte véritablement éthique ne tient pas compte de l'incidence qu'il peut avoir sur son auteur. L'éthique n'a rien à voir avec le gain évolutionniste, le salut personnel ou encore la richesse des nations, mais bien avec le fait d'être simplement et inconditionnellement présent pour l'autre ; de bien agir ; de s'occuper de ses voisins. Les gestes calculés pour avoir des retombées avantageuses pour leurs auteurs ne sont pas éthiques mais, plutôt, prudents.

Bien entendu, cela pose des problèmes graves, sinon insurmontables, pour la démarche rationaliste à l'égard de la moralité, puisque la conception rationaliste de la société est fondamentalement enracinée dans le contrat social. Dans le monde tel qu'imaginé par Hobbes et Spinoza, le comportement moral n'est pas le résultat d'une impulsion morale inhérente, mais d'une combinaison de l'intérêt personnel et du contrat social. Ce dernier, qui consiste en une entente mutuelle entre groupes présociaux visant à déléguer le pouvoir décisionnel à un monarque ou à un pouvoir dirigeant en échange de paix et de sécurité, servait à diriger la quête de l'intérêt personnel individuel vers le bien-être commun – la société organisée et ses avantages. Chez Smith et ses successeurs, le processus demeure essentiellement le même, malgré qu'il prenne une tangente biologique plus moderne et que le rôle du monarque soit assumé par des processus naturels, c'est-à-dire par la « canalisation institutionnelle des passions ».

Autrement dit, la démarche rationaliste relativement au comportement éthique visait à révéler de quelles façons la moralité *avait du sens* (était avantageuse pour l'auteur de l'acte), afin de révéler la véritable motivation égoïste derrière des gestes apparemment désintéressés, puis à intégrer ces motivations aux institutions sociales. Du point de vue rationaliste, les actes moraux sont des moyens pour arriver à une fin, et seule celle-ci compte. La « moralité » du marché (et comme nous le verrons plus loin, la moralité de son agent, l'entreprise), *a tout à voir* avec la réciprocité. Il doit en être ainsi, car elle repose sur des contrats, lesquels sont, par définition, des instruments qui garantissent la réciprocité entre leurs signataires. On considère qu'un contrat a été rompu lorsque l'une des parties ne respecte pas ses obligations réciproques envers l'autre : l'obligation d'une partie de se conformer aux modalités du contrat dépend du comportement de l'autre partie. Les personnes qui font véritablement preuve d'éthique ont la capacité de faire abstraction de l'entente officielle et de se demander : « En dépit du contrat, s'agit-il d'une bonne ou d'une mauvaise action ? »

Quand je suis lié par un contrat, mes gestes sont en réalité commandés à distance par des lois et des règlements, et par les organismes qui les appliquent. C'est ce comportement dirigé à distance qui, comme nous le verrons bientôt, distingue surtout les entreprises des véritables agents éthiques. Rien de tel qu'une « firme se comportant en bon citoyen », si nous voulons dire par là qu'elle est éthique, et non simplement attentive à ne pas se faire prendre en train de violer la loi. Du fait que leur comportement est strictement déterminé par l'enchevêtrement de lois et de règlements dans le cadre desquels elles agissent, les entreprises sont incapables de poser volontairement des actes éthiques, et ce, même si leurs dirigeants sont des personnes éthiques. À l'instar des robots, les entreprises sont, au mieux, capables de faire preuve d'une moralité synthétique.

Juste avant d'aborder ce sujet, je dois consacrer le prochain chapitre à une importante question : que signifie réellement le fait d'être un agent moral authentique ?

Notes

1. Adam Smith, *Recherches sur la nature et les causes de la richesse des nations*, Paris, Économica, 2000, p. 20.
2. *Ibid.*, p. 423 (c'est nous qui soulignons).
3. Fait important à noter : cela implique que c'est non seulement en tant qu'acteur, mais en tant qu'observateur et conseiller que l'agent économique émet des jugements moraux, fait des observations morales et donne des conseils moraux en fonction de ce qui l'avantage.
4. Paul Heyne, *The Economic Way of Thinking*, 4ᵉ éd., Chicago, Science Research Associates, 1983, p. 4.
5. Campbell McConnell, *Economics*, 8ᵉ éd., New York, McGraw Hill, 1981, p. 141.
6. Cette citation apparaît dans C. B. Macpherson, *The Political Theory of Possessive Individualism*, et dans Macpherson, « Property as Means or Ends » dans *The Rise and Fall of Economic Justice*, Oxford, Oxford University Press, 1985, p. 89.
7. Polanyi, *The Great Transformation*, *op. cit.*, p. 257-258.
8. *Ibid.*, p. 258.
9. Zygmunt Bauman, *Postmodern Ethics*, Oxford, Blackwell Publishers, 1993, p. 13. Voir également l'œuvre de Charles Taylor, y compris *Sources of the Self*.
10. John O'Neill, « Commerce and the Language of Value », dans *Defending Objectivity*, Londres, Routledge, 2004, p. 75-92.
11. Pierre Nicole, *Of Charity and Self-Love* VI, dans E. Hundert, dir., *The Fable of the Bees and Other Writings*, Indianapolis, Hackert, 1992.

12. K. Arrow et E. Hahn, *General Competitive Analysis*, San Francisco, Holdren-Day, 1971, p. vi-vii.
13. Andrew Collier, *Socialist Reasoning*, Londres, Pluto, 1990, p. 118.
14. O'Neill, « Commerce and the Language of Value », *op. cit.*, p. 77.
15. Saint Augustin, *De Trinitate*, 13.5.8, cité dans O'Neill, *Ibid*, p. 85.
16. *Ibid.*, p. 89.

Chapitre 6

Le sens de la moralité

DANS LA RÉDACTION DE NOUVELLES pour la télévision, métier auquel je me suis consacré pendant de trop nombreuses années, il existe une erreur stylistique courante appelée « retour sur l'histoire » qui consiste à prendre un chemin détourné pour livrer le contenu d'une nouvelle, alors que celui-ci devrait l'être immédiatement. Les rédacteurs de nouvelles télévisées ne perdent pas de temps à essayer de présenter un sujet à l'auditoire, car les minutes sont comptées. Heureusement, le processus est différent avec les livres. Par conséquent, je commencerai cette brève incursion dans les racines du comportement moral par des propos qui paraîtront peut-être saugrenus, et par une histoire qui pourrait de prime abord sembler éloignée du sujet, mais qui finira par évoquer de manière touchante la confusion qui règne dans la vie éthique postmoderne.

L'édifice Walters Life Sciences de l'Université du Tennessee est une installation de recherche de pointe typique qui abrite les laboratoires de chercheurs en biologie du monde entier. Il a été construit il y a plus de 20 ans, à un moment où le public s'indignait de plus en plus devant la cruauté manifestée envers les animaux utilisés en recherche médicale et industrielle. Les activistes luttant pour les droits des animaux avaient pris le sentier de la guerre et libéraient des rats, des chiens et des singes de laboratoire ainsi que d'autres créatures condamnées tout en vandalisant des installations de recherche. L'ouvrage *Libération animale* de Peter Singer, un plaidoyer inédit pour les droits moraux des animaux, faisait l'objet de discussions sur la place publique. Les installations de l'édifice abritant les animaux furent donc conçues comme un modèle de responsabilité éthique : elles étaient propres, humaines et bien administrées. L'American Association for the Accreditation of Laboratory Animal Care (Association américaine pour l'homologation des soins aux animaux de laboratoire) y avait apposé son sceau d'approbation et un vétérinaire se tenait disponible en tout temps. De plus, elles étaient régulièrement inspectées par des représentants du ministère de l'Agriculture des États-Unis. Avant d'obtenir la permission d'entreprendre une recherche qui avait recours à des sujets animaux, les scientifiques et les étudiants diplômés devaient s'assurer que leurs projets répondaient aux normes d'éthique en recherche de l'Université et étaient approuvés par un comité pour les soins aux animaux. L'Université a fait, et on suppose qu'elle continue de faire, de sérieux efforts quant au problème du statut moral de ses animaux de laboratoire, qui sont principalement des souris dans ce cas-ci.

Le statut moral des souris dans l'édifice Walters Life Sciences a fait l'objet d'un article dans la revue spécialisée *American Psychologist*, qui remettait en question le fait que ce que nous considérons comme un comportement éthique dépend des circonstances. Dans la situation de l'Université, il dépendait des fonctions remplies par les animaux de laboratoire. À mesure que l'histoire avance, elle illustre de façon admirable le type de dilemme qui peut être soulevé lorsqu'on utilise une démarche purement rationaliste pour établir des normes éthiques. Pour citer l'auteur de l'article, le psychologue Harold Herzog : « Même si l'université s'est montrée sincèrement préoccupée par le bien-être des sujets animaux, elle n'a pas échappé aux paradoxes qui découlent de la tentative de réglementer l'éthique[1]. »

L'édifice Walters Life Sciences abritait environ 15 000 souris durant une année donnée, dont la grande majorité étaient de « bonnes » souris, du type utilisé dans le cadre des expériences en laboratoire. « Il s'agit d'animaux dont on sacrifie la vie afin d'améliorer, espèrent les scientifiques, la condition humaine. [...] Leur existence dépend de leur utilité, et elles n'existeraient pas si elles n'étaient pas des animaux de laboratoire. » À cet égard, fait observer Herzog, les bonnes souris ne sont pas différentes du bétail ou d'autres animaux domestiques. Leur statut moral leur donne droit à la protection des inspecteurs de l'USDA et du comité pour les expériences sur les animaux ainsi qu'à des cages propres et confortables.

Dans l'édifice, on comptait également un nombre minime, mais inconnu, de souris indésirables. C'était les souris « nuisibles », « des rongeurs en liberté qu'on peut parfois apercevoir se faufilant le long des couloirs ». Elles représentaient un risque pour la fiabilité des expériences de laboratoire par la contamination d'une pièce à une autre, et il fallait par conséquent s'en débarrasser. Les préposés aux soins des animaux hésitaient à poser des appâts empoisonnés, craignant que les « bonnes » souris n'entrent en contact avec ceux-ci, tandis que les pièges à souris ordinaires s'étaient révélés inefficaces. Les pièges collants sont donc devenus la méthode de capture privilégiée par les préposés. Ils les posaient le soir et les inspectaient le lendemain matin.

Il s'agissait de morceaux de carton d'environ 30 centimètres carrés imprégnés d'une substance attirant les souris et enduits d'un adhésif de contact très collant. Lorsqu'une souris posait la patte sur un tel piège, elle y restait collée et plus elle essayait de s'échapper, plus son corps s'y collait et plus elle devenait inextricablement prisonnière.

Même si ces pièges ne contenaient pas de poison, Herzog indique qu'environ la moitié des animaux piégés étaient retrouvés morts. « Les souris qui sont encore vivantes sont immédiatement asphyxiées. » Il ajoute que « chaque piège ne sert qu'une fois, car on n'en arrache pas les souris ».

Il est clair que les « mauvaises » souris mouraient dans d'atroces souffrances aux mains du personnel de Walters Life Sciences, et l'auteur observe que « la plupart des comités pour les soins aux animaux seraient réticents à approuver une expérience où les animaux sont collés à des morceaux de carton ». Voici donc le premier paradoxe moral : ce qui est jugé inacceptable sur le plan éthique pour les « bonnes » souris est permis dans le cas d'autres animaux de la même espèce. Le paradoxe s'approfondit lorsqu'on s'aperçoit que l'édifice Walters Life Sciences, relativement neuf, n'est pas supposé être infesté de rongeurs. En réalité, les mauvaises souris sont presque invariablement de bonnes souris qui se sont échappées de leur cage, des « fuites » inévitables en présence d'un si grand nombre d'animaux. Dès qu'elles touchent le sol, les souris dédiées à la recherche voient leur statut changer et elles deviennent des animaux nuisibles.

L'histoire ne se termine pas là. L'édifice abritait une troisième catégorie de souris. Ces rongeurs servaient d'aliments pour d'autres animaux carnivores utilisés en recherche. « Chaque semaine, on donne un certain nombre de ces animaux à manger à des serpents, des lézards et même de gros crapauds. Les souris sont soit des souris adultes, des souriceaux ou des nouveau-nés sans poil. » Le statut moral de ces souris est ambigu, affirme l'auteur. Il se situe quelque part entre celui des bonnes et des mauvaises souris. Les chercheurs n'étaient pas obligés de demander la permission au comité pour donner régulièrement des souris à manger aux animaux carnivores, mais ils devaient le faire si le processus d'alimentation était enregistré ou faisait l'objet d'une quelconque observation liée à la recherche éthologique. Il fallait obtenir la permission pour placer une souris vivante dans la cage d'un animal carnivore et filmer les résultats à des fins scientifiques. Comme le fait remarquer Herzog, dans ce type d'expérience, la souris est le *sujet* de la recherche et mérite d'être protégée. « Le statut moral (et légal) de la souris dépend donc de son identification en tant que *sujet* ou *nourriture*. »

Que peut-on conclure de cette histoire touchante et inévitablement comique ? Simplement que peu importe leurs bonnes intentions, la plupart des tentatives visant à codifier le comportement éthique sont vouées à l'échec, car les lois et règlements sont des constructions sociales, alors que l'authentique moralité *transcende* la société et ses institutions. Aucune personne saine d'esprit lisant ce rapport dans une revue spécialisée (nul besoin d'être psychologue) n'accepterait sérieusement l'idée que le statut moral intrinsèque des souris diffère d'un animal à l'autre, même si leur statut légal peut fort bien varier. La moralité dicte incontestablement que toutes les créatures douées de sensations méritent notre respect et doivent être traitées aussi bien que possible. Le statut moral des souris n'a jamais été en jeu ; c'est leur statut légal et réglementaire qui s'est révélé confusément complexe. Pour les rationalistes, ces deux catégories sont identiques, car la loi et les règlements sont *ce qui produit* le comportement moral en prescrivant l'action. Toutefois, pour le réaliste moral, qui croit en l'existence de valeurs morales universelles et objectives, la loi et la moralité sont deux catégories à part, sinon tout à fait différentes. En fait, l'une des raisons d'être du questionnement moral est d'examiner la loi et les règlements pour vérifier s'ils sont justes et justifiables sur le plan moral.

Dans un sens plus large, l'histoire des souris illustre à quel point il peut être futile de s'attendre à ce qu'un comportement moral découle des institutions sociales, de leurs conventions et de leurs règlements. Le fait de suivre des règles peut occasionnellement, et même régulièrement, correspondre à une bonne action au sens moral, mais quand cela se produit, il s'agit de coïncidences. Le comportement moral et la conformité aux règlements sont deux concepts distincts ; cela deviendra tout à fait clair quand il sera question de la compagnie, que j'aborderai dans les prochaines pages.

Certains lecteurs un peu plus âgés seront surpris par mes propos. Nous vivons actuellement, croyons-nous, dans un monde postmoderne évolué dans lequel nous avons cessé de croire aux certitudes puériles fournies par les prétendus récits fondamentaux, histoires que les gens se racontaient à propos de l'honneur, de la créativité, du devoir, du patriotisme, de l'amour, de la beauté, du sacrifice, de la justice et de la moralité ; des récits qui nous lient les uns aux autres en tant que sociétés et civilisations. Dans le monde postmoderne, nous avons trop de bon sens pour donner foi à tout cela. Maintenant, nous croyons, comme l'a dit un observateur, qu'il « n'y a rien de tel que la vérité ; tout est une question de rhétorique et de pouvoir ; tous les points de vue sont relatifs ; parler de "faits" ou d'"objectivité" n'est qu'une façade spécieuse servant à promouvoir des intérêts précis[2] ». Dans notre monde moderne, les vérités morales sont relatives et non absolues ; le bien et le mal sont radicalement subordonnés à l'histoire, à la culture et aux circonstances, et l'indignation morale est politiquement incorrecte, tel un signe d'autoritarisme inavoué. La *tolérance* est le mot d'ordre, la panacée morale universelle et le précepte pour bien s'entendre, même si cela sous-entend qu'il faille tolérer l'intolérance.

Il s'agit d'un point de vue essentiellement idéologique dont les racines sont clairement visibles dans la croyance rationaliste selon laquelle les institutions sociales, avec leurs règles fondées sur la science, ont préséance et sont à l'origine du comportement moral. Si la moralité est le produit de la société, alors différentes sociétés (ou différents laboratoires de sciences de la vie !) sont susceptibles d'adopter différentes normes d'éthique, chacune étant valable dans son contexte. Ainsi, les grands récits du passé, surtout ceux qui parlaient de certitudes morales, sont à peine plus que des mythes avec lesquels nous sommes d'accord ou non, selon les circonstances.

Du moins, c'est ce qu'on dit. Pourtant, la plupart d'entre nous avoueraient entendre de temps à autre la petite voix insistante de la conscience qui, même si on ne veut pas l'écouter, ne peut être ignorée. Cette voix semble fréquemment nous donner des conseils éthiques qui entrent en contradiction avec ce qu'enseigne le relativisme moral, en nous disant, par exemple, qu'abstraction faite des pratiques culturelles ou d'autres circonstances, telle action est tout simplement mauvaise. Cette petite voix semble se plaire à nous empoisonner la vie en créant des paradoxes. Il est certain que les points de vue dominants sur ce qui est moral et ce qui ne l'est pas changent au fil du temps, mais cela semble davantage lié aux enseignements sociaux (on pourrait dire à la propagande) qui renforcent les structures et les privilèges du pouvoir qu'aux propriétés changeantes, souples et relatives des vérités morales. Les différents points de vue historiques sur les questions morales sont attribuables au conditionnement social plutôt qu'à l'absence de normes morales durables. La relativité morale existe en dépit des valeurs morales authentiques, plutôt qu'en leur absence.

À une certaine époque, il n'y a pas si longtemps, peu de gens auraient pris le temps de s'attarder au statut moral de la plupart des animaux domestiques, à plus forte raison des souris. À une certaine période, on accordait à contrecœur aux esclaves la même protection légale qu'au bétail. Pourtant, il y a toujours eu, même pendant les moments les plus sombres, des gens moralement assez sensibles pour résister à ces idées et dont la vision finissait par s'imposer. Et c'est la vision de cette minorité éclairée qui reflète et représente le courant constant de vérité morale dans le monde. Le reste d'entre nous est plus susceptible de se conformer aux rationalisations du pouvoir et à ce qui est le plus commode ; aux idéologies qui nous poussent à réprimer ou à nier notre sensibilité la plus profonde et à continuer de jouer le jeu.

Il semble que pour certaines personnes issues de divers milieux sociaux et culturels, et qui ont vécu à différentes époques de l'histoire, la petite voix qu'on appelle la conscience parle un langage commun relatif à une poignée de valeurs universellement partagées. Cette voix avait l'air de dire la *vérité*. Comment cela se fait-il ? Comment rendre compte de la cohérence d'un si grand nombre de recommandations morales, notamment :

Christianisme : « Tout ce que vous voulez que les hommes fassent pour vous, faites-le de même pour eux, car c'est la loi et les prophètes » (Matthieu, 7,12).

Judaïsme : « Ce que tu tiens pour haïssable, ne le fais pas à ton prochain. C'est toute la Loi ; le reste n'est que commentaires » (Talmud, Sabbat, 31a).

Hindouisme : « Voici la somme du devoir : ne faites pas aux autres ce qui vous ferait du mal si on vous le faisait » (Mahabharata 5,1517).

Bouddhisme : « Ne blesse pas autrui de la manière qui te blesserait » (Udana-Varga, 5, 18).

Islam : « Nul de vous n'est un croyant s'il ne désire pour son frère ce qu'il désire pour lui-même » (Sunna).

Confucianisme : « Voici certainement la maxime d'amour : ne pas faire aux autres ce que l'on ne veut pas qu'ils nous fassent » (Analectes, 15, 23).

Taoïsme : « Considère que ton voisin gagne ton pain, et que ton voisin perd ce que tu perds » (T'ai Shanhg Kan Ying Pien).

Zoroastrisme : « La nature seule est bonne qui se réprime pour ne point faire à autrui ce qui ne serait pas bon pour elle » (Dadistan-i-dinik, 94, 5).

Dans l'une des premières tentatives modernes de définir la conscience morale, le philosophe britannique Shaftesbury (Anthony Ashley Cooper, comte de, 1671-1713) a conçu la théorie du sens moral, qui suggère que chacun d'entre nous possède une sensibilité morale similaire à notre sens de l'esthétique, ce qui nous amène à réagir avec plaisir ou déplaisir aux événements ou aux autres personnes[3]. Comme ils sont capables de penser à leurs sentiments, les êtres humains développent un sens du bien et du mal à partir de ces expériences agréables ou désagréables. Shaftesbury affirmait que nous ressentons du plaisir (sentiment d'approbation) en observant ou en évoquant des personnalités ou des événements qui font preuve de bienveillance, qu'il décrivait comme une vertu fondamentale. La bienveillance peut être en contrepartie décrite comme une conscience du bien public, ou un geste au nom de celui-ci qui, selon Shaftesbury, était une manifestation du « système universel » de la nature. En d'autres mots, il tenait pour acquis que la nature était un système providentiel ou bienfaisant, à l'instar des philosophes grecs classiques et de la plupart des penseurs plus récents jusqu'à la révolution scientifique du XVIIe siècle. Le philosophe considérait la bienveillance ou la vertu humaine comme la manière dont notre espèce s'intégrait à ce système universel de bienfaisance (ou, pourrait-on dire, comme la marque de l'environnement sur notre espèce). La « personne vertueuse » selon Shaftesbury maintenait un équilibre entre son intérêt personnel et la bienveillance.

L'idée d'une conscience morale qui nous incite à réagir de certaines façons aux actes, aux événements et aux gens était largement acceptée jusqu'au début du XXe siècle et au triomphe de la science béhavioriste, fait que l'on peut vérifier dans la onzième édition classique de l'*Encyclopedia Britannica*, principalement écrite par des savants du XIXe siècle, et qui définit l'éthique (au début d'une entrée de 32 pages) simplement comme étant « le processus de réflexion sur la nature de la conscience morale ». Cette dernière est un attribut moral donné et inné ; elle précède la philosophie morale et lui fournit une matière sur laquelle réfléchir.

L'un des appuis récents les plus solides en faveur de l'existence d'un instinct moral vient du linguiste américain, critique social et philosophe Noam Chomsky, qui a établi l'existence d'une grammaire innée chez les humains, qui leur permet d'apprendre le langage. Ce faisant, il a discrédité efficacement et à un grand nombre d'égards la théorie béhavioriste formulée antérieurement. Dans une célèbre critique de l'ouvrage *Comportement verbal* de B. F. Skinner, Chomsky souligne que le cœur de la « science » béhavioriste est en grande partie dénué de sens. Plutôt que d'expliquer les phénomènes qu'elle examine, comme elle prétend le faire, elle ne fait que les nommer. Par exemple, décrire une peinture en tant que « stimulus de contrôle » évoquant la « réponse verbale » d'une personne ne sert pas à grand-chose, compte tenu que la personne est susceptible de réagir d'un nombre presque infini de façons, sa réaction étant déterminée tant par des facteurs internes que par une stimulation externe.

Dans la même veine, il était tout aussi absurde de prétendre que l'entraînement de type « réponse à un stimulus » pavlovien, plutôt qu'un don inné, constituait la clé du développement du langage. Partout dans le monde, des enfants dotés d'intelligence mais appartenant à des cultures différentes acquièrent le langage à peu près au même rythme, fait remarquer Chomsky, malgré le fait que peu d'entre eux reçoivent systématiquement un enseignement ou des récompenses. En outre, la façon dont les enfants se servent de la grammaire laisse supposer qu'ils suivent des règles plutôt que d'imiter simplement ce qu'ils entendent. Presque tous les enfants d'expression anglaise, par exemple, font l'erreur de généraliser la règle de grammaire qui consiste à former le pluriel en ajoutant un *s* aux mots. Ils disent *foots* et *sheeps* au lieu de *feet* et *sheep*[*]. Même le milieu d'apprentissage le plus riche ne justifie pas le nombre apparemment illimité de phrases inédites que les jeunes enfants sont capables de composer et de comprendre par eux-mêmes.

Une fois sa théorie linguistique bien établie en tant que norme par excellence dans le domaine, Chomsky a poursuivi en spéculant que s'il est vrai que l'esprit humain est, en un sens, relié à des informations

---

[*] N.d.t. : les mots *pieds* et *moutons* en anglais.

grammaticales de base, il est également susceptible d'être doté, dès la naissance, d'autres structures de pensée fondamentales qui lui permettent d'interpréter le monde. Parmi celles-ci, croit-il, il peut y avoir un sens moral. Lorsqu'ils se heurtent à des problèmes d'éthique, les gens peuvent faire appel à une grammaire éthique de base dans laquelle puiser et élaborer des solutions.

> L'acquisition d'un système moral et éthique particulier, très étendu et ayant des conséquences souvent précises, ne peut être simplement le résultat d'un processus de « façonnement » et de « contrôle » par le milieu social. Comme dans le cas du langage, le milieu est beaucoup trop appauvri et indéterminé pour fournir ce système à l'enfant dans toute sa richesse et son applicabilité. Comme nous ne savons pas grand-chose à ce sujet, nous sommes contraints de spéculer ; mais il semble certainement raisonnable de spéculer que le système moral et éthique acquis par l'enfant doit davantage à quelque faculté humaine innée. Le milieu compte pour beaucoup, comme dans le cas du langage, de la vision, et ainsi de suite ; par conséquent, on peut constater des divergences individuelles et culturelles. Toutefois, il y a sans doute un fondement commun, enraciné dans notre nature[4].

Les actions contraires à l'éthique sont ainsi exécutées à l'encontre de la nature de l'intuition morale individuelle, généralement pour des raisons institutionnelles : les instincts humains favorisent le comportement moral, mais les institutions et les structures sociales nous poussent parfois à adopter un comportement inhumain. Si nous modifions les institutions, nous permettons aux instincts moraux humains fondamentaux de prévaloir.

L'origine du sens moral demeure un mystère, avoue Chomsky, mais cela ne le rend pas moins réel. Ses origines pourraient-elles être évolutionnistes ? Chomsky

a fait allusion, sans grand enthousiasme, à la théorie
élaborée par Richard Lewontin et Stephen Jay Gould sur
les « trompes », des dérivés de l'évolution qui ne font
pas l'objet d'une sélection mais qui se produisent spontanément comme de nouvelles propriétés complexes.
Toutefois, il préfère pour le moment percevoir le langage et la compréhension morale comme des aptitudes
innées dont l'origine demeure obscure[5].

Les spéculations de Chomsky sont typiques d'un
renouveau, qui se faisait attendre depuis longtemps, de
la théorie du sens moral dans les sciences sociales
contemporaines. Le sociologue Zygmunt Bauman est
l'un de ses plus importants partisans :

> Nous soupçonnons que la vérité à ce sujet soit
> contraire à ce que l'on nous a toujours dit. C'est la
> société, son existence continue et son bien-être, qui
> sont rendus possibles par la compétence morale de
> ses membres, et non l'inverse. Plutôt que de réitérer
> qu'il n'y aurait pas d'individus moraux si ce n'était de
> la formation (ou du dressage) effectuée par la société,
> nous commençons à comprendre que ce doit être leur
> aptitude morale qui rend les êtres humains si mani-
> festement aptes à former des sociétés et à assurer
> malgré tout leur survie, plus ou moins heureuse[6].

L'impulsion morale est « la première réalité du
soi ; un point de départ plutôt qu'un produit de la
société ». Son existence est un « simple fait brut. [...]
Aucun soi ne précède le soi moral, la moralité étant la
présence absolue indéterminée, à vrai dire un acte de
création *ex nihilo* s'il en est ». Il a fallu « des siècles de
dressage juridique assisté et d'endoctrinement philosophique », dit Bauman, « pour donner à l'opposé [soit
la moralité engendrée par la société] l'apparence de la
pure vérité[7] ».

L'origine de la connaissance morale demeure une énigme. « Le mystère de la moralité qui m'habite », comme la décrivait Emmanuel Kant, semble impossible à expliquer et à justifier. Il faut, du moins pour le moment, la croire sur parole. Si cette conclusion semble décourageante, il ne faut pas oublier que la science, elle aussi, est essentiellement fondée sur la foi – celle que l'univers est accessible à la raison humaine et que nos découvertes au moyen de la méthode scientifique reflètent exactement la réalité[8]. Comme le fait remarquer le physicien et philosophe John Polkinghorne : « Il existe un point situé à mi-chemin entre la certitude et le relativisme, qui correspond à l'adhésion critique à une croyance rationnellement motivée, à laquelle on tient avec conviction tout en demeurant ouvert à une possibilité de correction[9]. » C'est là essentiellement la définition d'un fait scientifique, et ce n'est pas moins utile à l'interrogation morale qu'une pierre de touche.

Aussi impressionnantes que puissent être nos capacités intellectuelles en tant qu'êtres humains, elles sont indéniablement restreintes. *Toutes* les connaissances humaines doivent finir par s'ancrer dans une « conviction rationnellement motivée », car nous n'avons aucun accès empirique direct aux vérités absolues. Le programme de Descartes visant à fonder le savoir sur des idées claires et certaines s'est révélé être un idéal inaccessible, comme en témoigne la découverte que l'indétermination compte parmi les caractéristiques intrinsèques de nos sciences physiques et mathématiques théoriques les plus avancées. Néanmoins, en fin de compte, comme l'avait observé Socrate (dans le *Ménon*), si vous voulez vous rendre à Larissa, une véritable conviction quant à la route à emprunter vous y mènera aussi bien que vos connaissances.

Peut-être est-il inutile de définir l'impulsion morale, puisque nous l'avons tous expérimentée. Il arrive que nous y donnions suite et il arrive aussi que nous n'en tenions pas compte, mais en l'ignorant, nous ne l'éliminons pas, nous la réprimons tant bien que mal, ce qui entraîne un sentiment de malaise ou de culpabilité. Chez les gens sains, la différence entre ce qui est éthique ou non n'est pas la présence ou l'absence de sens moral, mais la capacité d'agir constamment à l'encontre de ses demandes, attitude qui doit être apprise. (Comme j'espère le démontrer dans les chapitres suivants, la société capitaliste de marché moderne nous offre suffisamment d'occasions de faire cet apprentissage.) L'impulsion morale est simplement la volonté que nous ressentons tous, jusqu'à un certain point, de venir en aide à ceux qui en ont besoin ou de les réconforter, d'être là *pour* l'autre. Ce sentiment s'applique non seulement aux humains, mais il s'étend aussi à toute la vie animale et même au-delà de celle-ci. Il s'agit du verso de l'inhumanité qui nous est dépeinte quotidiennement aux nouvelles. C'est ce qui motive les gens que l'on voit accourir sur les lieux d'un bombardement pour aider les blessés, qui sont représentés en train de réconforter les endeuillés ou qui sont à peine dégoûtés et paralysés par ce qu'ils voient. Par manque d'un terme plus précis, appelons cela un instinct.

Il existe d'autres démarches relatives à la découverte de la véritable existence de valeurs morales. Par exemple, le philosophe Robert Kane propose une démarche exhaustive pour établir, en tant que valeur absolue, une variation de l'impératif catégorique de Kant selon lequel les gens devraient être perçus uniquement comme des fins, jamais comme des moyens. Kane considère les valeurs absolues comme une forme de valeur objective. Pour aider à définir la valeur objective, il propose une expérience mentale dans laquelle il nous demande d'imaginer un peintre, qui est malade et déprimé parce que ses toiles ne se vendent pas. Un ami fortuné et mécène de ce peintre élabore un plan pour que des agents achètent plusieurs de ses peintures à prix fort au nom de collectionneurs connus et respectés. Le peintre croit à tort que la valeur de ses œuvres a été reconnue et il reprend courage. Ensuite, Kane nous demande d'imaginer un autre monde dans lequel les circonstances sont similaires, y compris la dépression du peintre et le fait qu'il croit avoir beaucoup de talent. Dans ce monde, de vrais collectionneurs reconnaissent réellement la valeur de ses œuvres et achètent ses peintures à prix fort. Enfin, nous devons nous imaginer que dans ces deux mondes, le peintre termine ses jours heureux, en croyant que son talent a été reconnu. Toutefois, c'est uniquement dans le deuxième monde que ce qu'il croit est vrai; dans le premier, il a été trompé. La notion de valeur objective commence à se clarifier.

> On se demande si le monde dans lequel il vit fait une différence [pour le peintre], compte tenu qu'il croit être un grand artiste dans les deux mondes et qu'il n'est pas plus heureux, subjectivement, dans l'un que dans l'autre. Le fait d'affirmer qu'il existe une différence de valeur importante entre les deux mondes [pour le peintre], *même s'il ne s'en rend pas compte et qu'il est aussi heureux dans l'un que dans l'autre, signifie que l'on adhère à la notion de valeur objective*[10].

Kane suggère, sans se tromper selon moi, que si on lui demandait quel monde il préférerait, le peintre choisirait certainement le monde dans lequel il n'est pas trompé, car une valeur objective est accordée à l'authentique mérite artistique, et il est capable de la reconnaître. On pourrait aussi démontrer que la valeur objective réside dans la vérité par opposition au mensonge. Quoi qu'il en soit, le jugement du peintre n'est pas uniquement fondé sur ses impressions subjectives, mais tient compte de valeurs objectives.

Là encore, une question demeure sans réponse : qu'est-ce qui lui permet de reconnaître ces valeurs absolues ?

Certains lecteurs seront tentés de nommer le Kosovo, la Colombie, le Rwanda ou tout autre événement qui a fait sa marque dans l'histoire comme preuve que Hobbes avait raison et que l'idée de l'impulsion morale est fantaisiste, mais il me semble au contraire que ces exemples démontrent l'existence d'absolus moraux. La raison pour laquelle nous connaissons ces événements et qu'ils font les manchettes est qu'ils constituent des aberrations. Les comportements normaux ne font pas les nouvelles, et la vaste majorité des gens se conduisent normalement, la plupart du temps. En tant que professeur occasionnel d'éthique, je considère que ma mission n'est pas d'énumérer des règles, mais d'offrir des conseils aux gens sur la façon d'écouter ce que nous dicte l'impulsion morale. C'est plus difficile qu'il ne le semble, car cela exige souvent de passer par un processus difficile qui consiste à remettre en question les leçons que nous ont apprises depuis notre enfance la société de consommation et les voix médiatiques qui la soutiennent.

Il me semble que l'impulsion morale est une condition à la fois nécessaire et suffisante pour prouver l'existence d'absolus moraux, c'est-à-dire de préceptes moraux applicables dans toutes les situations, partout et en tout temps. Le seul fait qu'ils existent nie à coup sûr la valeur du relativisme moral en tant que philosophie cohérente. Le fait de savoir que nous possédons tous une conscience morale et que, par sa voix authentique, elle nous parle à tous à peu près de la même manière, peut seulement signifier que certains actes doivent être universellement bons et d'autres, universellement mauvais[11]. Le fait d'enlever la vie à une personne innocente, tandis que d'autres veillent à sauvegarder la dignité humaine, est un exemple d'universalité. Même les terroristes, dont la principale occupation consiste à tuer des innocents, justifient constamment leurs actes en affirmant que leurs victimes *ont* seulement *l'air* innocentes, mais qu'elles sont en réalité complices, dans une certaine mesure, de politiques jugées inadmissibles par le groupe ou l'État fautif. Par ailleurs, ou parfois du même souffle, ils affirment que les meurtres d'innocents sont nécessaires pour faire avancer une cause plus grande. Il s'agit, bien entendu, d'arguments moraux qui reconnaissent implicitement l'inviolabilité d'une vie innocente.

Le philosophe américain Thomas Nagel a émis cette suggestion relativement à la pensée réductionniste qui étaye l'éthique relativiste : « Selon moi, la bonne façon de réagir aux suggestions plus rudimentaires de la perspective sociobiologiste [béhavioriste] est de prendre en considération les prétendues causes biologiques d'une disposition motivationnelle donnée, puis de se demander, s'il s'agit des faits, s'il est justifié de continuer d'agir en fonction de ces causes[12]. » Par exemple, on pourrait proposer qu'il existe une disposition biologique innée de racisme chez l'humain. Ou encore, la science peut entreprendre une étude pour montrer qu'une race est intellectuellement supérieure à une autre. Nagel pose la question : « Le racisme devrait-il être exempté de toute critique morale ? » et la seule réponse possible est : « Bien sûr que non. » Mais d'où vient donc cette réponse ? Elle n'a pas une origine biologique ; ce serait contradictoire. En outre, si l'on suggère que cette attitude est en contrepartie déterminée par une autre condition évolutionniste, nous pouvons nous poser le même type de questions et en arriver à la même conclusion, à savoir que la pensée morale semble distincte des tendances évolutionnistes. La pensée morale ne peut se perdre dans le fondamentalisme évolutionniste appelé réductionnisme. Il s'agit sans doute, d'une certaine façon, d'un produit de l'évolution – qu'est-ce qui ne l'est pas ? – mais elle a néanmoins une véritable relation avec de vrais référents.

Les absolus moraux (les réalités morales) existent. Une fois ce fait reconnu, il me semble que nous sommes clairement forcés de tenter de les découvrir et de vivre le plus possible en fonction d'eux. Cela peut être la conséquence la plus importante d'une telle découverte. Pour leur part, les relativistes moraux n'ont pas à se plier à cela. La tolérance des différences culturelles, la marque du relativisme selon certains, est importante, mais n'est en aucune façon de son ressort exclusif. On a souvent mentionné que les relativistes sont aux prises avec le paradoxe que leurs convictions les obligent à tolérer l'intolérance dans les sociétés où elle est encouragée, comme en Allemagne nazie, par exemple. Dans un monde absolutiste, la tolérance en tant que vertu existe avec la même humilité que celui qui entreprend le projet moralement inéluctable de déterminer des valeurs absolues que tout le monde peut partager. Nous pouvons savoir avec certitude que les absolus moraux existent et, parallèlement, admettre que nous ne sommes pas certains de ce qu'ils sont ; cet aveu nous oblige à écouter le point de vue des autres, à reconnaître que deux têtes valent mieux qu'une pour comprendre la conscience, ainsi que les conséquences de ses recommandations. Toutefois, cela ne nous oblige pas à accepter l'idée que tous les points de vue éthiques s'équivalent.

La quête de réalités morales s'effectue sensiblement de la même façon que la recherche scientifique : en élaborant des hypothèses, en les examinant à la lumière de l'autorité, en les éprouvant par des expériences dans le monde réel et en adoptant à titre provisoire celles qui semblent les plus conformes à notre nature morale profonde. L'esclavage a déjà été justifié par le fondement « moral » selon lequel un propriétaire d'esclave était plus apte à mieux traiter ses possessions qu'un entrepreneur, qui louait simplement leurs services[13]. Cette façon de voir a été remise en question à la lumière de nouvelles idées sur les droits de l'homme et d'idées plus anciennes sur l'égalité et la valeur des humains, et s'est révélée insuffisante. Nous avons adopté une nouvelle position éthique convenant davantage à notre nature morale profonde. Au XXe siècle, le succès du mouvement féministe donne un exemple similaire du type de progrès moral qui découle de la pensée réaliste (ou mieux, « réaliste critique »). Cela semble être un progrès authentique qui ne régressera vraisemblablement pas, car il est stimulé par la conscience ; la voix péremptoire de l'impulsion morale ; la faculté intérieure vers laquelle nous nous tournons pour obtenir des conseils lorsque nous faisons face à la prescription éthique apparemment universelle de faire aux autres ce qu'on voudrait qu'ils nous fassent, d'être inconditionnellement présent *pour* l'autre et de faire le bien.

Le réalisme moral tel que je l'ai décrit me semble être, de tous les points de vue, la démarche adéquate pour comprendre l'éthique et la moralité. En me fiant à mon expérience, la plupart des gens dans la plupart des régions du monde répondront qu'ils sont des réalistes moraux et reconnaîtront au moins l'existence de certaines valeurs morales universellement valables si on leur pose la question. J'ai dans l'idée que certains lecteurs partagent cette expérience. À coup sûr, l'option rationaliste du relativisme radical ou de la contingence culturelle des valeurs, qui a eu plus de 300 ans pour faire ses preuves, laisse à désirer.

Le paradoxe avec lequel nous sommes aux prises dans ce livre est le suivant : compte tenu que le bien et le mal existent réellement et qu'il ne s'agit pas uniquement de distinctions sémantiques, et que nous, humains, disposons d'un instinct ou d'une impulsion morale qui nous permet non seulement de distinguer ces deux oppositions, mais nous pousse vers le bien, nous consentons malgré tout à ce que nos vies soient gouvernées chaque jour par des institutions qui reflètent la vision que la moralité est relative et que les humains sont égocentriques de naissance. Malgré nos certitudes quant à notre essence morale, nous acquiesçons à une idéologie de marché et de l'entreprise qui la nie.

Notes

1. Harold A. Herzog Jr. « The Moral Status of Mice », *American Psychologist*, juin 1988. Le Dr Herzog est professeur agrégé au département de psychologie de la Western Carolina University, Cullowee, en Caroline du Nord. Il a écrit son essai tandis qu'il était en congé sabbatique à la Tennessee University.

2. Terry Eagleton, *Ideology : An Introduction*, Londres, Verso, 1991, p. 165.

3. David Hume a élaboré l'idée un siècle plus tard dans son ouvrage *Treatise of Human Nature*, *op. cit.*, p. 1739-1740.

4. Noam Chomsky, *Language and Problems of Knowledge*, Cambridge, MIT Press, 1988, p. 152. Et plus loin (p. 161) : « La preuve semble convaincante, je dirais même irrésistible, que les aspects fondamentaux de notre vie mentale et sociale, y compris le langage, sont déterminés comme faisant partie de notre potentiel biologique non acquis par l'apprentissage, et encore moins par l'entraînement, au fil de nos expériences. »

5. Larissa MacFarquhar, « Profiles : The Devil's Accountant », *The New Yorker*, le 31 mars 2003, p. 64 et suiv.

6. *Ibid.*, p. 32.

7. Bauman, *Postmodern Ethics*, *op. cit.*, p. 13. Bauman définit toutefois l'empathie comme « la condition préalable cognitive et émotionnelle propre à la capacité morale ; une "facilité émotionnelle" qui sous-tend et supporte toutes les attitudes et tous les liens émotifs particuliers et manifestes envers les autres, comme l'amour, la sympathie, la compassion ou la sollicitude ». *Postmodern Ethics*, *op. cit.*, p. 143.

8. J'ai abordé cette question de manière exhaustive dans *Galileo's Mistake*, Toronto, Thomas Allen Publishers, 2001.

9. John Polkinghorne, *Belief in God in an Age of Science*, New Haven, Yale University Press, 1998, p. 15.

10. Robert Kane, *Through the Moral Maze : Searching for Absolute Values in a Pluralistic World*, New York, Paragon House, 1994, p. 74-75.

11. Cela part naturellement du principe de l'existence du bien (et du mal). Le fait d'aborder cette question en détail exigerait d'entreprendre une très longue incursion dans la métaphysique, ce qui dépasse la portée de ce livre. Je présume, en espérant ne pas me tromper, que la vaste majorité des lecteurs acceptent sans difficulté le bien et le mal comme étant de vraies distinctions ayant un vrai sens éthique et obéissant à des circonstances dans le monde réel. Dans tout système de compréhension, il doit y avoir certains concepts de base qu'on ne peut définir en fonction d'autres concepts. La compréhension doit commencer quelque part, à partir de quelque fondement qui doit être accepté de bonne foi. Le bien, qui est peut-être l'abstraction la plus absolue en philosophie, est impossible à définir concrètement. Essentiellement, l'existence du bien ne peut être établie que par un acte de foi. Certains diront que le bien existe aussi longtemps que nous le désirons, et qu'il disparaîtrait autrement. D'autres insisteront pour dire qu'il a toujours existé et que c'est une réalité prépondérante, comme dans les « formes idéales » de Platon – ce paysage de perfection dont la réalité accessible aux humains n'est qu'un croquis indistinct –, et que lorsqu'on nie son existence en faisant valoir que c'est un concept irrationnel, nous nions la vérité de notre propre gré. Personnellement, je me range du côté de Platon. Le bien semble avoir un type d'existence analogue à la nature ténue des quarks, des mésons et d'autres entités quantiques qui, selon la physique, doivent être observés de façon à exister comme autre chose qu'une possibilité ou un potentiel, mais qui sont pourtant réels.

12. Thomas Nagel, *The Last Word*, Oxford, Oxford University Press, 1997, p. 141.

13. Noam Chomsky, *Language and Problems of Knowledge*, *op. cit.*, p. 153.

DEUXIÈME PARTIE

L'étrange existence unidimensionnelle de l'entreprise, et comment elle façonne nos vies

Le tollé contre la concentration du capital était déchaîné. Les hommes croyaient que cela menaçait la société avec la forme de tyrannie la plus répugnante qu'ils avaient jamais subie. Ils croyaient que les grandes entreprises leur préparaient le joug d'une servitude encore plus vile que celle qui avait été imposée à la race jusque-là, une servitude non pas envers des hommes, mais envers des machines insensibles, incapables de toute autre ambition que l'avidité.

Edward Bellamy, *Looking Backward from 1887 to 2000* (1887).

Chapitre 7

L'essor de l'entreprise moderne

DE NOMBREUX LIVRES EXAMINENT l'entreprise sous différents angles traditionnels : historique, sociologique,
économique, et même anthropologique. Comme je l'ai
mentionné au début de l'ouvrage, j'ai choisi une manière
de procéder peu orthodoxe en abordant l'entreprise du
point de vue de la moralité, ce qui a nécessité dans les
pages précédentes une incursion dans le monde de la
philosophie morale qui fut, je l'espère, divertissante. La
perspective morale me semble avoir du sens, puisque
après tout, l'économie est (ou doit être) une science
morale, et rien n'occupe une place plus importante dans
le bestiaire économique que la compagnie. De plus, la
perspective morale est fructueuse, car elle soulève des
questions que les économistes et la plupart des autres
spécialistes en sciences sociales sont peu enclins à
aborder et elle ouvre de nouveaux horizons en matière
de questionnement. Cela mène, selon moi, à une
compréhension approfondie du problème qui ne peut
qu'être utile pour élaborer des solutions. Cette perspective offre aussi un avantage supplémentaire et non
négligeable, en effet, si relativement peu d'entre nous
sommes formés en économie, en sociologie ou en

anthropologie, nous pouvons tous prétendre au titre de spécialistes de la moralité.

Les entreprises étant des créatures litigieuses, il me semble approprié d'amorcer cette exploration de leur provenance fascinante, bien que mal comprise, par une ou deux affaires judiciaires récentes qui illustrent certains des aspects les plus surprenants de la loi dans son rapport actuel avec elles et qui auraient stupéfié Adam Smith, James Mill et leurs semblables. Ces affaires montrent que les grandes sociétés d'aujourd'hui n'ont qu'un lointain rapport avec leurs ancêtres d'il y a à peine un demi-siècle et sont d'une tout autre espèce que leurs plus anciens précurseurs.

En juillet 2002, la Cour suprême des États-Unis a dû statuer sur une question de droit soulevée dans le cadre d'une décision rendue précédemment par la Cour suprême de la Californie. L'affaire concernait Nike, le fabricant de tenues de sport, et Marc Kasky, un citoyen californien. Le contexte : dans les années 1990, des syndicats, des organismes pour les droits de la personne et d'autres groupes ont commencé à dénoncer les pratiques d'exploitation de la main-d'œuvre de Nike et d'autres grandes compagnies qui sous-traitaient leurs activités de fabrication dans des pays du tiers-monde, où les salaires sont bas et les règlements relatifs à la santé, à la sécurité et à l'environnement plutôt limités. Des éditorialistes du *New York Times* et d'autres journaux ainsi que des réalisateurs d'émissions d'actualités télévisées comme *48 Hours*, à CBS, ont par la suite appuyé la campagne. En 1996, Nike, devenue la principale cible des protestataires, a répondu par la bouche de son service des relations publiques, qui s'est mis à diffuser des communiqués de presse et à envoyer des lettres aux rédacteurs en chef ainsi qu'aux recteurs d'universités et aux directeurs d'associations sportives de partout aux États-

Unis. En 1998, Kasky a poursuivi Nike pour pratiques commerciales injustes et trompeuses en vertu d'une disposition de la loi de la Californie qui permet aux simples citoyens de défendre leurs droits en agissant à titre de « procureur général privé ». Il affirmait que dans ses lettres et ses communiqués de presse, Nike avait menti et présenté de manière inexacte les conditions de travail des employés à l'étranger. Il accusait Nike de fausse publicité.

Cette affaire s'est rapidement résumée à une question : les dénis d'abus par Nike constituaient-ils un « discours commercial » (de la publicité) ou contribuaient-ils à un débat sur une question d'importance publique ? S'il s'agissait de publicité, Kasky avait le droit de poursuivre Nike pour avoir menti dans le cadre de sa campagne de lettres, car le fait de mentir équivaut à faire de la fausse publicité. Par contre, si la Cour décidait que Nike agissait simplement en tant que participant à un débat public, ses mensonges seraient protégés par le premier amendement de la Constitution américaine relatif à la liberté d'expression, et la poursuite de Kasky ne pourrait donc pas tenir. Nike affirmait, bizarrement, que la question de savoir si elle avait menti ou non dans ses lettres n'était pas pertinente, car la Déclaration des droits des États-Unis, qui privilégie la liberté d'expression, assurait l'entière protection de son droit de participer au débat public.

La Cour suprême devait rendre une décision sur deux questions clés : si le fait qu'une entreprise écrive à ses clients et communique avec eux par l'intermédiaire des médias équivaut à un discours commercial, sans égard aux circonstances connexes et, plus globalement, si le discours commercial est protégé en vertu du premier amendement. La Cour a reçu plus de 30 *amicus*, ou dossiers d'intervenants désintéressés, de la part de syndicats, d'organismes de défense des droits de la personne et d'autres entreprises et groupes de pression du monde des affaires. Finalement, elle a décidé de ne pas se prononcer et a délégué le tout aux tribunaux de la Californie, en citant une politique appliquée de longue date contre le fait de statuer sur des affaires constitutionnelles avant qu'elles aient été étudiées à fond par des tribunaux inférieurs. Selon la Cour, les questions liées au premier amendement étaient très vastes : d'une part, il était raisonnablement bien établi que les fausses déclarations de faits ne soient pas protégées en vertu de la Constitution ; d'autre part, il était important, sur le plan constitutionnel, que « les *personnes* avisées soient libres de participer à un tel débat sans crainte de représailles injustes ». Ici, j'ai mis l'accent sur le mot *personnes*, car il incarne une question sous-jacente encore plus importante à laquelle la Cour risquerait de se heurter, à savoir si la loi a raison de traiter les entreprises comme des personnes et de leur donner accès aux codes des droits de la personne[1].

En 2004, Wal-Mart, une autre entreprise géante, a été traduite en justice au Canada dans une affaire qui soulève la même question fondamentale d'identité individuelle de la compagnie. Dans le cadre de sa longue lutte contre la formation de syndicats dans ses magasins, Wal-Mart Canada a demandé à la Cour supérieure de la Saskatchewan de rejeter les demandes, par le Conseil du travail de la province, de documents relatifs à une campagne de syndicalisation d'un des points de vente de la société situé dans la ville de Weyburn. Les documents avaient été demandés relativement à la disposition de la loi sur le travail de la Saskatchewan qui interdit aux entreprises d'avoir recours à des mesures de coercition à l'égard de leurs employés pendant leurs campagnes de syndicalisation. Wal-Mart a contesté les ordonnances de la loi et du Conseil du travail, les disant « anticonstitutionnelles et allant à l'encontre de la liberté de pensée, d'opinion et d'expression de Wal-Mart », lesquelles sont toutes protégées en vertu de la *Charte canadienne des droits et libertés*[2]. Celle-ci garantit ces droits à « tout le monde », ce qui, dans l'esprit de la plupart d'entre nous, se traduirait raisonnablement par « toutes les personnes ».

Ces affaires ne sont que deux exemples prédominants d'une pléthore de cas similaires impliquant des entreprises d'Amérique du Nord, d'Europe et du reste du monde industrialisé, qui poursuivent leur campagne pour obtenir des droits, des privilèges et des pouvoirs que ceux qui ont mis sur pied nos institutions économiques n'auraient jamais pu imaginer, même dans leurs rêves les plus fous, et qui leur sont accordés en l'absence totale de processus démocratique. Comment en sommes-nous arrivés là ?

Les premières compagnies, qui remontent à l'époque de l'Empire romain, ont été créées dans le but d'assurer la continuité des activités d'importantes institutions. Au Moyen Âge, on octroyait des chartes aux villes, aux universités, aux ordres religieux et aux entreprises de métier. Une sorte d'immortalité était conférée à ces groupes par voie d'incorporation, qui équivalait à l'octroi d'une identité juridique distincte de celle de ses membres humains. Ceux-ci pouvaient aller et venir, exécuter différentes fonctions et être ensuite remplacés par d'autres, les activités de l'organisation pouvaient se poursuivre sans être perturbées.

Au XVe siècle, l'idée de la responsabilité limitée avait été rattachée à ces organisations, et la loi qui les régissait avait évolué, faisant en sorte que les individus qui la dirigeaient, tels les conseillers municipaux ou les dirigeants des guildes, ne pouvaient être tenus responsables de leurs dettes ou de leurs infractions, ce qui a contribué à accroître la stabilité de l'institution.

La situation a commencé à changer au XVIe et au XVIIe siècle, à l'époque où des entreprises fondées sur les échanges commerciaux monopolistiques et la colonisation tels la Compagnie de la baie d'Hudson et celle des Indes orientales, ainsi que les syndicats qui détenaient les droits d'installation en Virginie et au Massachusetts, se lançaient en affaires, investissant des sommes colossales dans des régions du monde qui venaient d'être découvertes. Dans le but de réduire au minimum les risques pour les investisseurs relativement à ce qui était, dans bien des cas, des entreprises d'importance stratégique pour l'État, ces regroupements demandaient et obtenaient des chartes auprès des monarchies européennes. Ayant obtenu une charte à des fins commerciales, ces organisations étaient tout à fait différentes des précédentes, dans la mesure où elles étaient des associations de capitaux plutôt que de personnes. Alors qu'une association urbaine représentait les citoyens et leur gouvernement, la nouvelle organisation commerciale représentait les sommes placées entre ses mains par les spéculateurs. Les investisseurs regroupaient leur argent et partageaient les profits, jouissant des avantages de la responsabilité limitée relative aux pertes qui les avaient encouragés à accepter de prendre les risques souvent énormes que ces entreprises aventureuses comportaient.

En tant que réflexions et outils de politique étrangère nationale, ces premières compagnies conservaient leur charte seulement lorsque leurs activités reflétaient les objectifs nationaux. Les gouvernements les considéraient comme des instruments créés à des fins particulières, dont la durée de vie devait être déterminée par leur utilité à atteindre cet objectif. Au milieu du

XIXe siècle, toutefois, l'institution avait subi une autre métamorphose. Dans la plupart des pays, les lois sur la constitution en compagnie n'exigeaient plus des entreprises commerciales qu'elles atteignent un objectif en échange de la protection et des privilèges conférés aux investisseurs par leur charte. Comme nous l'avons vu précédemment, on tenait pour acquis à cette époque que l'atteinte d'objectifs publics pouvait être confiée en toute sécurité au mécanisme du marché. On en était arrivé à percevoir les compagnies non seulement comme des moyens utiles de lancer des entreprises financièrement risquées bien qu'avantageuses pour la société, mais aussi comme une bonne chose en soi, une alliée utile au modèle rationaliste du mécanisme de marché autonome. Selon l'idéologie de laisser-faire populaire à cette époque, moins les gouvernements s'immisceraient dans son fonctionnement, plus le bien social serait susceptible d'en découler.

Les premiers pas de l'entreprise sous sa forme polyvalente actuelle remontent à 1811, année où l'État de New York édicta une loi d'incorporation n'exigeant qu'une description très générale du type d'activité projetée. Les autres États américains lui emboîtèrent le pas au cours des années 1840 et 1850. En Grande-Bretagne, la loi *Joint Stock Companies Act* de 1844 a permis de créer des sociétés à l'aide d'un simple acte d'inscription comprenant une courte description de la nature de l'entreprise[3]. La compagnie s'était transformée, passant d'une créature de l'État ou d'un certain intérêt monopolistique dans la société ayant un objectif public clairement défini, à un mécanisme juridique polyvalent servant à faciliter la poursuite des affaires dans une économie de marché, sa charte n'étant plus assujettie à aucun examen efficace.

Le XIXe siècle se caractérisait par de gigantesques entreprises d'ingénierie telles que la construction de voies ferrées, de réseaux de lignes téléphoniques trans-continentales, de câbles télégraphiques ceinturant le monde entier et la mise en valeur agricole de nouvelles et vastes régions. Les entreprises de cette ampleur exigeaient un immense apport en produits manufacturés comme des rails d'acier, du fil de cuivre et de l'isolateur en verre, de la machinerie agricole et des navires céréaliers, des locomotives et du matériel roulant, ainsi que d'énormes quantités de charbon et de carburant à base de pétrole. Les projets d'ingénierie comme tels seraient engagés par des entreprises à capital largement réparti, et la création de plusieurs d'entre elles avait été vivement encouragée par les gouvernements.

C'était le cas, par exemple, des grands chemins de fer et des lignes télégraphiques qui sillonnaient le continent. Toutefois, leurs exigences en matière de biens d'équipement étaient fréquemment remplies par des entreprises plus traditionnelles, comme des partenariats et des entreprises individuelles. Ces entités commerciales de plus en plus désuètes étaient obstinément maintenues parce qu'elles étaient à l'abri de la divulgation publique des dossiers financiers que l'État exigeait des compagnies auxquelles il avait octroyé une charte. Un grand nombre d'entre elles étaient pourtant énormes. Par exemple, Canergie Steel d'Andrew Canergie était un partenariat, et plusieurs des entreprises affiliées de Standard Oil, de John D. Rockfeller, n'étaient pas incorporées. Toutefois, l'inconvénient de ce type d'entreprises, soit l'incapacité de réunir des capitaux en vendant des actions au public, était devenu de plus en plus onéreux au fur et à mesure de la croissance des économies et de la montée en flèche des exigences en matière de capitaux.

La panique de 1873 provoqua une longue dépression marquée par un mouvement frénétique de fusions d'entreprises aux États-Unis. Principalement mises de l'avant pour contrôler la surproduction et stabiliser les marchés, ces « associations d'intérêts » ou « coalitions » (monopoles et oligopoles) ont entraîné la restructuration de secteurs importants de l'industrie américaine. Le nombre de partenariats et d'entreprises individuelles parmi les principales entreprises a chuté radicalement et, parallèlement, un grand nombre de nouvelles sociétés publiques puissantes se sont multipliées, négociant leurs actions sur les marchés boursiers. L'ère des requins de la finance prenait fin, tandis que commençait celle de l'entreprise moderne. Entre 1899 et 1904, United States Steel, International Harvester, American Can et 2 500 autres sociétés fusionnées ont changé le paysage des affaires en Amérique. En 1904, un Américain sur 10 était employé par une compagnie.

À mesure que les patriarches des affaires mouraient ou étaient remplacés, la direction des entreprises se retrouvait de plus en plus entre les mains de fonctionnaires pourvus de diplômes universitaires qui considéraient que les sociétés nécessitaient toutes plus ou moins les mêmes compétences de la part de leurs administrateurs pour assurer l'efficacité et la rentabilité de leur exploitation. Un ensemble généralisé de techniques de gestion professionnelles mettaient l'accent non pas sur le produit ou sur le client, mais sur la manipulation du capital social afin de maximiser le taux de rendement des placements des actionnaires. De plus, le capital n'était plus réuni principalement par voie de financement interne, mais grâce à la vente d'actions sur le marché boursier, ce qui signifiait que la propriété, qui avait été à capital fermé, était désormais dispersée à grande échelle. Ces changements ont eu une immense répercussion : séparer l'administration de la propriété[4].

Alors que la compagnie avait déjà été le prolongement de la personnalité de son propriétaire, *elle est devenue l'incarnation de la théorie de marché pure*, telle qu'enseignée dans les écoles de commerce du monde industrialisé. En d'autres mots, elle avait subi une autre métamorphose, refondue, cette fois, dans l'« agent économique rationnel » exemplaire tel qu'imaginé par les théoriciens économiques classiques, une créature autonome animée par un pur et inébranlable intérêt particulier ainsi que par une avidité matérielle illimitée.

Bien qu'il soit courant de parler de la compagnie comme d'une innovation capitaliste conçue pour promouvoir l'accumulation de capital et son investissement dans l'entreprise, on formulerait les choses quelque peu différemment d'un point de vue éthique. En effet, de ce point de vue, on peut la percevoir comme ayant été conçue précisément pour *représenter l'avidité collective ou l'intérêt particulier de ses actionnaires*. Les actionnaires individuels réunissent leurs avoirs et les placent sous le contrôle des dirigeants d'entreprises, dont on s'attend (c'est à cette condition qu'ils ont été nommés à ce poste) qu'ils maximisent la valeur de ces actifs et, par le fait même, le rendement du capital investi. D'un point de vue économique, l'avantage de cet arrangement repose sur le fait qu'individuellement, au désespoir de plusieurs générations de théoriciens de l'économie, les êtres humains ne jouent pas très bien le rôle d'agents économiques rationnels. Trop souvent, ils se conduisent de manière généreuse, altruiste, ou « irrationnelle », niant leur instinct « naturel » envers l'intérêt personnel et le gain matériel. Ils ne sont pas les fieffés égoïstes éthiques qu'ils devraient être pour que l'économie de marché fonctionne au maximum de sa capacité.

En revanche, la compagnie, elle, *est* parfaitement égoïste, et mieux encore, son avidité n'a aucune limite morale ou culturelle (même s'il peut y avoir des contraintes légales). Les entreprises sont indifférentes au bien et au mal, hormis ce qui peut être exprimé en terme d'équivalents pour elles du plaisir et de la douleur, soit les profits et les pertes. La compagnie est l'instrument utilitariste et rationaliste idéal, l'incarnation parfaite de la raison économique.

En tant que part évolutive de la technologie socio-légale, la compagnie, à sa sortie du XIXe siècle, était idéalement adaptée à son milieu, l'économie de marché semblable à une machine telle que décrite dans les théories élaborées par les grands économistes libéraux de l'ère victorienne. Les marchés nationaux et mondiaux étaient devenus, aux yeux des théoriciens de l'économie, un système mécanique intégré et autoréglementé capable de fonctionner de manière autonome, aussi longtemps qu'il était soigneusement protégé de l'intervention humaine. L'entreprise moderne, en atteignant sa pleine maturité au milieu du XXe siècle, deviendrait une sorte de servomécanisme relié au marché, semblable à un robot mais montrant également une propension parasitaire inattendue à prendre les commandes du mécanisme hôte *in toto*, pour le corrompre en le mettant au service des besoins de l'entreprise plutôt que des besoins ou même du pays. Dans l'Amérique du XXIe siècle, 90 % de toutes les actions d'entreprises sont détenues par 10 % des actionnaires ; 1 % de ceux-ci détenant la moitié de l'ensemble des actions. Presque tous ces gros actionnaires sont d'autres organisations, comme des fonds de retraite, des fonds communs de placement et des sociétés d'assurance. Seul quelques-

uns sont des individus[5]. Ces actionnaires institutionnels, *qui contrôlent désormais le marché boursier*
(d'après Moody's Investments), fonctionneront bien
entendu comme des agents économiques rationnels et
n'auront aucun intérêt dans leurs portefeuilles d'actions hormis le rendement qu'ils produisent. En tant
que *rentier*, ou classe sociale du coupon détaché, ils
représentent une rationalisation plus poussée du
modèle économique, un niveau supérieur d'abstraction
et de raffinement théorique.

Aujourd'hui, l'économie mondiale florissante est
le terrain de jeux de la grande entreprise multinationale,
qui fait en sorte de réduire au minimum les inconvé-
nients des frontières nationales grâce à ses puissantes
activités de défense d'accords commerciaux régionaux et
mondiaux exhaustifs. Avec la création de l'Organisation
mondiale du commerce en 1993, l'influence des compagnies sur la réglementation du commerce et des
investissements internationaux a pris beaucoup d'ampleur. Les ministres de l'industrie et les secrétaires de
cabinet qui représentent les États membres sont
étroitement liés aux intérêts économiques nationaux,
leur demandent régulièrement conseil, tandis que les
groupes de pression du monde des affaires sont constamment présents. L'OMC peut en fait être vue comme
une nation commerciale, de loin plus puissante que
bien des pays du monde. Depuis sa création, elle a
demandé à plusieurs reprises à des pays membres de
modifier ou d'abandonner des lois destinées à protéger
l'environnement, les droits des travailleurs ou des
consommateurs ou encore d'autres champs d'intérêt
public. La population a réagi en transformant les
assemblées de l'OMC, peu importe où elles se tiennent
dans le monde, en des événements ressemblant aux
sièges des cités médiévales[6]. Comme on pouvait s'y

attendre, pour les intérêts économiques, ces manifestants altermondialistes et anti-entreprises sont complètement irrationnels.

Ce qui surprend peut-être le plus à propos de l'entreprise moderne est le fait que malgré son origine en tant que technologie sociale conçue à une fin précise, comme n'importe quelle machine-outil, elle est traitée par la loi comme une personne. Pour comprendre comment les compagnies ont acquis leur identité individuelle, il faut revenir un peu dans le passé et se rappeler que l'intention et le génie initial de la compagnie avaient été de fournir un moyen d'assurer la continuité d'une institution à travers des générations de dirigeants humains. Les propriétaires et autres directeurs pouvaient aller et venir, mais la compagnie poursuivait sa route éternellement, sans avoir à subir de réorganisation à chaque décès ou à chaque départ. En tant qu'entité, elle pouvait faire l'objet de poursuites, d'amendes et d'impôts, et pour cette raison, elle avait toujours semblé avoir une vie et même une identité individuelle. Toutefois, dans la loi anglaise des XVIIe et XVIIIe siècles, les avocats qui représentaient les entreprises se donnèrent beaucoup de mal pour convaincre les tribunaux que leurs clients étaient des personnes juridiques ou *morales*, des créations de l'État qui leur octroyait leur charte. En tant que personnes juridiques, elles n'étaient évidemment pas assujetties aux lois destinées aux humains, même si ces lois étaient habituellement formulées dans un langage du type « personne ne doit... ».

Toutefois, vers la fin du XIXe siècle, plus particulièrement aux États-Unis, les entreprises et leurs avocats ont modifié leurs anciennes tactiques tout en tentant de réduire au minimum la réglementation imposée par l'administration des États, alors qu'un nombre croissant de critiques et de réformateurs administratifs gagnaient du pouvoir[7]. Ils ont commencé à faire pression sur les tribunaux pour qu'ils reconnaissent officiellement l'identité de l'entreprise, alléguant que les compagnies étaient des personnes non pas juridiques, mais *physiques*. La distinction entre les deux a une très grande portée. En effet, si celles-ci sont des personnes juridiques, des créations de l'État, ce dernier est donc clairement en droit d'exercer un contrôle illimité sur leurs activités. En revanche, si ce sont des personnes physiques, leurs droits fondamentaux, à l'instar de ceux des humains, sont antérieurs à l'État. En tant que personnes physiques, les entreprises hériteraient alors des « droits naturels » primordiaux – les droits de la personne – prévus pour protéger les gens de l'ingérence du gouvernement au-delà de ce qui est strictement nécessaire pour maintenir l'ordre civil et social.

Après des années de pressions, la Cour suprême des États-Unis a accordé péremptoirement la remarquable faveur que constitue l'identité physique aux entreprises américaines en 1886 dans le cadre de l'affaire *Santa Clara County c. Southern Pacific Railroad*. Le contexte juridique était fourni par le quatrième amendement de la Constitution américaine (rédigé dans le but de protéger les esclaves libérés de l'abus et de l'exploitation), qui déclarait que tous les citoyens des États étaient également des citoyens américains, et qu'aucune administration d'État ne pouvait « priver quiconque de la vie, de la liberté ou de la propriété sans l'application régulière de la loi ; ni priver quiconque dans son territoire de l'égale protection des lois ». En octroyant à la compagnie de chemins de fer l'identité individuelle dans ce contexte, le tribunal empêchait efficacement les administrations d'États de réglementer les tarifs ferroviaires pour le transport de produits agricoles, entre autres produits. À titre de personnes, les entreprises jouissaient désormais des mêmes droits que les personnes humaines de demander ce qu'elles voulaient en échange de leurs services. Même si le tribunal n'avait pas explicitement établi s'il lui avait octroyé une identité physique ou morale, il s'agissait manifestement de la première, compte tenu qu'il lui avait donné accès à la protection de la loi qui avait clairement été conçue pour les humains, c'est-à-dire les personnes physiques.

Sans tenir compte de certaines ambiguïtés subsistant à l'égard de cette question en raison de l'absence de raisonnement juridique dans le jugement du tribunal, ni d'une poignée de jugements contradictoires rendus au cours des années suivantes, les entreprises ont aussitôt organisé une campagne juridique afin d'obtenir accès à toute une panoplie de protections garanties aux humains en vertu de la Déclaration des droits américaine. Ces vigoureux efforts ont commencé à porter fruits vers la moitié du XXe siècle, grâce à une série de décisions de la Cour suprême qui octroya successivement aux compagnies la même protection qu'aux humains en vertu des premier, quatrième, cinquième, sixième et septième amendements. Ceux-ci couvraient la liberté d'expression, la protection contre les perquisitions excessives, les perquisitions sans mandat et la double pénalisation ainsi que les procès devant jury, tant au criminel qu'au civil[8].

Cela a eu pour effet de réduire considérablement la capacité de l'administration fédérale de réglementer les activités des entreprises, de faire des inspections et d'exercer un contrôle général sur elles[9]. Par exemple, la protection du quatrième amendement contre les perquisitions réglementaires sans mandat a été établie dans le cadre de l'affaire *Marshall c. Barlow's Inc.* (1978)[10], dans laquelle la Cour suprême des États-Unis a invalidé les règlements de l'Occupational Safety and Health Administration fédérale qui rendaient obligatoires les inspections de sécurité inopinées d'installations commerciales – dans ce cas, les installations d'une compagnie spécialisée dans l'électricité et la plomberie de l'Idaho. De nombreuses dispositions sur l'inspection incluses dans les lois fédérales ont été invalidées par cette décision.

La Cour a jugé que les entreprises jouissaient de droits à la protection de la vie privée équivalents à ceux des humains et que les édifices commerciaux devaient être traités au même titre que les résidences privées, en vertu des protections prévues par l'amendement en question.

La même année que l'affaire *Marshall c. Barlow's*, lors d'une autre décision critique, la Cour suprême des États-Unis a brusquement abandonné la notion indéniablement étrange et juridiquement embarrassante que les compagnies étaient des personnes physiques, mais elle l'a fait d'une manière qui a contribué à renforcer plutôt qu'à affaiblir leur accès aux droits constitutionnels. L'affaire en question, *First National Bank of Boston c. Bellotti*, portait sur un différend à propos des droits à la liberté d'expression compris dans le premier amendement. Ce procès était axé sur le droit des entreprises d'investir des sommes pour influencer les résultats d'un référendum sur l'établissement d'un impôt progressif sur le revenu des particuliers dans l'État du Massachusetts. Le procès avait été provoqué par un consortium de Boston qui cherchait à obtenir le droit de faire campagne contre l'impôt, notamment First National Bank, New England Merchants National Bank, Gillette, Digital Equipment et Wyman-Gordon

Corporation. Dans son jugement, le tribunal a préféré ne pas tenir compte de toute la controverse sur l'identité physique ou morale de la compagnie, et s'était plutôt fié à l'interprétation du sens de l'amendement. La question n'était plus de savoir si l'entreprise, qu'elle soit une personne physique ou morale, jouissait des droits relatifs à la liberté d'expression accordés aux humains, mais si le fait de lui conférer ces droits favorisait l'objectif de débat libre et ouvert promulgué par l'amendement. La Cour suprême du Massachusetts s'était inspirée de la théorie de l'entité morale pour statuer que les humains jouissent de protections prévues par le premier amendement plus étendues que les entreprises, qui n'avaient droit qu'aux protections de la propriété à long terme du quatorzième amendement en vertu de la Déclaration des droits. En appel, la majorité des membres de la Cour suprême n'ont pas tenu compte de ce raisonnement, estimant qu'il s'agissait d'« un mode d'analyse artificiel ». Le jugement a établi que :

> La juridiction inférieure a formulé la principale question de cette affaire, à savoir si les entreprises ont des droits en vertu du premier amendement, et jusqu'à quel point. Nous croyons que la Cour a mal formulé la question. La constitution protège souvent des intérêts plus vastes que ceux de la partie qui cherche à les faire valoir. Le premier amendement, tout particulièrement, sert des intérêts sociaux importants. La question correctement formulée n'est donc pas si les entreprises ont des droits en vertu du premier amendement, et dans l'affirmative, s'ils ont la même portée que ceux des personnes physiques. La question devrait plutôt être si [le statut] limite l'expression que le premier amendement était destiné à protéger. Nous sommes d'avis que oui[11].

Par le jugement *Bellotti*, la Cour suprême a octroyé aux compagnies à peu près les mêmes droits qu'aux humains, et ce, en vertu de la Constitution américaine. De plus, une série d'affaires défendues à partir du même principe leur ont rapidement procuré des droits explicites en vertu des quatrième, cinquième et septième amendements, et le processus se poursuit. En juin 2001, la Cour suprême a coupé l'herbe sous le pied de lois d'États qui auraient protégé les enfants contre la publicité sur le tabac en bannissant de telles publicités à une distance de 1000 pieds (305 mètres) des écoles et des terrains de jeux. Le tribunal était d'accord avec les avocats de l'industrie, qui faisaient valoir que les lois violaient les protections relatives à la libre expression en vertu du premier amendement. De tels jugements sont devenus courants[12].

En 2004, il y a également eu l'étrange affaire de Wal-Mart Corporation, qui a exercé ses droits de libre expression à la « Bellotti » afin d'usurper le pouvoir législatif du conseil municipal d'Inglewood, en Californie. Lorsque le conseil a rejeté le projet du géant de la vente au détail visant à construire un magasin à grande surface d'une superficie de 130 000 pieds carrés (12 082 mètres carrés) au cœur de la ville, Wal-Mart a affirmé que les conseillers étaient trompés par les mouvements syndicaux et d'autres groupes d'intérêts. L'entreprise a embauché une équipe de spécialistes des élections et a recueilli les 65 000 signatures requises en vertu de la loi californienne pour commanditer un référendum afin de renverser la décision. Comme l'a signalé le *New York Times* : « Pendant la campagne référendaire qui a suivi, la société a dépensé plus d'un million de dollars pour communiquer son message, elle créerait des centaines d'emplois et élargirait l'assiette d'imposition municipale. » Pendant que les opposants mettaient l'accent sur l'abandon des centres-villes et la baisse des salaires provoqués par les compagnies, c'est quelque chose d'encore plus troublant qui finit par entraîner le rejet du projet. En vertu des nouveaux règlements qu'elle proposait, Wal-Mart aurait été exemptée des lois sur le zonage, l'aménagement et la protection de l'environnement d'Inglewood, y compris les dispositions sur les audiences publiques. De plus, le nouveau marché serait assujetti à des modifications uniquement par une majorité des deux tiers des voix obtenue dans un autre référendum. Le temps que les électeurs aient rejeté le projet aux urnes avec une majorité étonnamment modeste de 60,6 % par rapport à 39,3 %, le *Times* écrivait déjà : « La stratégie porte désormais un nom : la souveraineté Wal-Mart[13]. »

Le prolongement des protections des droits de la personne aux entreprises s'est répandu rapidement à l'extérieur des États-Unis, dans la plupart des démocraties industrialisées. En 1984, la Cour suprême du Canada a rendu une décision similaire à celle de l'affaire *Marshall c. Barlow* dans l'affaire *Hunter c. Southam*. Cette affaire mettait en jeu une présumée complicité entre deux importantes chaînes de journaux dans la fermeture d'une série de quotidiens de grandes villes, grâce à un stratagème qui limitait la concurrence. La poursuite contre les chaînes par la Couronne a échoué en raison de contestations judiciaires invalidant des dispositions relatives aux perquisitions de la législation fédérale contre les coalitions. Une série de décisions rendues en vertu de la *Charte canadienne des droits et libertés* a rendu impossible le regroupement de preuves documentaires[14].

Les droits de l'entreprise à la liberté d'expression se sont retrouvés au centre d'un débat, en 1986, lorsque la Cour d'appel du Québec a cassé la législation provinciale qui bannissait toutes les publicités à la télévision ciblant « les personnes de moins de 13 ans », en tant que violation des droits des compagnies garantis par la *Charte*[15]. Dans un recours subséquent, la Cour suprême du Canada a accepté la ligne de pensée selon laquelle la publicité, comme forme de discours commercial, est protégée par la disposition sur la liberté d'expression de la *Charte canadienne des droits et libertés*. Néanmoins, elle a maintenu (par une majorité de trois voix contre deux) que la législation du Québec constituait une « limite raisonnable » de liberté d'expression (une disposition de sauvegarde prévue en vertu des modalités de la *Charte canadienne des droits*) compte tenu qu'un « groupe particulièrement vulnérable » était protégé par la loi[16]. En revanche, les entreprises canadiennes ont obtenu le droit d'interdire la libre expression d'opinions politiques partout sur leur propriété privée[17].

Dans une autre lutte de longue haleine, la compagnie de publicité Van Niagara a poursuivi la municipalité d'Oakville, en alléguant qu'un de ses règlements de 1994 limitait la taille des panneaux d'affichage à 8 pieds carrés, violant ainsi son droit à la liberté d'expression. La Cour d'appel de l'Ontario a statué en faveur de la compagnie en 2002, et la Cour suprême du Canada a infirmé ce jugement l'année suivante. Cette décision était axée sur le droit des villes de voter des lois à l'intérieur de leur propre territoire. Selon les autorités légales, la décision est susceptible de faire l'objet d'essais dans d'autres territoires où s'applique la *Charte*[18]. Entre-temps, les entreprises continuent de se battre pour leurs « droits » en vertu de la *Charte*. La clause de liberté de circulation et d'établissement de la *Charte canadienne*, destinée à garantir la liberté de circulation aux citoyens canadiens, a été utilisée en 1989 afin d'annuler un règlement de l'Alberta Law Society restreignant les cabinets d'avocats multiprovinciaux. Le cabinet d'avocats torontois McCarthy & McCarthy a contesté la décision après qu'on lui a refusé la permission d'installer une succursale dans cette province. En fait, la liberté de circulation des gens n'était nullement mise en jeu ; seulement celle du capital[19].

Selon Michael Mandel, professeur de droit à Osgoode Hall, ces décisions signifient que si une « personne » morale est accusée d'un crime grave, elle doit bénéficier de l'ensemble des protections des droits de la personne qui avaient à l'origine été mis en place pour protéger les citoyens humains de l'utilisation arbitraire et excessive du pouvoir par l'État[20]. C'est donc dire que la Cour suprême du Canada a établi que si une poursuite contre une entreprise recouvre un comportement criminel par opposition à une simple infraction aux règlements, l'entreprise doit jouir du même type de protections qu'un accusé humain en vertu de la *Charte*.

> La Cour suprême a emprunté un chemin détourné ponctué de nombreux avantages inattendus pour les criminels d'affaires du point de vue [...] de deux possibilités faisant en sorte de satisfaire les entreprises et d'affaiblir la position de l'État régulateur : soit nous nous montrons indulgents envers la criminalité d'affaires, auquel cas les tribunaux accorderont certaines dispenses, mais pas toutes, des garanties de la *Charte* ; soit nous la prenons au sérieux, auquel cas les tribunaux armeront les entreprises jusqu'aux dents avec des moyens de protection de la *Charte* qui les rendront invincibles[21].

Ce n'est pas faute d'avoir été averti... Thomas Hobbes s'inquiétait des méfaits possibles posés par les compagnies de son époque ; Adam Smith, pour sa part, était persuadé qu'il fallait leur laisser très peu de liberté. Dès le milieu du XIXe siècle, certains Américains influents ont commencé à sonner l'alarme en constatant la croissance de leur pouvoir et de leur influence. Le président Abraham Lincoln lui-même a écrit, en 1864, tandis que la guerre civile américaine s'achevait :

> Nous pouvons nous féliciter que cette guerre cruelle tire à sa fin. Elle nous a coûté quantité de trésors et de vies humaines. Ce fut, à vrai dire, un moment difficile pour la République, mais je vois approcher une crise qui me trouble et qui me fait craindre pour la sécurité de mon pays. À la suite de la guerre, nos compatriotes se sont mis à vénérer les compagnies ; cela entraînera une époque de corruption dans les hauts lieux, tandis que le pouvoir monétaire de ce pays s'efforcera de prolonger son règne en portant atteinte au gens du peuple jusqu'à ce que toute la richesse se retrouve entre les mains de quelques personnes et jusqu'à la destruction de la République. Je me sens en ce moment plus inquiet que jamais pour la sécurité de mon pays, même au cœur de la guerre[22].

Pour sa part, le président Rutherford B. Hayes (élu en 1877) affirmait que : « Notre gouvernement est constitué du peuple, par le peuple, mais plus pour le peuple. Nous avons un gouvernement de sociétés, par les sociétés, et pour les sociétés[23]. » À la veille de devenir juge en chef de la Cour suprême du Wisconsin en 1873, Edward G. Ryan émettait cette mise en garde :

> Un pouvoir inédit et obscur est en train d'émerger […] les entreprises du pays se fusionnent en de vastes sociétés, combinant un capital sans précédent, qui marchent avec assurance, non seulement pour conquérir l'économie, mais aussi le pouvoir politique. […] La question sera soulevée à votre époque, peut-

être pas tout à fait pendant la mienne, à savoir qui doit gouverner : la richesse ou les hommes ? Qui doit diriger : l'argent ou l'intelligence ? Qui doit peupler la place publique : les hommes libres, patriotes et éduqués, ou les serfs féodaux des entreprises capitalistes[24] ?

En 1888, le président Grover Cleveland a exprimé des préoccupations du même ordre : « Les compagnies, créatures de la loi et servantes du peuple qui devraient être soigneusement restreintes, sont rapidement en train de devenir nos maîtres[25]. » Cinquante ans plus tard, le juge de la Cour suprême des États-Unis Louis D. Brandeis faisait allusion aux entreprises comme au « monstre Frankenstein que l'État a créé avec ses lois sur les compagnies[26] ».

Deux autres caractéristiques permettent de définir l'entreprise moderne : sa taille et ce qu'on pourrait appeler, en termes humains, son avidité. Les profits sont supérieurs dans les marchés sous le contrôle de monopoles et d'oligopoles qui, en l'absence d'une véritable concurrence, peuvent fixer les prix comme bon leur semble. L'impératif du profit attire donc implacablement les entreprises dans cette voie, par opposition à la voie de la concurrence accrue et des prix réduits. Elles se répètent le mantra « croître, croître, croître », pour ce qui est tant de la taille que de la part de marché. La croissance, à la fois absolue et relative, par rapport à la concurrence, peut être atteinte de nombreuses façons : par des fusions et des acquisitions, par le harcèlement juridique des concurrents pour des questions de brevets et de droits d'auteurs, par l'intégration verticale de processus de production, et ainsi de suite. Il n'y a pas de limite à la taille que peut atteindre l'entreprise, pas de chiffre idéal, bien qu'il soit souvent dans son intérêt de freiner son élan vers l'atteinte des pleins pouvoirs monopolistiques, de façon à maintenir l'illusion de compétitivité du marché, ce qu'elle fait pour des raisons tant idéologiques que réglementaires. Aussi longtemps que l'entreprise est en mesure de faire valoir que son marché demeure libre, elle peut défier de façon crédible les intérêts réglementaires et l'indignation publique, qui risquent tous deux de nuire à ses profits.

Les entreprises sont avides parce qu'elles ont été façonnées pour être ainsi, tant sur le plan du droit que de la théorie économique. On ne peut tout simplement pas s'attendre à ce qu'elles soient responsables du bien-être de la société, car on suppose que si elles maintiennent le cap sur le profit, le bien collectif en découlera automatiquement, par le truchement des processus automatisés du marché. Cet exemple d'idéologie rationaliste s'est inscrit dans la loi dès 1916, dans le cadre de l'affaire *Dodge c. Ford*. Comme le raconte le juriste canadien Joel Bakan, en 1906, John et Horace Dodge avaient investi plus de 10 000 dollars dans la nouvelle compagnie d'automobiles d'Henry Ford. Propriétaires d'une usine à Chicago, les deux frères avaient également signé un contrat d'exclusivité avec Ford pour la fabrication de pièces. Dix ans plus tard, les frères Dodge décidèrent de commencer à fabriquer leurs propres voitures et espéraient financer leur projet grâce aux dividendes trimestriels de leurs actions de Ford, mais ils en furent empêchés par Henry Ford, toujours aussi visionnaire, qui décida que les profits qu'il réalisait sur les modèles T étaient exorbitants et que sa compagnie et la société seraient gagnants s'il réduisait ses prix. Il avait en effet l'intention de détourner les profits de l'entreprise pour les redistribuer à ses clients sous forme de remises sur les voitures.

Les frères Dodge poursuivirent Ford en justice, soutenant qu'il n'avait pas le droit de distribuer les profits de la compagnie, peu importe ses bonnes intentions. Le juge leur donna raison : « Il a rétabli les dividendes et a reproché à Ford (qui avait déclaré en audience publique que son entreprise "n'exploitait pas un filon d'or, mais produisait des services", et que le profit n'était qu'un objectif secondaire des compagnies) d'avoir oublié que le but premier d'une grande entreprise était de servir ses actionnaires. Elle ne devait pas tenir pour accessoire le profit des actionnaires et pour primordial celui des autres bénéficiaires[27]. » Comme le fait remarquer M. Bakan :

> L'affaire *Dodge c. Ford* avalise le principe juridique suivant lequel les gestionnaires et les administrateurs ont le devoir légal de placer les intérêts des actionnaires au-dessus de tous les autres intérêts et n'ont pas l'autorité d'en servir d'autres – ce qu'on appelle le principe des «meilleurs intérêts pour l'entreprise». [Bakan conclut en ces mots :] La responsabilité sociale des entreprises est donc illégale quand elle est sincère[28].

Bien sûr, le mécénat d'entreprise existe, mais il se doit, selon le principe des meilleurs intérêts, d'être clairement pratiqué dans l'intérêt manifeste et calculable des actionnaires, pour finalement être favorable au bénéfice net. En d'autres mots, l'entreprise ne doit pas faire preuve de véritable altruisme. Le seul type de moralité permis est utilitariste, c'est-à-dire que les gestes faits en vertu de l'intérêt particulier, s'ils aident les autres, doivent le faire par hasard. Lord Bowen, juge de chancellerie anglais ayant un penchant pour la métaphore, avait exprimé un point de vue similaire dans une affaire qui avait créé un précédent en 1883: « La charité n'a pas de place dans les conseils d'administration en tant que telle. Mais certains actes de

charité peuvent servir les intérêts de ceux qui les pra-
tiquent et, dans cette mesure et à cette fin (une fin qui,
je l'admets, est peu philanthropique), la charité a sa raison d'être dans un conseil d'administration, mais elle
n'a que cette raison et nulle autre[29]. » La loi restreint
sévèrement les activités philanthropiques des entreprises, sans égard à la vision ou aux sentiments de leurs
administrateurs. En fait, la plupart des sociétés cotées
en Bourse limitent leurs dons de charité à environ 1 %
de leurs recettes.

Des théoriciens de l'économie influents tels que
Milton Friedman et Theodore Leavitt continuent
d'insister sur le fait que le rôle de la compagnie doit être
strictement limité à la réalisation de profits. Dans un
célèbre article, Friedman soutient : « Selon moi, la
[responsabilité sociale] est une "doctrine fondamentalement subversive" dans une société libre, et je crois
que la seule et unique responsabilité sociale des entreprises est d'utiliser ses ressources et de s'engager dans
des activités visant à accroître ses profits[30]. » Leavitt
affirme pour sa part :

> Le bien-être et la société ne relèvent pas de la compa-
> gnie. Le rôle de cette dernière consiste à gagner de
> l'argent. [...] Le rôle du gouvernement n'est pas de
> brasser des affaires, pas plus que celui des entreprises
> est de gouverner. À moins que ces fonctions soient
> résolument séparées à tous les égards, elles finissent
> par être reliées sous tous les rapports. [...] L'al-
> truisme, l'abnégation et la charité [...] sont essentiels
> à certains aspects de nos vies, mais pour la plus
> grande partie, ces vertus sont étrangères à l'économie
> concurrentielle[31].

Si les personnes humaines ne sont pas exemptées
de la responsabilité sociale, pourquoi les personnes

juridiques le sont-elles, alors qu'elles jouissent d'un si grand nombre de droits de la personne ?

À la lumière de cette histoire, on peut faire une pause ici pour regrouper et observer les caractéristiques propres aux entreprises modernes. Elles ont habituellement des revenus très importants et comptent un grand nombre d'employés, elles appartiennent à de nombreux individus et (ou) actionnaires institutionnels, et elles sont dirigées par des professionnels dûment formés. Elles ont de plus obtenu le statut juridique de « personne » et peuvent donc demander la protection de l'État en vertu des codes des droits de la personne (ce qu'elles font fréquemment). Finalement, tandis que les premières compagnies ont été formées pour atteindre des objectifs précis détaillés dans leur charte (généralement du commerce outre-mer ou de vastes projets d'ingénierie uniques), l'entreprise moderne n'a qu'un seul objectif : gagner de l'argent. C'est la définition à laquelle je fais référence lorsque j'emploie le terme *entreprise* dans ces pages.

Mes propos n'incluent pas les entreprises privées ou détenues majoritairement par une personne ou une famille. Même si ces entreprises ont souvent un comportement semblable à celui des sociétés comptant un grand nombre d'actionnaires et des entreprises administrées par des professionnels, ce n'est pas toujours le cas. Elles font parfois montre d'un sincère altruisme, distribuant des largesses qui entraîneraient la révolte des actionnaires ou une poursuite s'il s'agissait d'une société ouverte. La propriété majoritaire permet aux individus d'exprimer leur humanité, pour le meilleur ou pour le pire, avec l'argent de l'entreprise. Ainsi, lorsque je parle de scission entre les propriétaires et l'administration dans l'entreprise moderne, je fais allusion à la propriété dans le sens possessif du terme, illustrée par les fondateurs d'entreprises – dans la mesure où la théorie de la gestion a proposé ce qu'elle a appelé le « syndrome des fondateurs ». Il s'agit d'une pathologie, selon les compagnies, caractérisée par un directeur (fondateur) qui se concentre sur les produits et les clients au détriment du profit.

À l'été de 2004, tandis que le monde attendait le premier appel public à l'épargne (PAPE) du grand moteur de recherche Google, les experts en affaires prévoyaient presque unanimement qu'une fois qu'elle ferait appel public à l'épargne, la célèbre mission de Google consistant à « rendre le monde meilleur » et « à ne pas faire de mal » serait abandonnée. « Quelle part de cette culture survivrait à la nouvelle existence de Google en tant que société cotée en Bourse ? » se demandait l'un de ces experts. « Je prévois qu'elle disparaîtra à moyen ou à long terme, pas plus[32]. » L'expérience de célèbres fondateurs qui avaient des principes, tels Steve Jobs de Apple Computer et Anita Roddick de Body Shop, s'est enracinée dans le scepticisme après qu'eux-mêmes et leurs idéaux eurent été bannis des salles du conseil de leurs entreprises, une fois qu'elles se sont inscrites à la Bourse[33].

Fait à noter, la question de la gouvernance des entreprises a fait surgir un certain nombre de modèles explicatifs. Selon le plus ancien, les compagnies étaient contrôlées par leurs propriétaires-actionnaires, par l'intermédiaire de processus démocratiques incluant des assemblées annuelles d'actionnaires. Au tournant du XXe siècle, ces assemblées, dans la mesure où elles avaient une incidence sur l'administration, s'étaient fractionnées en courses aux procurations dans lesquelles les actionnaires individuels jouaient un rôle négligeable et où le contrôle était maintenu dans les cercles de direction[34]. À cette époque, on commençait à être préoccupé

par le degré de contrôle des dirigeants ; les critiques laissaient entendre que ces derniers ne seraient pas assez
zélés pour tirer un maximum de profit ; qu'ils auraient
d'autres priorités tournant autour de leur propre sécurité
financière et de leurs conditions de travail[35]. »

Dans une variation sur le thème du contrôle par les
gestionnaires, Adolph Bearle et Gardiner Means, dans
l'ouvrage *The Modern Corporation and Private Property*
(1932, réédité en 1967), brossaient un tableau de l'entreprise américaine qui envisageait une direction presque
entièrement autonome face à des propriétaires-
actionnaires inefficaces ou indifférents. Ils suggéraient
que le contrôle pouvait servir à faire avancer des objectifs
sociaux importants, tels que le traitement humain des
travailleurs et l'attention à la qualité des produits qui,
autrement, seraient sacrifiés à la maximisation du profit.
Dans son livre *The New Industrial State* (1967),
l'économiste J. K. Galbraith considérait la direction des
entreprises comme une « technostructure » bureaucratique qui tenait encore la situation bien en main, mais qui
était axée sur la réalisation d'un « minimum de gains
garanti » par opposition au profit maximum, ce qui
procurait des conditions de travail optimales aux gestionnaires[36]. Toutefois, ce style de gestion favorisant le
confort, dans la mesure où il ne met plus l'accent sur la
maximisation du profit et la valeur des avoirs, n'aurait pu
durer longtemps et s'effrita rapidement, victime des pré-
dateurs boursiers spécialisés dans la reprise et la réorganisation de sociétés peu rentables en matière de valeur
boursière. Cela s'est traduit par le célèbre engouement
pour les acquisitions par emprunt, qui a atteint son som-
met en 1980 et qui a fini par s'effondrer à la suite d'une
série de scandales financiers et juridiques.

De nos jours, des auteurs comme Doug Henwood
observent une résurgence de l'activisme des actionnaires,

mais d'un nouveau genre[37]. Les institutions financières telles que les fonds de régime de retraite, les fonds communs de placement, les fonds d'assurance et autres, ainsi que les entreprises à leur propre compte dirigées par des gestionnaires de portefeuilles, jouent un rôle actif (et essentiellement parasitaire) dans la détermination des objectifs de la compagnie. L'intérêt de ces investisseurs (*rentiers*) réside dans l'évaluation des actions à la hausse, peu importe comment ils y parviennent. Comme le cite M. Henwood à titre d'exemple :
« Les réductions de personnel ont presque toujours été justifiées publiquement par l'évolution technologique et la concurrence mondiale [...] mais la cause directe a le plus souvent été les pressions en faveur du cours du marché à la hausse exercées par les gestionnaires de portefeuilles de Wall Street. » Il s'agit d'une demande « qui se traduit par des mises à pied et des réductions d'investissements ». Là où les *rentiers* exercent un contrôle, la valeur des actionnaires prévaut :

> Ce n'est pas parce que la vision à court terme de Wall Street est un cliché qu'elle n'existe pas. Dans les sondages, les chefs de direction et les directeurs des relations avec les investisseurs des entreprises se plaignent sans cesse de la pression exercée par les gestionnaires de budgets et les analystes de Wall Street pour générer une croissance rapide des bénéfices. [...] Les gestionnaires de budgets eux-mêmes confirment aux préposés aux sondages que leurs collègues sont obsédés par les nouvelles d'un trimestre à l'autre et qu'ils ne tiennent pas suffisamment compte des perspectives à long terme. Il peut difficilement en être autrement, puisque la plupart des grands gestionnaires de placements sont évalués selon leur rendement trimestriel[38].

En fin de compte, que ce soit les directeurs, les actionnaires ou les *rentiers* qui exercent un contrôle dominant sur les entreprises, il demeure vrai que les différents modèles de gouvernance sont simplement des façons de déterminer qui prend le contrôle des bénéfices générés par l'entreprise. Tous les modèles partent du principe que les compagnies existent pour amasser de l'argent. Tant les *rentiers* que les actionnaires exigent un bénéfice maximum, raison pour laquelle les directeurs indolents de Galbraith ne pouvaient survivre. Quoi qu'il en soit, on s'attend à ce que l'entreprise tire le maximum de la valeur des actifs qu'elle contrôle − bien que la définition de *tirer le maximum* puisse être nuancée.

Peu importe qui *revendique* le contrôle, les compagnies sont singulièrement étanches à toute ingérence dans leur objectif principal et poursuivent avec une détermination machinale leur recherche du profit.

Et dans leur quête, les entreprises, qui ne sont dotées d'aucune aptitude morale, ont tendance à pousser leur comportement jusqu'à l'extrême limite de ce qui est socialement inacceptable ou contraire à l'éthique et de ce qui est illégal. La plupart des humains, même ceux dont la sensibilité éthique est trouble, se contiendront bien avant d'atteindre cette limite, pour peu que la société humaine prescrive de douloureuses représailles à l'endroit des méfaits éthiques, comme l'ostracisme et l'humiliation publique. Les entreprises, elles aussi, sont susceptibles de faire l'objet de telles représailles, comme le boycottage ; la « douleur » prend ici la forme de pertes financières. L'étymologie du verbe *ostraciser* est à la fois intéressante et pertinente dans ce contexte. Ce mot vient du grec *ostrakon*, qui signifie *tesson*. Dans l'ancienne démocratie athénienne, il y avait une disposition pour voter (en déposant un tesson dans un récipient identifié) pour ou contre une proposition visant l'exil de plusieurs années de toute personne que la population jugeait être devenue trop puissante au sein de la collectivité. On demandait aux gens rassemblés : « Y a-t-il parmi vous un homme que vous jugez essentiellement dangereux pour l'État ? Dans l'affirmative, qui est-ce ? » L'assemblée pouvait ensuite décider de bannir, pendant cinq ou dix ans, un citoyen, y compris le parrain de la motion. L'ostracisme n'incluait pas la confiscation des biens ni même le déshonneur ; c'était seulement la manière démocratique de couper les « épis qui dépassent » du champ[39]. Dans la société actuelle, les compagnies se qualifient certainement à cet égard : la plupart d'entre elles représentent un danger pour les institutions démocratiques de par leur taille et leur influence ainsi que leur indifférence au bien commun. Toutefois, les boycottages ne sont que sporadiquement efficaces et les lois contre les coalitions et les mesures visant à démanteler les fiducies appliquées par les gouvernements, qui constituent une solution désuète au problème, ont cessé d'être efficaces devant les immenses ressources juridiques et politiques des sociétés modernes déterminées à les éliminer. Dans ces cas-là, les plus grandes d'entre elles sont fréquemment en mesure d'injecter davantage de puissance effective que les gouvernements. Il faudra trouver une autre forme d'ostracisme.

Le juriste Thomas Donaldson se demande : « Si General Motors tient la société responsable d'offrir les conditions nécessaires à son existence, alors, de quoi la société rend-elle GM responsable ? » Répondant lui-même à sa question, il poursuit : « La société doit exiger au minimum des organisations productives qu'elles évitent la tromperie et la fraude, qu'elles respectent leurs travailleurs en tant qu'êtres humains, et qu'elles évitent toute pratique qui nuit systématiquement à la situation d'un groupe donné dans la société[40]. » Mais nos lois ne prescrivent-elles pas déjà exactement cela ? Peter French, un autre juriste, a proposé que les entreprises criminelles soient systématiquement assujetties à l'humiliation au moyen d'ordonnances de tribunaux les forçant à investir une partie de leur budget de publicité pour annoncer leurs méfaits et à faire des travaux communautaires. L'idée est attrayante, mais ne couvrirait pas les nombreux cas situés dans cette zone grise que sont les actes contraires à l'éthique mais pas nécessairement illégaux[41]. Quoi qu'il en soit, elle serait immédiatement contestée en vertu du premier amendement et d'autres lois similaires sur les droits de la personne.

Toutefois, il semble que French soit sur la bonne voie. L'amour-propre des humains peut être piqué par la désapprobation d'une seule personne importante, ou même par leur propre sens de ce qui est bien ou mal. Les gens peuvent se sentir honteux en commettant un acte *non voilé* mais contraire à l'éthique. Pour qu'une entreprise soit couverte de honte, il faut qu'un grand nombre de ses clients soient au courant de ses actes et se mobilisent pour intervenir, puisque la honte n'est « ressentie » que lorsque ses profits sont menacés et n'est activée que par des gestes largement publicisés.

Toutes les entreprises modernes embauchent du personnel et des conseillers en relations publiques dont la fonction est de donner un masque humain à cet automate qu'est l'entreprise et, au besoin, de réduire sa honte au minimum en convainquant le public que les actes inadmissibles commis étaient défendables sur le plan éthique. Il s'agit d'un processus entièrement artificiel : la vérité et la contrition sont des émotions humaines étrangères à l'entreprise. Elles sont parfois simulées en guise d'instruments de relations publiques pouvant occasionnellement contribuer à réduire au minimum la honte causée par le fléchissement des profits, mais c'est l'apparence de vertu, plutôt que la vertu en soi, qui intéresse les compagnies, car c'est un concept métaphysique inaccessible à leur mentalité de machine. Le fait d'avoir une bonne réputation — de paraître vertueux — constitue toujours un avantage et est toujours, par définition, généralement reconnu, tandis que le fait d'*être* vertueux n'est pas nécessairement connu des autres, ni avantageux dans le cadre rationaliste au sein duquel fonctionnent les entreprises.

Ainsi, les mesures prises par les fabricants de Tylenol quand ils surent que des capsules du médicament antidouleur avaient été contaminées par du cyanure sont louangées, dans les textes commerciaux, comme une étude de cas exemplaire en matière de vertu d'une société, bien qu'il s'agisse en réalité d'une étude de cas sur la *simulation* réussie de la vertu. Le 29 septembre 1982, les premières capsules empoisonnées étaient ingérées par certaines des sept victimes. Johnson & Johnson fait ses premières déclarations publiques sur la nouvelle le 5 octobre. Le 7 octobre, elle annonçait le retrait national de 31 millions de bouteilles de Tylenol (à un coût déclaré d'environ 100 millions de dollars), jusqu'à ce qu'un nouveau sceau de sécurité soit posé. L'industrie pharmaceutique avait reconnu que les gélules présentaient une menace à la sécurité de ses clients et, pour cette raison, Johnson & Johnson avait déjà entrepris la conception d'une bouteille munie d'un sceau de sécurité. Son chiffre d'affaires est revenu à des niveaux normaux peu après le lancement du nouvel emballage, moins de deux mois après les empoisonnements.

Selon l'explication généralement admise des événements, l'entreprise Johnson & Johnson est louangée pour son honnêteté, sa transparence et pour avoir bien agi, sans égard au coût. Cette perception diffère considérablement des faits de l'affaire, même s'ils coïncident étroitement avec la version des événements établie par les initiatives de relations publiques mises sur pied par Johnson & Johnson à la suite de l'incident. Même s'il a fallu environ une semaine avant qu'elle ordonne le rappel de Tylenol, deux manuels de relations publiques, *Effective PR* et *PR Strategies & Tactics*, utilisent le terme « immédiatement » en y faisant référence. (Le dernier manuel a complètement omis de mentionner l'affaire du Tylenol dans son édition de 2000[42].) Dans le film *Révélations* (*The Insider*), l'acteur Russell Crowe perpétue le mythe du rappel immédiat dans une conversation avec Al Pacino : « Lorsque James Burke, chef de la direction de Johnson & Johnson, a découvert qu'un fou avait mis du poison dans des bouteilles de Tylenol, il n'a pas discuté avec la FDA ; il n'a pas attendu qu'elle lui dise quoi faire ; il a instantanément retiré les bouteilles de Tylenol des tablettes de tous les magasins d'Amérique. » En ce qui a trait à la transparence, la société n'a jamais rendu l'histoire publique dans le sens normal de cette expression. Elle n'a pas tenu de conférence de presse, préférant plutôt répondre individuellement aux questions des journalistes, par téléphone. Bien entendu, il n'existe aucun document public relatant ce qui a été dit pendant ces conversations. La stratégie de relations publiques, dans cette affaire, a bien servi Johnson & Johnson, en préservant l'apparence de la vertu et en maintenant sa bonne réputation.

Cette réputation vertueuse a toutefois été entachée en 2000, lorsque la division LifeScan de Johnson & Johnson a plaidé coupable à des accusations au criminel devant un tribunal des États-Unis et a dû verser une amende de 60 millions de dollars. Son crime ? Avoir vendu des appareils défectueux servant à mesurer le taux de glucose dans le sang et destinés aux diabétiques, avoir omis d'avertir la Food and Drug Administration des vices, puis avoir fourni de faux renseignements à cet organisme. Un recours collectif déposé dans le cadre de cette affaire alléguait qu'au moins trois diabétiques étaient décédés en raison des lectures erronées de leur appareil Sure-Step.

Plus récemment, la menace d'intenter des recours collectifs contre des fabricants de *fast-food* a provoqué un déferlement de comportements « vertueux » de la part de compagnies douloureusement conscientes du succès obtenu par de pareilles poursuites contre les fabricants de tabac. Frito-Lay, principal fabricant de croustilles du Canada, a annoncé qu'elle mettait au point des croustilles « garnies de petits morceaux de brocoli » et qu'elle réduisait la teneur en matière grasse de plusieurs de ses autres collations. Al Bru, PDG de Frito-Lay North America, a déclaré au reporter d'un journal que « l'entreprise fait en sorte de contribuer à trouver une solution au problème de l'obésité ». Toutefois, le même article citait la diététicienne torontoise Elisabeth Pearson, auteure d'un livre intitulé *When in Doubt, Eat Broccoli*, qui disait : « Il s'agit d'une stratégie de marketing. Cela ne fournirait aucun apport en valeur nutritive. Il nous faut revenir aux sources naturelles, comme les fruits et légumes non transformés, les grains entiers et les noix. » En septembre 2002, la société établie au Texas a également annoncé qu'elle cessait d'utiliser des huiles hydrogénées au profit d'huile de maïs sans gras trans pour la production de ses collations frites. Madame Pearson a appris au journaliste que c'est l'entrée en vigueur en 2006 de nouvelles lois sur l'étiquetage au Canada, qui obligent les fabricants à inclure les renseignements sur les gras trans, qui a motivé le passage à l'huile de maïs. « Ils ont évité de le faire aussi longtemps qu'ils ont pu », a-t-elle affirmé[43].

La première entreprise qui opère ce genre de changement a l'avantage de prendre le leadership moral, et les spécialistes en marketing le savent très bien. En tenant compte de cela, un autre géant de l'industrie, Kraft Foods, a pris par surprise l'industrie des aliments transformés, de un trillion de dollars aux États-Unis, en annonçant qu'elle allait réduire la taille de ses portions, mettre au point des produits plus sains et cesser de fabriquer ses *Wienermobiles* et autres moyens de promouvoir le *fast-food* dans les écoles partout en Amérique. Kraft, une société d'une valeur de 29 milliards de dollars américains qui commercialisent des marques telles que les biscuits Oreo, le fromage fondu Velveeta et Cheez Whiz, les viandes Oscar Meyer, les guimauves Jet-Puffed et les craquelins Ritz, appartient à Altria Group, anciennement appelé Philip Morris International, important fabricant de tabac accusé dans le cadre de très coûteuses poursuites en recours collectifs contre le tabac. L'un des porte-parole de Kraft a semblé reconnaître les motifs financiers ayant incité la société à effectuer ces changements à sa gamme de produits, en disant que si cette initiative « peut également servir à décourager l'avocat d'un plaignant ou une procédure injuste, cela nous convient aussi[44] ». Kraft a également été assaillie de poursuites liées à l'obésité, notamment une poursuite déposée par un avocat de la Californie au nom de mangeurs de biscuits Oreo et qui alléguait que Kraft continuait d'utiliser des gras trans dans ses produits, malgré des dizaines d'années de recherches montrant que ces huiles hydrogénées à faible coût étaient l'une des principales causes des maladies du cœur[45].

L'adoption par Kraft de nouvelles politiques est un autre exemple d'entreprises qui choisissent d'agir d'une manière contraire à l'éthique jusqu'à ce qu'elles soient forcées de changer. Bruce Holub, spécialiste des produits alimentaires de l'Université de Guelph, a déclaré au *Toronto Star* : « Nous insistons auprès de l'industrie depuis des années pour qu'elle mette à jour ses pratiques. [...] J'ai reçu dans mon bureau un cadre d'une entreprise d'aliments des États-Unis qui m'a dit, en parlant des gras trans : "Si le gouvernement ne nous force pas à mettre des étiquettes, ça ne vaut pas la peine de les changer[46]". »

Pour les entreprises, le concept de faire le bien est inintelligible, car cette notion puise dans une abondance d'expériences humaines inaccessibles aux entités machines. Pour ces dernières, même la décision d'obéir à la loi doit être un calcul abstrait plutôt qu'un instinct moral, et elles n'obéiront que si les sanctions sont assez sévères pour nuire à leur rentabilité.

Notes

1. À la suite de la décision de la Cour suprême, Nike a réglé la poursuite hors cour.

2. *The Globe and Mail*, Toronto, le 17 juillet 2004, p. B4.

3. Les entreprises se moquaient régulièrement des descriptions sommaires au Royaume-Uni, et ce, malgré plusieurs décisions judiciaires selon lesquelles des « clauses d'objectifs » devaient être respectées. Les tribunaux ont abandonné cette position en 1966, lorsque la Cour d'appel a approuvé une clause d'objectifs dans l'affaire *Bell Houses Limited c. City Wall Properties Limited*, donnant à la compagnie le pouvoir de « mener toute autre activité commerciale pouvant, de l'avis du conseil d'administration, être menée avantageusement par l'entreprise relativement – ou subsidiairement – à n'importe laquelle des entreprises ci-dessus ou des entreprises générales de la compagnie. » En 1989, une nouvelle *Loi sur les compagnies* a efficacement éliminé la nécessité de déclarer la sphère d'activité envisagée par l'entreprise dans sa charte. Le pouvoir de déterminer dans quelles activités une compagnie pouvait légalement s'engager a été transféré des tribunaux à l'entreprise.

4. Ici, le mot « propriété » est utilisé dans le sens exemplifié par les fondateurs d'entreprises. La pratique de mise à la fin du XXe siècle qui consistait à inclure des parts de l'entreprise dans le programme de rémunération des cadres de direction a emmené ces derniers à démontrer un intérêt plus direct envers le rendement de l'entreprise. Toutefois, comme ils étaient de plus en plus nomades dans leurs fonctions, cela les a aussi fréquemment amenés à s'intéresser aux objectifs à court terme conçus pour maximiser le prix des actions (p. ex. au moyen de mises à pied et de fusions), plutôt qu'aux objectifs qui ajoutent une véritable valeur à long

terme à l'entreprise. Mentionnons également que ces cadres exercent une influence sur les décisions commerciales non pas par l'intermédiaire des parts qu'ils détiennent, qui totalisent rarement un pourcentage important des capitaux propres, mais par leurs postes de direction.

5. Les statistiques proviennent de <www.efmoody.com/investments/institutional.html> et de *Dollars and Sense Magazine*, <www.dollarsandsense.org/archives/2001/0301maier.html>.

6. Pour en savoir plus sur l'OMC, consulter Joseph Stiglitz, *La Grande désillusion*, Paris, Fayard, 2002 ; George Soros, *George Soros on Globalization*, New York, Public Affairs Books, 2002 ; Linda McQuaig, *The Cult of Impotence : Selling the Myth of Powerlessness in the Global Economy*, Toronto, Viking, 1998 ; et Noreena Hertz, *Silent Takeover : Global Capitalism and the Death of Democracy*, New York, The Free Press, 2002.

7. En vertu de la Constitution américaine, les entreprises sont des créatures des gouvernements des États.

8. Carl J. Mayer, « Personalizing the Impersonal : Corporations and the Bill of Rights », *The Hastings Law Journal*, 41, mars 1990.

9. L'identité individuelle et la plupart des libertés de la Déclaration des droits ont été octroyées aux entreprises dans presque toutes les autres administrations industrielles à l'échelle mondiale, souvent en tant que dispositions d'accords commerciaux internationaux. En ce qui a trait au Canada, voir Michael Mandel, *The Charter of Rights and the Legalization of Politics in Canada*, 2ᵉ éd., Toronto, Thomson Educational Publishing, 1994, surtout le chapitre 5.

10. 436 U.S. 307. Voir aussi *Colonnade Catering Corp c. United States*, 397 U.S. 72, 1969, exception faite de l'industrie des boissons alcoolisées ; *United States c.*

Biswell, 406 U.S. 311, 1977, exception faite de l'industrie des armes à feu ; *Donovan c. Dewey*, 452 U.S. 594, 1981, exception faite de l'industrie minière. Les exceptions, dans ces cas, sont fondées sur la longue histoire de la réglementation gouvernementale.

11. *First National Bank of Boston c. Bellotti*, cité dans Mayer, *op. cit.*, p. 633. Les entreprises ont ainsi précisément réalisé « ce que la Déclarations des droits visait à empêcher, soit la domination de la pensée et du discours publics ». Paul Hawken, *The Ecology of Commerce*, New York, Harper Business, 1993, p. 109.

12. Les causes qui ont créé un précédent sont le droit au discours commercial en vertu du premier amendement, *Central Hudson Gas and Electric Corp. c. Public Utilities Commission*, 1980 (protection du droit au discours commercial des entreprises) ; le droit individuel à la liberté de parole en vertu du premier amendement, *Pacific Gas and Electric Co. c. Public Utilities Commission*, 1986 (les entreprises ont un droit individuel à la liberté de parole à ne pas confondre avec la parole des autres) ; la protection contre les perquisitions sans mandats réglementaires en vertu du quatrième amendement, *Marshall c. Barlow's Inc.*, 1978 ; la protection contre la double pénalisation en vertu du cinquième amendement, *United States c. Martin Linen Supply Co.*, 1977 ; on a fait valoir le « principe fondamental » selon lequel la compagnie jouit, en vertu du septième amendement, des mêmes droits que les personnes humaines devant jury dans l'affaire *United States c. Polk and Co.* en 1971 ; le droit, en vertu du septième amendement, à un procès devant jury dans une affaire au civil, *Ross v. Bernhard*, 1970.

13. Christopher Caldwell, *New York Times Magazine*, le 12 décembre 2004, p. 102. Caldwell écrit : « Le référendum d'Inglewood ne sera pas la dernière fois où les électeurs sont invités à troquer leurs droits de citoyens

contre des droits de consommateurs – et personne ne devrait émettre d'hypothèses spécieuses sur les droits que les Américains ont le plus à cœur. »

14. Mandel, *The Charter of Rights*, *op. cit.*, p. 231 et suiv.

15. Le concept de l'identité individuelle a été inclus au droit du commerce canadien avec la promulgation de la *Loi canadienne sur les sociétés par actions* de 1981.

16. Mandel, *The Charter of Rights*, *op. cit.*, p. 328-89.

17. SCOC. *Committee for the Commonwealth of Canada*, 1991. Dans Mandel, *The Charter of Rights*, *op. cit.*, p. 295.

18. *Toronto Star*, le 15 novembre 2003, p. A13.

19. SCOC. *Black*, 1989. Dans Mandel, *The Charter of Rights*, *op. cit.*, p. 285.

20. Mandel, *The Charter of Rights*, *op. cit.*, p. 234.

21. *Ibid.*, p. 239.

22. Lettre au col. William F. Eakins, le 21 novembre 1864.

23. Tous deux sont cités dans Harvey Wasserman, *America Born and Reborn*, New York, Collier Books, 1983, p. 89-90 et 291.

24. Alfons J. Beitzinger, *Edward G. Ryan : Lion of the Law*, Madison, The State Historical Society of Wisconsin, 1960, p. 115-116. Tiré d'une allocution devant la classe terminale de l'école de droit de la University of Wisconsin en 1873.

25. Grover Cleveland, « Fourth Annual Message to Congress, 3 dec. 1888 », dans James D. Richardson, dir., *Messages and Papers of the Presidents*, 8, Washington, D. C., Government Printing Office, 1989, p. 773-774.

26. Brandeis, dans *Liggett c. Lee*, 288 U.S. 517, 1933.

27. Joel Bakan, *La Corporation*, Montréal, Éditions Transcontinentales, 2004, p. 46.

28. *Ibid.*, p. 47.

29. *Ibid.*, p. 48.

30. Milton Friedman, « The Social Responsibility of Business is to Increase its Profits », *New York Sunday Times*, le 13 septembre 1970, p. 32.

31. Theodore Leavitt, « The Dangers of Social Responsibility », dans Thomas Beauchamp et Norman Bowie, dir., *Ethical Theory and Business*, Chicago, University of Chicago Press, 1979, p. 138.

32. David Olive, « IPO Challenges Google's » « Do No Evil » « Directive », *Toronto Star*, le 18 août 2004, p. E1.

33. Dans ces deux cas délicats, les gestionnaires professionnels embauchés après l'inscription à la Bourse ont fini par se rendre compte qu'il serait financièrement avantageux pour les entreprises de demeurer associées à leurs fondateurs.

34. J. K. Galbraith, *The New Industrial State*, Boston, Houghton Mifflin Company, 1967, p. 50.

35. Dès le milieu du XXe siècle, de graves préoccupations ont été exprimées quant aux conséquences de l'élimination presque totale de la société de personnes, de l'entreprise individuelle et d'autres moyens de participation majoritaire dans les entreprises américaines. « Si nous prenons en considération que la haute direction, dans la plupart des grandes entreprises, finit par atteindre une position où, en toute intentionnalité, son pouvoir sur l'organisation se dérobe à tout examen, il risque d'y avoir des conséquences très graves dans les sphères de la moralité et de l'économie qui encourageront les gens à exiger un contrôle gouvernemental. » Ernest Dale, *The Great Organizers*, New York, McGraw-Hill, 1960, p. 185.

36. Galbraith, *The New Industrial State*, *op. cit.*, p. 77 et suiv.

37. Doug Henwood, *Wall Street: How it Works and for Whom*, Londres, Verso, 1997, p. 270 et suiv.

38. *Ibid.*, p. 291.

39. Aristote, *Politics*.

40. Thomas Donaldson, *Ethical Issues in Business*, New York, Prentice Hall, 1999, p. 151.

41. Peter French, *Collective and Corporate Responsibility*, New York, Columbia University Press, 1984, p. 102.

42. Jack O'Dwyer, « PR Industry's Amicus Brief Has a Flaw », <http://reclaim-democracy.org/nike/pr_brief_retort_kasky_nike.html>.

43. « Frito-Lay Adding Broccoli to Its Chips While Cutting Bad Fat », *Toronto Star*, le 25 septembre 2002, p. E1.

44. « Kraft Cooks Up a Plan to Avoid Obesity Lawsuits », *Toronto Star*, le 5 juillet 2003, p. D1.

45. Les gras trans ont été introduits après la Première Guerre mondiale en tant que substituts peu coûteux à la graisse animale. Il s'agit d'huiles traitées à l'hydrogène pour les rendre solides à la température de la pièce et en retarder la dégradation. Aux États-Unis et au Canada, les gouvernements n'ont pas exigé que les gras trans soient inclus dans l'étiquetage nutritionnel, ce qui a permis aux fabricants de réduire le contenu en « gras » indiqué sur les étiquettes en substituant des gras trans, pratique répandue dans l'industrie. En 1994, des chercheurs de l'Université Harvard ont conclu que 30 000 décès prématurés attribués à un infarctus aux États-Unis chaque année pouvaient être attribués aux gras trans. L'industrie alimentaire a par ailleurs contesté cette étude. La U. S. Academy of Sciences a fait savoir en 2002 qu'il n'y a pas de niveau sans danger de gras trans dans les aliments. « Kraft Move to Slim Down Opens New Front in Fat War. » *Toronto Star*, le 25 juillet 2003, p. A1.

46. *Ibid.*

Chapitre 8

Qui est le responsable ?

LORSQUE J'AI COMMENCÉ à me pencher sérieusement sur l'histoire et la nature de l'entreprise moderne, je me suis progressivement mis à la voir sous un nouvel angle quelque peu troublant. Plus j'en apprenais sur elle, plus elle prenait l'apparence et les attributs d'une forme de vie étrangère ; l'une de nos inventions qui s'est si bien adaptée à son milieu qu'elle a écrasé tous ses concurrents et pris les commandes du monde[1]. Cela m'a mené à me tourner vers des textes sur les prétendues sciences de l'artificiel, qui m'ont permis de conclure que les compagnies, à leur manière moderne, répondent aux critères des formes de vie dans la nouvelle science de la vie artificielle (VA). Ce ne sont peut-être pas des créatures vivantes, mais elles agissent comme tel, et c'est ce qui compte dans la VA : tous les chercheurs de ce domaine étudient le comportement qu'on décrirait normalement comme vivant ou en vie, si nous ignorions que nous l'avons nous-mêmes créé.

Les chercheurs ont commencé à étudier la vie artificiel – on pourrait aussi dire *simulée* – en raison d'un problème particulier à la biologie : elle n'a qu'un seul exemple à examiner, la vie sur Terre. C'est la seule forme de vie que nous connaissons, et toutes les conclusions que nous avons tirées jusqu'à maintenant sur la nature de la vie sont fondées sur cet exemple. En créant une sélection de formes de vie (artificielle), les biologistes espèrent favoriser un contexte élargi pour leurs recherches sur la vie, lequel offrira un nouveau point de vue à partir duquel nous serons plus à même de comprendre la vie telle que nous la connaissons actuellement. Cela est rendu possible par l'intuition que la vie n'est pas un objet, une matière ou une condition, comme le suppose, par exemple, la notion d'un *élan vital**, mais une relation complexe entre des matières inertes qui génère ce que nous appelons la vie. Bien entendu, sans pour autant nous aider à comprendre ce qu'*est* la vie, cela présente une démarche possible pour entreprendre de sérieuses recherches. Avec la VA, on cherche à établir un système de relations entre des entités simples, habituellement des chaînes de codes informatiques qui représentent des composants biologiques de base, comme les molécules. Les relations sont régies par un petit ensemble de règles simples fournies par le programmeur qui déterminent, par exemple, les conditions de la reproduction et de la mort. (Remarque : ces algorithmes informatiques, s'ils produisent une forme de vie artificielle probante, peuvent en principe donner lieu à une sorte de robot ou autre représentation mécanique pouvant agir dans le monde qui nous entoure et sur celui-ci.) Les chercheurs sont surtout intéressés par les propriétés ou les comportements imprévus qui émergent spontanément de la complexité à mesure que les composants interagissent au fil du temps, en évoluant pour devenir des systèmes de plus en plus complexes. Jusqu'à présent, les formes de vie artificielle consistent entièrement en

---

* N.d.t. : en français dans le texte.

des programmes exécutés par ordinateur. À mes yeux, l'entreprise est un sujet au moins aussi intéressant, et je souhaiterais que quelqu'un en fasse sérieusement l'objet d'une recherche en VA.

À un certain point, j'ai même vaguement pensé écrire un livre de science-fiction suivant les traces d'histoires comme *Les Coucous de Midwich* de John Wyndham et *Le Météore* de Ray Bradbury ou un scénario de film tel que *L'Invasion des profanateurs de sépultures* et *Les Envahisseurs de la planète rouge*. Brièvement, ces histoires racontent l'arrivée sur Terre d'espèces étrangères et la lutte frénétique de l'humanité pour résister à leur conquête finale. Toutefois, leur thème sous-jacent et la raison pour laquelle ces œuvres sont devenues des classiques ne sont pas tant l'invasion et la résistance que notre propre aliénation envers les instincts humains fondamentaux ici même, sur Terre. Les critiques ont successivement cru que les envahisseurs représentaient la menace posée par l'uniformité communiste sans visage (ces films ont été réalisés pendant la guerre froide) ou le vide moral de la société de consommation (comme dans la nouvelle version des *Profanateurs de sépultures* en 1978). L'ennemi étranger de ces films se trouve parmi nous.

Toutefois, je ne suis pas romancier ; et après avoir caressé cette idée pendant quelques jours, je suis revenu au plan A, celui d'écrire un essai qui expose les faits historiques et philosophiques pertinents en les consignant clairement. Je laisse les romans de science-fiction à d'autres auteurs plus compétents que moi en ce domaine. Cependant, il est vrai que les compagnies répondent aux critères les plus communément acceptés de la vie. Par exemple, voici une liste de propriétés associées à la vie, telles que présentées dans une étude en cours sur la théorie de la VA[2] :

- *La vie est un modèle dans l'espace-temps plutôt qu'un objet matériel précis.* En d'autres mots, la vie est inhérente aux relations dynamiques plutôt qu'aux objets matériels. Voilà pourquoi le fait de désassembler une entité vivante et de détruire le modèle des relations la tue. On observe ici une correspondance claire, car les entreprises ne sont pas tant des objets physiques que des réseaux d'association et de coopération. Elles sont composées de ces relations plutôt que d'objets physiques, comme leurs sièges sociaux.

- *La vie se traduit par l'autoreproduction, en soi ou dans un organisme connexe.* Les entreprises ouvrent habituellement des filiales et se divisent fréquemment de façon cellulaire en de nouvelles entités, que ce soit volontairement ou pour respecter des procédures gouvernementales. Par exemple, AT&T s'est divisée en plusieurs « petits Bell » qui, depuis, ont grandi et se sont multipliés à leur tour. Plus récemment, le Canadien Pacifique s'est volontairement fractionné en plusieurs compagnies indépendantes responsables de différents volets des activités de ce géant de l'industrie des transports.

- *Le processus vital demande le stockage d'informations en vue de l'autoreprésentation.* C'est-à-dire que certains mécanismes fonctionnant comme l'ADN servent à emmagasiner les données nécessaires à la reproduction. Cela s'applique aussi aux entreprises, qui archivent électroniquement et sur papier les données nécessaires à leur autoreproduction.

- *La vie exige un métabolisme qui transforme la matière ou l'énergie.* Cela implique qu'un organisme prenne de la matière ou de l'énergie de son milieu et qu'il l'utilise à ses propres fins. C'est visiblement ce que font les entreprises : on peut même y inclure l'utilisation de l'énergie humaine.

- *La vie se base sur des interactions fonctionnelles avec le milieu.* Une fois de plus, les compagnies interagissent clairement avec leur milieu d'une façon qui lui nuit.

- *Le vie résulte de l'interdépendance des parties.* La correspondance est moins manifeste dans ce cas. Parmi ce qui définit les organismes vivants, mentionnons le fait qu'ils ne peuvent être arbitrairement divisés sans être détruits. La compagnie semblerait être extrêmement robuste en ce sens, et on ignore combien d'interventions radicales sont nécessaires pour la détruire.

- *La stabilité de la vie perdure malgré les perturbations du milieu.* La robustesse de l'entreprise a régulièrement été améliorée grâce à des siècles de jurisprudence parrainée par les compagnies et à des règlements visant l'atteinte de la stabilité économique. La protection de la *Loi sur les faillites* en est un exemple typique.

- *Le processus vital se définit par la capacité d'évoluer.* Voilà une autre correspondance manifeste. Alors que les activités et la forme des premières compagnies étaient limitées aux spécifications de leurs chartes, les entreprises modernes ne sont plus assujetties à de telles limites et évoluent régulièrement, parfois radicalement, en s'adaptant à la conjoncture du milieu (marché).

- *La vie a besoin de croissance ou d'expansion.* Je crois en avoir assez dit sur le sujet.

L'économiste Ronald H. Coase, lauréat d'un prix Nobel en 1991, a déclaré que «l'économie se dirige toute seule» et que mis à part la planification par des agents ou des participants individuels, elle n'avait besoin d'aucune autre institution de coordination. Au sein de ce système autonome et automatique, Coase a déclaré (en citant un collègue) que les entreprises sont des «îlots de pouvoir conscient posés sur cet océan de coopération inconsciente, comme des grumeaux de beurre qui coagulent dans un seau de babeurre[3]». Même s'il ne voulait pas laisser entendre que les sociétés sont des formes de vie autonomes, son imagerie donne à penser que la conscience apparaît spontanément comme une nouvelle propriété de la complexité du marché, de la même façon que nous croyons que la vie est une nouvelle propriété de la complexité du biosystème planétaire.

Certains lecteurs répliqueront que les entreprises ne sont absolument pas autonomes et qu'elles sont *dirigées* par des humains. Pourtant, de bons indices donnent à penser que ce sont elles, vu la façon dont elles ont évolué depuis le milieu du XXe siècle, qui dirigent en fait leurs «dirigeants» humains. Nous pouvons certainement faire l'observation empirique que souvent, elles ne *semblent* pas être dirigées par des hommes, puisque leurs actes sont constamment en contradiction avec les intérêts des humains. Les exemples sont abondants : les pressions qui vont à l'encontre des mesures prises pour réduire l'impact du réchauffement de la planète ; les pratiques nuisibles à l'environnement ; les mesures de «rationalisation» qui bouleversent la vie de certains employés ; l'exploitation de travailleurs du tiers-monde ; la participation au trafic illégal d'armes dans le monde ; la résistance aux règlements sur la fabrication de produits chimiques toxiques ; l'occultation des effets secondaires nocifs de médicaments largement utilisés ;

la fraude fiscale systématique (qui appauvrit le secteur public) ; la subornation des médias d'information ; la promotion d'habitudes de consommation excessives, et j'en passe.

Le terme *crime d'entreprise* est si mal défini dans les comptes rendus des médias que cela mène à une profonde confusion. Je souhaite clarifier le fait que le type de comportement dont je parle ici est un crime (ou l'écart moral) *des* entreprises et non un crime *contre* celles-ci. Le premier est beaucoup plus important et intéressant sur le plan social que le deuxième. Les crimes *contre* les compagnies, comme le vol, la fraude ou les détournements de fonds, sont commis pour les gains financiers personnels qu'ils apportent à leurs auteurs. Ils représentent une catégorie de crimes qui ne disparaîtra pas de sitôt. Ils sont commis par des gens que la plupart d'entre nous n'hésiterions pas à définir comme des escrocs. En revanche, les crimes (ou écarts moraux) commis *par* les entreprises le sont au nom du profit, pour son compte et celui de ses actionnaires. Ils sont généralement commis par des gens qui croient faire leur travail en toute bonne foi dans un cadre éthique largement reconnu et respecté. Les victimes des crimes *contre* les entreprises sont les compagnies elles-mêmes ainsi que leurs actionnaires, alors que les victimes des crimes *des* entreprises sont des citoyens, des groupes, des pays, et dans certains cas, l'ensemble de l'humanité. Les environnementalistes voudront élargir cette catégorie pour y inclure la faune et les écosystèmes. Nous pouvons reconnaître les motivations humaines derrière les crimes *contre* les compagnies ; mais l'explication des crimes commis *par* celles-ci nous semble moins évidente.

Cette distinction, autrefois claire, entre les deux catégories de crimes est devenue plus confuse au cours des dernières années, en raison de la pratique qui consiste à inclure des actions dans le système de rémunération des cadres supérieurs des entreprises. En tant qu'actionnaires, ces cadres jugent souvent qu'il est dans leur intérêt personnel de prendre des risques qui se traduisent par des hausses à court terme des actions et, par conséquent, de leur valeur propre. Je classerais ces crimes dans la catégorie des crimes contre l'entreprise, puisqu'ils mettent en cause des actes ayant pour principale motivation des intérêts personnels et non ceux de la compagnie. Malheureusement, les motivations se chevauchent souvent, comme ce fut le cas pour la débâcle d'Enron, où les cadres de direction poursuivaient, au nom de l'organisation, une stratégie qui les rendait aussi personnellement très riches. Néanmoins, il est important de maintenir la distinction, ne serait-ce que pour placer dans un contexte approprié un argument que l'on entend couramment, selon lequel le problème que présente l'entreprise moderne pourrait être réglé si seulement on éliminait les quelques brebis galeuses responsables du crime. Ce sont effectivement des brebis galeuses qui commettent les crimes *contre* les entreprises, mais le fait de les jeter en prison ne règlera en rien le problème des crimes commis *par* les entreprises[4].

Je suis récemment tombé sur cette nouvelle dans un site d'archives sur le Web. Je la reproduis ici avec la certitude que peu de lecteurs seront au courant des détails — ce type d'histoire est devenu trop stéréotypé pour faire l'objet d'une couverture détaillée dans les médias de masse :

> LONDRES — L'industrie du tabac, y compris les cadres de direction de Philip Morris Co., a mené une longue campagne visant à discréditer l'Organisation mondiale de la santé et à empêcher l'ONU de restreindre

l'usage du tabac dans le monde, selon des rapports publiés mercredi.

D'après des articles citant un rapport préliminaire de l'OMS, des enquêteurs du service de santé publique de l'ONU ont découvert que des sociétés de tabac ont tenté de discréditer les études scientifiques effectuées par l'OMS tout en cherchant à faire réduire ses budgets.

La tentative de subversion a été élaborée soigneusement, bien financée et fignolée pour être généralement invisible, a indiqué un rapport de l'OMS dans le cadre d'une enquête sur des documents de l'industrie du tabac tenus jusqu'ici secrets. Ces documents ont été diffusés après des poursuites contre les firmes aux États-Unis. [...]

Selon le Washington Post, le rapport indique que les tentatives de combattre l'influence de l'OMS incluaient un plan dirigé en 1988 par Geoffrey C. Bible, actuel chef de la direction de Philip Morris. On dit que ce plan aurait eu pour but d'attaquer les mesures antitabac de l'OMS à l'échelle mondiale. Le rapport préliminaire ajoute que certains aspects de ce plan sont toujours en place à l'heure actuelle.

Non coupable, affirme Morris

Philip Morris a nié avoir cherché à saper les campagnes antitabac de l'OMS et a attaqué le rapport du service de santé publique en affirmant qu'il reposait sur une utilisation sélective d'anciens documents. « Les messages sur la santé publique portant sur l'usage du tabac diffusés par l'OMS et d'autres organisations n'ont aucunement été falsifiés par Philip Morris, pas plus qu'aucune initiative de l'OMS n'a été empêchée ou entravée par la conduite de Philip Morris », a affirmé la société américaine dans une déclaration émise depuis son siège social européen situé à Lausanne, en Suisse.

Le rapport de l'OMS indique que l'industrie du tabac a prétendument placé des conseillers indépendants au siège social de l'OMS à Genève, dissimulant le fait que ces personnes entretenaient des liens financiers avec l'industrie. Le rapport soutient également que les entreprises de tabac ont tenté de retourner des organismes de l'ONU contre l'OMS, notamment en mettant en relief les ressources économiques générées par la culture du tabac dans des pays en voie de développement[5]...

À en juger par cet exemple, le type de personnes qui dirigent les entreprises de tabac ne ressemble pas à la plupart des gens que nous connaissons, à moins qu'ils ne travaillent dans une clinique de traitement des pathologies mentales. Le crime commis semble largement hors de proportion avec tout avantage relatif à une rémunération supplémentaire susceptible d'être reçue par un dirigeant. Les directeurs d'entreprises en poste semblent dénués de la sensibilité morale propre à toute personne saine. Cela semble être un cas de crime ou d'infraction morale commis *par* la compagnie.

Voici un autre exemple : pendant plusieurs années, l'amiante fut l'isolant privilégié de nombreuses applications électriques et thermales. Des millions de résidences et d'édifices publics contenaient de l'amiante, matériau utilisé dans au moins un des quelques trois millions de produits. Dès 1928, année où la Prudential Insurance Company cessa d'assurer la vie des travailleurs de l'amiante, John Manville Company, un important producteur, connaissait les effets nocifs sur la santé du produit. Bien que les dossiers judiciaires montrent que même à cette époque-là, certains dirigeants s'inquiétaient des dommages pouvant être causés par le produit, on n'apposa pas d'étiquettes de mise en garde sur les emballages contenant de l'amiante avant 1964.

De plus, les documents montrent que les médecins de la société ont menti aux travailleurs de l'amiante sur les causes de leurs problèmes de santé. Les dirigeants cachaient systématiquement les données scientifiques aux travailleurs, au public et aux inspecteurs du gouvernement, ce qui s'est traduit par des milliers et peut-être des dizaines de milliers de décès qui auraient pu être évités. Au cours des procédures judiciaires, un avocat a témoigné à propos d'une discussion qui l'a opposé à l'avocat de Johns Manville, discussion qui portait sur l'omission de faire part aux travailleurs de leurs résultats de radiographie. « Êtes-vous en train de me dire que vous les laissiez travailler jusqu'à ce qu'ils meurent ? » Ce à quoi l'avocat de l'entreprise répondit : « Oui, nous économisons beaucoup d'argent ainsi[6]. » La société avait déterminé qu'il était moins coûteux de dédommager les travailleurs que d'assainir leur milieu de travail.

En 1982, plus de 17 000 poursuites étaient en cours contre Johns Manville et, avec les milliers de poursuites imminentes des constructeurs de navires de la Deuxième Guerre mondiale, la société a déclaré faillite en vertu du chapitre onzième de la loi qui régit les faillites (celle-ci confère une protection contre les créanciers pendant la réorganisation). Elle mène aujourd'hui ses activités sous le nom de Manville Corporation. Une fois de plus, cela tombe visiblement dans la catégorie des crimes commis par l'entreprise. Comment peut-on justifier ce type de comportement ? Doit-on tenir pour acquis que les dirigeants d'entreprises sont tous déficients sur le plan moral ? Il existe, en fait, des preuves montrant que les étudiants qui entrent dans les écoles de commerce sont moins compétents sur le plan éthique que le reste de leurs camarades d'autres promotions. Dans le cadre d'une étude menée aux États-Unis, ils se sont moins bien classés en raisonnement moral que les étudiants en philosophie, en science politique, en droit, en médecine et en médecine dentaire[7]. En outre, ils sont plus susceptibles de tricher pendant les examens, de faire du plagiat et de commettre d'autres types de petites infractions que les étudiants universitaires qui se dirigent vers d'autres professions[8]. Cependant, rien dans cette étude ne montre que ces étudiants sont affligés par quoi que ce soit de comparable à la stupidité morale dont font preuve quotidiennement les entreprises qui finiront par les embaucher.

L'hypothèse selon laquelle les humains ne sont pas vraiment « responsables » me semble être la seule explication raisonnable du fait que tant de compagnies commettent des actes d'injustice économique, de dégradation environnementale et de criminalité caractérisée — actes que leurs dirigeants n'envisageraient jamais de commettre dans leur vie privée. Aux dires de tous, Lee Iacocca n'est pas un homme porté à tuer pour de l'argent dans la vie privée. Pourtant, en tant que président de Ford Motor Company, lui et d'autres cadres de Ford, notamment le chef de la direction, Henry Ford II, ont laissé se produire de nombreux cas de décès et de blessures qui auraient pu être prévenus en investissant un montant relativement insignifiant pour la société (11 dollars par véhicule) pour déplacer le réservoir d'essence de la voiture et, de cette façon, réduire le risque d'explosion lors des collisions arrières à basse vitesse, une faille qui avait été remarquée au cours des essais de préfabrication effectués par la société en 1970. Au lieu de cela, les cadres ont préféré prendre une décision en se fondant sur une analyse coûts-avantages reposant sur une estimation du coût économique des accidents mortels en voiture effectuée par la National Highway Traffic Safety Administration des États-Unis. Selon la NHTSA, chaque décès coûte 200 725 dollars à l'économie. Dans une étude intitulée *Accidents mortels associés aux fuites d'essence et aux incendies provoqués par des collisions*, les dirigeants de Ford ont évalué que le coût pour corriger le problème de réservoir d'essence serait presque trois fois plus élevé que celui estimé des 180 accidents mortels et des 180 brûlures graves dans 2 100 véhicules incendiés auxquels on pouvait s'attendre si le réservoir d'essence demeurait tel quel. Ford a préféré ne pas corriger le problème et a continué de fabriquer le modèle Pinto, qui a été vendu pendant 8 ans, jusqu'à ce qu'un jury indigné accorde à l'une des victimes 125 millions de dollars en dommages-intérêts punitifs (réduits à 6 millions de dollars en appel). Lorsque les médias s'emparèrent de l'histoire du problème d'explosion de réservoirs d'essence, les ventes chutèrent radicalement, et Ford choisit ce moment pour lancer un rappel. Qu'est-ce qui a empêché Iacocca et les autres dirigeants d'obéir à leurs instincts humains dans l'affaire Pinto[9] ?

En 2000, une nouvelle génération de dirigeants de Ford Motor Company se sont opposés au rappel de plusieurs modèles de camions légers et de VUS dont le mécanisme de verrouillage des portières ne répondait pas aux normes, ce qui exposait les occupants au risque de se faire éjecter en cas de collision. Le rappel avait été recommandé par les propres ingénieurs en sécurité de Ford, qui s'étaient bien aperçus que le mécanisme de verrouillage ne répondait pas aux normes de sécurité promulguées aux États-Unis. Plusieurs décès ont été signalés et environ 16 poursuites relatives à la responsabilité quant à ces produits ont été intentées. Ford a réagi en se tournant vers ses avocats, qui ont trouvé un essai de conformité de remplacement rarement utilisé grâce auquel le mécanisme de verrouillage passait le test de justesse. Visiblement, le problème se transmet de génération en génération[10].

General Motors a récemment été poursuivi avec succès pour la somme de 4,9 millions de dollars (réduite en appel) par 6 passagers d'une Chevrolet Malibu qui a explosé dans une collision. Dans cette affaire, qui ressemble beaucoup à celle de la Ford Pinto, la société savait, à partir de ses propres essais, que l'emplacement du réservoir d'essence exposait les passagers au danger d'être brûlés vifs lors d'une collision mineure, et après avoir effectué une analyse coûts-avantages, a décidé de ne rien changer à la voiture[11]. Un certain nombre de dirigeants de l'entreprise ont participé à cette prise de décision et il n'y avait pas, à ce qu'on sache, de psychopathe parmi eux. Comment ont-ils pu justifier cette décision en vertu de la moralité dont ils font preuve dans leur vie privée? On devrait poser la même question aux dirigeants de Nestlé, Esso ou Shell, ou encore Dow Chemical ou Monsanto, ou Nike, ou toute autre entreprise ayant délibérément pris des mesures clairement et manifestement immorales. On ne trouve la réponse, il me semble, que dans le fait que ces crimes ne sont pas commis par les dirigeants d'entreprises en tant qu'individus, mais par la compagnie elle-même, qui, dans un sens, dirige ses dirigeants. Il m'est impossible de croire que toutes ces entreprises (et j'aurais pu en nommer de nombreuses autres) sont administrées par des psychopathes. Comme le faisait si astucieusement remarquer Sherlock Holmes, une fois qu'on a exclu l'impossible, tout ce qui reste, même si ce n'est pas plausible, doit être la vérité.

Bien que les entreprises soient fréquemment appelées à rendre compte devant les tribunaux des dommages causés par des produits dangereux ou défectueux, comme dans les exemples précédents, il y a un autre aspect au tort qu'ils peuvent causer, qui est moins évident et plus difficile à déterminer avec précision. Jusqu'à tout récemment, cet aspect était généralement écarté comme étant l'un des coûts inévitables du progrès. Dans un sens très large, on peut dire que les compagnies se spécialisent dans la création de ce que les économistes appellent les externalités, qui sont les effets secondaires néfastes sur les plans matériel, social et moral qui découlent de la génération de profits. On les appelle ainsi parce qu'on fait en sorte qu'ils soient extérieurs aux intérêts et aux préoccupations de l'entreprise et on les délègue plutôt au grand public. La pollution de l'air et de l'eau en est un exemple manifeste, au même titre que les perturbations sociales causées par les fermetures d'usines et le tort fait aux enfants par la programmation télévisuelle violente. Les externalités sont un moyen de privatiser le profit tout en socialisant les coûts[12].

Toutefois, les externalités peuvent être beaucoup plus subtiles que cela, et, parallèlement, avoir une influence beaucoup plus vaste. Le sociologue Zygmunt Bauman a suivi l'essor et la chute de l'état de bien-être au cours des 60 dernières années et a conclu, avec une logique convaincante, que des mesures de bien-être universelles (le filet de sécurité sociale) ont été acceptées sans opposition politique majeure en Grande-Bretagne, ailleurs en Europe et en Amérique du Nord après la Deuxième Guerre mondiale parce qu'elles servaient les intérêts d'entreprises qui, autrement, se seraient démenées pour empêcher leur mise en œuvre. Les commodités que procure l'état de bien-être ont garanti la création d'une main-d'œuvre solide, en santé et scolarisée, qui était disposée à prendre des risques dans le cadre de son travail et qui était prête et apte à recevoir une nouvelle formation pendant les périodes de chômage. Les mêmes mesures universelles sont actuellement remises en question dans l'ensemble du monde industrialisé par les adeptes du travail obligatoire, des « dépenses ciblées » (justifications fondées sur les moyens), des soins de santé à deux vitesses (soins de santé gratuits uniquement pour les pauvres et les démunis), de l'allégement fiscal pour les écoles privées, de l'augmentation des frais de scolarité universitaires, et ainsi de suite, car les entreprises n'ont plus besoin de la même qualité au sein de leur main-d'œuvre ou du bassin de main-d'œuvre de réserve fourni par les chômeurs.

Les emplois au pays sont de plus en plus du type « Mac emplois », où l'on retourne des hamburgers, et les emplois pénibles sur des chaînes de montage ou de travail à la pièce sont envoyés à l'étranger, dans des ateliers de misère des pays du tiers-monde. Les emplois qui demandent des techniciens hautement qualifiés sont également pourvus par des travailleurs relativement mal payés, mais scolarisés, dans de nouvelles puissances économiques comme Singapour, l'Inde et la Chine. Les mesures de bien-être commun ne servent plus aussi manifestement les intérêts des entreprises occidentales, et celles-ci le dissimulent maintenant derrière des propositions visant à réduire les dépenses liées à la santé, à l'éducation et au bien-être pour plutôt accorder des réductions fiscales aux échelons supérieurs. Bauman indique que les décisions du type « pavillon de complaisance » d'exporter des emplois, par exemple, se traduisent par la « promesse de possibilités sans responsabilités, et [que] quand de telles occasions "économiquement sensées" se présentent, rares sont les gens d'affaires sains d'esprit qui, pressés de toutes parts par les rudes exigences de la compétitivité, insistent sur le fait de prendre leurs responsabilités[13]. »

En tant qu'analyse de la résurgence actuelle de l'idéologie libérale classique, ou laisser-faire, l'argumentation de Bauman a du sens, mais elle me semble pourtant imparfaite par un aspect important. Comme dans l'affaire Pinto et d'autres exemples cités précédemment, elle nous demande d'accepter que les gens responsables de prendre ce type de décisions d'affaires soient des sortes de monstres, dénués d'égards pour le bien-être humain. Il est également difficile d'accepter qu'ils croient réellement, malgré d'abondantes preuves du contraire, que leurs actes individuels d'irresponsabilité et d'inhumanité contribueront comme par magie au bien-être général ; en d'autres mots, ils sont uniformément ignorants de l'histoire.

Il m'apparaît tout à fait raisonnable de suggérer une fois de plus que les décisions « inhumaines » sont prises non par des humains, mais par leur maître, l'entreprise. La lacune de l'analyse de Bauman est qu'il ne reconnaît pas le fait qu'*aucun* dirigeant d'entreprise en position d'autorité ne privilégierait jamais, dans n'importe quelle circonstance normale, la responsabilité au détriment du profit. Bien entendu, il est possible d'imaginer des scénarios où un dirigeant trouverait le moyen de choisir une responsabilité qui se traduirait par une forme quelconque de profit, ou qui lui éviterait des pertes, comme dans le cas où une action responsable est rendue obligatoire, appliquée par le gouvernement et appuyée par des amendes substantielles et une mise en œuvre efficace. En réalité, la plupart des textes sur l'éthique étudiés dans les écoles de commerce sont fondés sur l'argument que le comportement éthique est bon pour les affaires – qu'on n'a besoin de faire aucun sacrifice en matière de profit[14]. Toutefois, ce comportement n'est pas réellement responsable dans le sens moral du terme, mais simplement prudent. On peut dire qu'en règle générale dans la vie d'une entreprise, un cadre qui placerait la responsabilité morale devant le profit mettrait sa carrière en péril. Les employés doivent placer la responsabilité envers la compagnie avant tout le reste (c'est une condition d'emploi), y compris la responsabilité envers l'humanité.

Est-ce trop dur ? Pendant la poursuite au civil de 1978 à la suite de l'explosion d'une Pinto, les cadres de Ford ont insisté sur le fait que le type d'analyses coûts-avantages sur lequel la société s'était basée pour décider de ne pas régler le problème de réservoir d'essence est une partie normale et essentielle du processus d'affaires. En réalité, Ford avait décidé que si le coût de réparation d'un défaut connu dépassait une certaine valeur monétaire, il était permis de prendre des vies humaines. Toutefois, l'affaire a été présentée tout à fait différemment devant le tribunal. Les avocats de Ford ont fait valoir que chacun sait que la construction de voitures sécuritaires fait augmenter leur prix, mais que les consommateurs ne veulent pas payer cher ; par conséquent, les gens savent qu'ils prennent des risques lorsqu'ils achètent une voiture. Cette logique avait pour but de suggérer que Ford était en droit de fabriquer des voitures non sécuritaires (qu'elle n'avait pas le choix) parce que les consommateurs le demandaient ! Il n'y a aucune raison de croire que ce type de logique est démodé. Il est rendu obligatoire par la nature de l'entreprise.

Du point de vue de la compagnie, tout acte qui a pour effet d'accroître le rendement sur les investissements des actionnaires est bon en autant qu'il ne pose pas de risque de sanction judiciaire assez sévère pour contrebalancer négativement les gains envisagés. Les gens intelligents et sains d'esprit peuvent s'attendre à avoir des remords éthiques bien avant que ce seuil ne soit atteint. En revanche, ceux qui travaillent à tous les échelons de la compagnie se soumettent volontairement à des ententes, tant tacites qu'écrites, qui limitent leurs actions en vertu de paramètres rigoureusement définis pour servir les intérêts de l'entreprise. De plus, la contrainte peut venir de l'intérieur comme de l'extérieur, c'est-à-dire que les dirigeants peuvent êtres forcés par la loi, les règlements et les politiques de l'entreprise d'adopter un certain comportement, ou ils peuvent le faire de leur plein gré, conformément à leurs certitudes, qu'elles soient intériorisées ou endoctrinées. Dans l'un ou l'autre des cas – coercition ou persuasion – l'entreprise impose sa volonté à ses fonctionnaires humains[15]. Le système éthique des compagnies doit être imposé (ou appris), car il est essentiellement inhumain, c'est-à-dire qu'il est artificiel dans un contexte humain.

Dennis A. Gioia en est un exemple typique. Chercheur en gestion et spécialiste en cognition sociale dans les entreprises, il possède le type d'expérience concrète qui ajoute du piquant à ses opinions[16]. Après avoir décroché un diplôme de maîtrise en 1972, il avait été embauché par Ford et au bout de deux ans, il était devenu coordonnateur des rappels sur le terrain. Même si ses collègues et lui-même étaient conscients du problème d'explosion du modèle Pinto depuis les premiers incidents signalés, et malgré le fait qu'il eût inspecté une voiture dans laquelle des gens étaient morts brûlés, il continuait de s'opposer au rappel lorsque la question était soulevée. Il a expliqué avoir agi ainsi en ne sachant rien de l'essai de présérie qui avait exposé le défaut quant à l'emplacement du réservoir d'essence et en n'ayant jamais vu l'analyse coûts-avantages notoire effectuée par ses supérieurs. Gioia a expliqué ne pas avoir agi en fonction de son instinct éthique naturel parce que, en tant que fonctionnaire de la compagnie, il était conditionné à agir dans le cadre d'un « scénario cognitif » qui lui permettait de faire face à ce qui, autrement, aurait correspondu à des quantités écrasantes d'informations et de responsabilités.

Nous faisons tous appel à de pareils scénarios dans nos vies : ce sont simplement des modèles de comportement préétablis qui nous permettent d'effectuer des tâches routinières comme se rendre au travail en voiture ou faire preuve de bonnes manières à table lors d'un souper, sans trop penser à ce que nous faisons. Ils sont particulièrement utiles dans le cadre de l'exécution de tâches répétitives et permettent de rendre les employés interchangeables en procurant un ensemble d'activités routinières pouvant être adoptées assez facilement. En tant que phénomène psychologique, ils sont produits en premier lieu par les travailleurs et les directeurs, mais ils le sont dans un modèle fourni par les exigences et les règles de conduite de l'entreprise, et incarnent donc les valeurs de cette dernière de même que les techniques abrégées employées par les travailleurs et les directeurs pour fonctionner conformément à ces valeurs.

Gioia a précisé que la progression des événements dans la tragédie de Pinto « lui a échappé » parce que son « scénario » au travail ne définissait pas les modèles de cas qu'il recevait comme étant graves pour la société. Qui plus est, le scénario n'avait aucun contenu éthique. La description par Gioia de sa situation morale et psychologique en tant que directeur d'entreprise est révélatrice, dans la mesure où elle démontre comment, même dans un cas aussi extrême, la compagnie, en élaborant le scénario, contrôle le comportement des directeurs. Gioia a poursuivi :

Le poste de coordinateur des rappels était important. Les scénarios qui y étaient associés m'influençaient davantage que je ne [les] influençais. Avant d'arriver chez Ford, j'aurais fait valoir que la société avait une obligation éthique d'effectuer le rappel. Maintenant que j'ai quitté Ford, je fais valoir et je prône que Ford avait une obligation éthique d'effectuer le rappel. Toutefois, pendant que j'étais là, je ne percevais aucune obligation d'effectuer le rappel et je ne me souviens d'aucun sous-entendu éthique de quelque nature que ce soit ayant trait à l'affaire. C'était une décision très simple prise à l'aide des scénarios dominants selon le moment, le lieu et le contexte.

Les sociologues ont proposé différentes explications au phénomène du comportement éthique aberrant affiché dans le contexte des affaires par des gens par ailleurs normaux. J. S. Coleman fait valoir que les employés agissent non pas comme des décideurs particuliers, mais au nom de quelqu'un d'autre (la compagnie). De cette façon, elles ne se sentent pas personnellement responsables. Les directeurs prennent des décisions et donnent des ordres pour le compte de l'entreprise et non en fonction de leurs propres normes et valeurs[17]. Les psychologues H. C. Kelman et V. L. Hamilton montrent comment « la psychologie qui consiste à donner et à suivre des ordres destructeurs et à prendre des décisions dangereusement risquées acquiert une importance accrue dans un cadre juridique qui assigne la responsabilité non pas à de vraies personnes mais à une entité intangible, c'est-à-dire l'entreprise[18] ». Selon le psychologue social L. E. Mitchell: « Aucun sentiment de culpabilité n'est requis, ni aucune attribution de reproche moral n'est permise lorsque le cours d'eau est pollué, les aliments pour bébé sont dilués ou les Pinto explosent. L'institution définit le rôle moral,

et dans le cas de la compagnie, il est assez réduit[19]. »
Tomkins, Victor et Adler ont résumé l'abondante
documentation sur les « réalités psychologiques » des
entreprises, qui entraînent d'une part une prise de
risques accrue et d'autre part l'incapacité de reconnaître la responsabilité morale et juridique en ce qui a
trait aux préjudices causés à autrui. Cela inclut la répartition de la responsabilité, la spécialisation des rôles,
l'information incomplète, la culture d'entreprise, et la
capacité de la direction de punir le non-conformisme et
la désobéissance[20]. Selon le juriste David Luban, la
structure administrative a recours à trois façons distinctes d'embrouiller la culpabilité :

> Du point de vue psychologique, ceux qui jouent un
> rôle dans une telle organisation n'ont pas le sen-
> timent d'être moralement responsables des consé-
> quences du comportement de l'organisation. [...] Du
> point de vue politique, on ne peut localiser la respon-
> sabilité dans l'organigramme. Ainsi, d'une certaine
> façon, réellement [...] personne n'est jamais respon-
> sable. Du point de vue moral, les intervenants ne
> disposent pas de suffisamment d'informations pour
> être convaincus qu'ils sont aptes à débattre effica-
> cement de la question, car les organisations bureau-
> cratiques répartissent les renseignements le long
> d'axes fonctionnels[21].

Ces analyses sociologiques, comme l'analyse des
scénarios par Gioia, soulèvent simplement la question
essentielle que j'ai déjà posée : les directeurs dirigent-
ils les entreprises, ou sont-ce les entreprises qui
dirigent en réalité leurs « dirigeants » ? La dernière
proposition semble, de toute évidence, être la bonne
réponse. La structure d'une compagnie, avec ses objectifs strictement définis et son pouvoir de discipline

réglementé et renforcé par l'État, contraint les gestionnaires à agir d'une manière que, dans leur vie privée, la
plupart jugeraient répugnante sur le plan éthique.
C'est-à-dire qu'elle les force (ou les séduit) à agir constamment pour accroître le profit de la compagnie,
même au détriment du bien-être humain, de l'individu
jusqu'à l'espèce.

Notes

1. Cette idée ne vient pas uniquement de moi. On la retrouve dès 1964 dans l'essai d'Andrew Hacker intitulé *Corporate America*, qui forme l'introduction de Andrew Hacker, dir., *The Corporation Take-Over*, New York, Harper & Row, 1964.

2. J. Doyne Farmer et Alletta d'A. Belin, « Artificial Life : The Coming Evolution », dans *Proceedings in Celebration of Murray Gell-Man's 60th Birthday*, Cambridge, Cambridge University Press, 1990.

3. Cité dans Henwood, *Wall Street*, *op. cit.*, p. 299.

4. La très vantée loi Sarbanes-Oxley votée par le Congrès américain en 2002 ne devrait pas être perçue comme une solution au problème de l'entreprise tel que je l'aborde dans ce livre. Elle vise à mettre un frein à ce que j'ai défini comme les crimes contre l'entreprise et, ce n'est pas un hasard, à accroître la confiance du public dans l'entreprise et le marché boursier.

5. CNNfn, le 2 août 2000.

6. Cité dans Treviño et Nelson, *Managing Business Ethics*, p. 248, voir note 14.

7. D. McCabe et L. K. Treviño, « Academic Dishonesty : Honor Codes and Other Situational Influences », *Journal of Higher Education*, 64, 1993, p. 522-538.

8. D. McCabe et L. K. Treviño, « Cheating Among Business Students : A Challenge for Business Leaders and Educators », *Journal of Management Education*, 19, n° 2, 1995, p. 205-218.

9. « Tuer plusieurs personnes [était] un choix que les cadres de Ford n'aurait pas fait dans leur vie privée. Ainsi, la rationalité d'une organisation n'est pas simplement la somme de la rationalité de ses membres ou de ses dirigeants. » Paul Brietzke, « Law and Economics of Coercion », document présenté à un symposium sur la loi et la légitimation de la violence qui a eu

lieu à la State University of New York, à Buffalo, en mars 1988, cité dans Elizabeth Wolgast, *Ethics of an Artificial Person: Lost Responsibility in Professions and Organizations*, Stanford, Stanford University Press, 1992, p. 87.

10. « Ford Rejected Advice on Recall: Papers », *Toronto Star*, 3 mai 2004, p. B3.

11. Michael White, « Verdict Finds GM at Fault for Burns », *Associated Press*, 10 juillet 1999.

12. En termes théoriques, l'externalisation des coûts pose le problème suivant : pour que le marché fonctionne efficacement en établissant les prix de façon à ce que la concurrence contribue à optimiser la qualité, tous les coûts de production doivent être inclus dans le prix de vente.

13. Bauman, *Work, Consumerism and the New Poor*, *op. cit.*, p. 53.

14. Parmi les meilleurs, mentionnons Linda K. Treviño et Katherine A. Nelson, *Managing Business Ethics : Straight Talk about How to Do it Right*, 3e éd., New York, Wiley, 2004. Voir surtout p. 36-45 et 243-244.

15. Dans de nombreuses administrations, le droit du travail énonce explicitement que les employeurs ont le droit de s'attendre à ce que les employés fassent preuve de loyauté envers l'entreprise et ne nuisent pas aux objectifs et intérêts de leur employeur.

16. Il raconte cette histoire dans « Pinto Fires and Personal Ethics : A Script Analysis of Missed Opportunities », *Journal of Business Ethics*, 11, nos 5-6, p. 379-389, et dans « Reflections », Treviño et Nelson, *Managing Business Ethics*, *op. cit.*, p. 129-132.

17. J. S. Coleman, *The Asymmetrical Society*, Syracuse, Syracuse University Press, 1982.

18. H. C. Kelman et V. L. Hamilton, *Crimes of Obedience : Toward a Social Psychology of Authority and Obedience*, New Haven, Yale University Press, 1989.

19. L. E. Mitchell, « Cooperation and Constraint in the Modern Corporation : An Inquiry into the Causes of Corporate Immorality », *Texas Law Review*, 73, 1995, p. 523-524.

20. J. Tomkins, B. Victor et R. Adler, « Psycholegal Aspects of Organizational Behaviour : Assessing and Controlling Risk », dans D. K. Kagehiro et W. S. Laufer, dir., *Handbook of Psychology and Law*, New York, Springer-Verlag, 1992, p. 523-541.

21. David Luban, *Lawyers and Justice*, Princeton, Princeton University Press, 1989, p. 123. Dans la même veine, le juge dans la poursuite sur la méthode contraceptive intra-utérine Dalkon Shields (qui a rendu stérile une grande partie de ses utilisatrices) a trouvé qu'il était souvent impossible d'établir la responsabilité. « Le chargé de projet de Dalkon Shield explique qu'une question en particulier aurait dû être traitée par le service médical ; le représentant médical explique que cette question relevait en réalité du service de contrôle de la qualité ; et le responsable du service de contrôle de la qualité explique que le chargé de projet était la personne autorisée à prendre une décision sur cette question... Il n'est pas rare que les questions épineuses [...] restent sans réponse de la part du personnel de Robins (le fabricant). » Cité dans Luban, *Lawyers and Justice*, p. 124.

Chapitre 9

Le dilemme des employés

Jusqu'à maintenant, j'ai mis l'accent sur les problèmes d'éthique des dirigeants d'entreprises. Toutefois, les employés ne faisant pas partie de la direction ont aussi leur part de dilemmes moraux. En effet, ils sont façonnés par le raisonnement, conséquence de l'essor du capitalisme industriel et de l'élaboration, en parallèle, de la théorie économique classique, qui traite les travailleurs comme des facteurs de production plus ou moins interchangeables. De nos jours, le terme « ressources humaines » est sur toutes les lèvres. Les terres, le travail et le capital forment la triade classique de la théorie économique, et chacun est réductible à des unités de mesure homogènes. Dans les écrits sur l'économie du XIXe siècle et les politiques gouvernementales qu'ils ont profondément influencés, la société était réduite à « de simples bassins de facteurs de production pour les entreprises. Non seulement les terres et les arbres étaient [...] des produits de base, mais les gens aussi, et on les utilisait et en disposait comme l'exigeait l'opportunisme économique, selon le froid calcul de l'accumulation[1]. »

Au XXe siècle, cette tendance rationaliste triomphait dans l'œuvre de Frederick Taylor et le mouvement de gestion scientifique auquel il a donné son nom. L'historien canadien David Noble a fait observer que la plupart des premiers chefs d'entreprise professionnels étaient, comme Taylor, recrutés dans les rangs des ingénieurs qui appliquaient à la théorie de la gestion la vision du monde, axée sur les résultats, de leur profession. « Dans l'esprit des [ingénieurs / gestionnaires], la gestion scientifique du travail était la suite logique de la normalisation des matériaux et de la machinerie. La normalisation était l'élimination du gaspillage de matériaux tandis que la gestion scientifique était l'"élimination du gaspillage chez les gens[2]". » Dexter Kimball, grand ingénieur et éducateur américain des années 1920, a souligné que « l'expansion des principes de normalisation à l'élément humain dans le cadre de la production est un champ d'activité croissant de premier plan[3] ». Pour arriver à cette fin, de grandes entreprises manufacturières américaines ont mis sur pied des programmes de formation interne réunis dans une organisation appelée National Association of Corporation Schools, fondée en 1913. La NACS et ses membres finiraient par jouer un rôle vital dans la création d'écoles de génie universitaires partout en Amérique après la Première Guerre mondiale. David Noble donne un aperçu représentatif des éducateurs de la NACS :

> « Le facteur humain », selon Elmo Lewis [de la Burroughs Adding Machine Company], était « l'élément le plus important » dont les entreprises devaient s'occuper. C'était « l'étoffe dont ils constituaient leur commerce ». E. A. Deeds, de la National Cash Register Company, abondait en ce sens : « Je suis surtout intéressé à accroître l'efficacité de la machine humaine. » Outre la compétence technique, ces éducateurs insistaient tous sur la nécessité de former la direction. Arthur Williams [de New York Edison, président de la

NACS] faisait remarquer : « Les ingénieurs électriques sont, d'un point de vue pratique […] des hommes habitués à faire fonctionner des machines et à gérer des usines, mais pas nécessairement habitués à diriger des machines humaines[4]. »

Selon la vision de Taylor, « la science servirait à éliminer la dimension irrationnelle et émotive de l'élément humain de la vie de l'entreprise, en la remplaçant par des structures rationalistes formelles qui assureraient un maximum d'efficacité et un minimum de conflits[5] ». Dans son ouvrage classique *Shop Management* (*La Direction de l'atelier*, 1911), il écrivait :

> Les travailleurs, de même que les chefs d'équipes et les contremaîtres, devraient autant que possible être complètement libérés des tâches de planification ainsi que de tout le travail de nature administrative. L'ensemble du travail de réflexion devrait être retiré de l'atelier et concentré dans le service de planification ou de conception, laissant aux contremaîtres et aux chefs d'équipes le travail d'exécution. Leurs tâches devraient consister à s'assurer que les activités prévues et dirigées depuis la salle de planification soient mises en œuvre dans l'atelier dans les plus brefs délais[6].

Les directeurs sont eux aussi devenus des victimes de la tendance à modeler les individus en fonction des fins de l'entreprise. Même aujourd'hui, le directeur émérite « fait le point impartialement sur lui-même, se considère comme un objet, comme un bien. […] Il analyse ses forces et ses faiblesses […] puis, il entreprend systématiquement un programme visant à reconstruire son image, ses attitudes ou ses idées affirmées publiquement[7]. »

Le fordisme, nommé, il va de soi, d'après le grand innovateur industriel Henry Ford, conjugue les idées de

Taylor sur la gestion scientifique avec des techniques de production à la chaîne, incarnation de la vision traditionnelle des humains travaillant en parfaite harmonie avec la machinerie de production. Le parfait travailleur fordiste serait une proche approximation d'un robot intelligent, ce qui serait tout à fait rationnel dans le cadre de son milieu mécanisé. Il accomplirait ses tâches de façon constante, sans relâche et sans se plaindre, conformément aux instructions. Une autre innovation du XXe siècle, l'automatisation du lieu de travail, cherche à réaliser ce rêve de remplacer les humains par des machines. Noah Kennedy résume succinctement le rôle des humains dans l'entreprise capitaliste :

> Dans les processus de production, les humains remplissent les fonctions qui ne sont pas économiques à mécaniser. Cela ne devrait pas nous surprendre, car si n'importe lequel de nos emplois pouvait être effectué à moindre coût par une machine, il n'y a aucun doute que nous serions remplacés. Dans le même ordre d'idées, la technologie remplace chaque jour de nouvelles tâches intellectuelles qui exigeaient antérieurement l'intelligence humaine, ce qui est une autre façon de dire que la tâche est rationalisée au point d'en être réduite à une description formelle et exécutée par un algorithme. Si personne n'est en ce moment même en train de formuler un plan pour remplacer, en entier ou en partie, votre travail par de la machinerie, cela signifie malheureusement que votre salaire est trop bas pour que cela en vaille la peine[8].

Le succès de la gestion « scientifique » et de l'automatisation a entraîné une expansion rapide du potentiel de production qui, comme nous l'avons vu dans l'histoire de l'entreprise, a créé des pressions pour encourager les fusions et les acquisitions à un rythme sans précédent à la fin du XIXe siècle et au début du XXe.

Toutefois, tandis que les nouvelles techniques de gestion ont sans nul doute accru la productivité des travailleurs, elles ont également permis la mise en place d'un milieu de travail mieux adapté aux machines qu'aux humains, ce qui a entraîné l'insatisfaction des travailleurs, laquelle n'a été que partiellement calmée par des initiatives humanistes inspirées du « capitalisme social » prôné par l'auteur Meyer Bloomfield. La gestion de personnel en tant que science doit aller au-delà des usines pour englober les collectivités, faisait valoir Bloomfield dans un article paru en 1915 dans *Annals of the American Society of Political and Social Science*. « La gestion d'entreprises intelligente reconnaît le bon sens d'organiser la *source* de la main-d'œuvre disponible[9]. » Cela signifiait qu'il fallait inculquer des traits physiques et mentaux souhaitables aux travailleurs et à leurs enfants (les futurs travailleurs) à l'échelle de la collectivité. Les compagnies ont ouvert des écoles et des installations récréatives dans les usines et les communautés, offrant des cours axés sur l'alphabétisation, la maîtrise de l'anglais et les bonnes habitudes de travail. Comme je l'ai mentionné dans le chapitre précédent, le capitalisme social finirait par susciter la complicité des entreprises, ou du moins leur assentiment, dans l'établissement de l'état de bien-être après la Deuxième Guerre mondiale.

Vers la fin du XXe siècle, l'avènement du néolibéralisme, du thatchérisme, du reaganisme et de la tendance vers la « rationalisation » des entreprises a marqué l'abandon du contrat social établi de longue date entre les travailleurs et les employeurs au sein de l'entreprise, qui était implicite dans le cadre de la technique organisationnelle de Ford. Ce contrat, que les baby-boomers peuvent se rappeler avoir vu leur père (et plus rarement, leur mère) signer, garantissait aux travailleurs la

sécurité d'emploi qui leur apporterait la « liberté économique » et la « démocratie du choix (du consommateur) » en échange de leur soumission volontaire à ce
qui était souvent appelé l'esclavage salarial. Un type de
liberté était sacrifié au profit d'un autre. Toutefois, en
vertu de l'éthique de gestion néolibérale des années
1980, des travailleurs ont été mis à pied massivement,
souvent pour des raisons symboliques visant à stimuler
la valeur des actions. On s'est mis à fermer des usines
pour les déménager dans des régions du monde où les
salaires étaient bas ; on a puisé dans les fonds de retraite
pour accroître les gains des sociétés ; et on attendait
désormais des travailleurs qu'ils soient au poste ou disponibles sur appel à toute heure du jour.

Albert J. Dunlap, chef de la direction vedette qui
faisait la une de la presse financière, était considéré
comme un modèle par de nombreux gestionnaires
ambitieux. En 1994, Dunlap a repris la Scott Paper
Company, société rentable, mais conservatrice et démodée, et a immédiatement liquidé des divisions non
essentielles pour une valeur de deux milliards de dollars.
Il a ensuite mis à pied le tiers des employés, plus de
11 000 travailleurs en tout. Puis, Dunlap a déplacé le
siège social de la société de la région de Philadelphie, où
elle avait été fondée 116 ans auparavant et où elle était
l'un des piliers de la collectivité, à Boca Raton, en
Floride, où il vivait. La valeur des actions de la société a
bondi de 146 % en 14 mois tandis que ses profits ont
doublé. Dunlap est parti moins d'un an et demi plus tard
avec un salaire de 100 millions de dollars, des profits
sur les actions, d'autres à-côtés et une réputation de
génie de la gestion d'entreprises. Par la suite, en 1996,
ce Rambo en costume rayé est devenu chef de la
direction de Sunbeam, a rapidement licencié la moitié
des 12 000 employés et a fermé les deux tiers de ses

usines. Les actions de Sunbeam sont montées en flèche et Wall Street l'a une fois de plus traité comme un héros[10].

L'attitude du « tout est permis » des pratiques commerciales néolibérales comme celles utilisées par Dunlap a gravement miné la relation de confiance traditionnelle entre l'employeur et les employés, tout en engendrant un scepticisme profond et durable chez les travailleurs à tous les échelons. Parallèlement, la promesse de prospérité matérielle qui faisait partie de la culture de consommation apparue dans les années 1920 n'avait aucun sens pour le travailleur qui avait été mis à pied alors qu'il n'était plus très jeune, ou qui avait de plus en plus de difficulté à se trouver un emploi à temps plein à un salaire décent.

Pendant cette période, les entreprises pouvaient traiter cavalièrement les employés puisqu'elles étaient principalement occupées à se défaire de leur personnel. Toutefois, elles conservaient une certaine catégorie d'employés, car ses membres avaient une telle valeur qu'il était important de s'assurer de leur fidélité ; autrement dit, ils étaient très coûteux à remplacer. Une fois de plus, on a fait appel aux théoriciens de l'organisation pour trouver de nouvelles façons de disposer d'une réserve suffisante de main-d'œuvre, cette fois d'élite, productive et docile. L'une de ces solutions fut le Mouvement des relations humaines dans la théorie organisationnelle. Ce mouvement, critique à l'égard des politiques fordistes, cherchait à humaniser les relations en milieu de travail[11]. Il mettait l'accent sur le caractère social du travail et l'importance de la dynamique interpersonnelle au travail comme des moyens de rehausser le moral et la productivité. L'une des manifestations les plus visibles de la théorie du MRH est la prétendue culture d'entreprise, notion lancée en Grande-Bretagne sous Thatcher, reprise par l'Amérique de Reagan et par la suite (quoique avec moins d'enthousiasme) dans le reste de l'Europe et de l'Amérique du Nord. Dans la culture d'entreprise, « certaines qualités d'initiatives, par exemple la poursuite d'objectifs, sont considérées comme des vertus et prônées comme tel[12] ». Mais plus encore, c'est un système par lequel on préconise que les valeurs de l'entreprise soient adoptées comme valeurs personnelles par les employés.

Les employeurs et les gestionnaires dotés de visions du travail selon le MRH ont fait valoir qu'il n'y avait aucun conflit entre, d'une part, la recherche de la productivité, de l'efficacité et de la compétitivité et d'autre part, l'humanisation du travail. Au contraire, affirment-ils, la route vers le succès en affaires repose sur le fait de motiver les employés en plaçant les objectifs de l'entreprise au même niveau que leur identité subjective ; d'aligner les désirs, les besoins et les aspirations de chaque employé avec les objectifs de l'entreprise. Tout en s'efforçant de répondre à ses propres besoins, désirs, buts et aspirations au travail, chaque employé s'occupe parallèlement de l'avancement de l'entreprise ; plus la personne est satisfaite au travail, plus grand sera le bénéfice pour la compagnie. Le procédé consiste à sonder le cœur et l'esprit des employés, leur identité propre en tant que personnes, puis à définir leurs buts en gérant non seulement leur comportement au travail, mais aussi la façon dont ils pensent et dont ils se sentent[13]. Il serait pardonnable de prendre par mégarde la théorie de gestion du Mouvement des relations humaines pour du fascisme, dont voici la définition : « [Dans le mouvement fasciste], les individus sont constitués par les institutions et les pratiques dont ils font partie, et leurs droits et obligations dérivent de ces mêmes institutions et pratiques[14]. »

Dans sa tentative d'étendre la « rationalisation » du travail à l'âme même du travailleur, la notion de culture d'entreprise est l'apothéose de la pensée économique et morale rationaliste. Elle cherche à modeler l'identité personnelle des gens, de façon à ce qu'ils correspondent mieux aux institutions économiques héritées des rationalistes, et que ces derniers cherchaient à modeler pour canaliser le comportement humain de manière constructive. En vertu de la possibilité de la transférer du monde des affaires à un contexte social élargi, le MRH cherche à combler l'écart entre la moralité des entreprises et la moralité personnelle. Elle est devenue « une démarche capable de gérer, en principe, l'ensemble des comportements humains[15] ». L'individualité devient donc une entreprise, et l'individu devient « un entrepreneur du soi[16] ».

Adopté par la droite néolibérale dans la culture d'entreprise du thatchérisme et du reaganisme, le Mouvement des relations humaines pouvait, en principe, apaiser les tensions entre la vie privée et le travail qui avait été créées par l'industrialisme et élevées au niveau de dissonance cognitive avec les débuts de la gestion scientifique. Les activités du fordisme débordaient elles aussi des lieux de travail, grâce à l'invention et à la promotion du consommateurisme en tant que mode de vie vertueux. Cependant, les vertus du consommateur idéal et celles du travailleur idéal, qui ne concordaient pas dans le fordisme, se font dans la culture d'entreprise. Le fordisme envisageait pour l'employé deux sphères de vie distinctes, bien que reliées par leur cadre. Dans le compromis du fordisme, le travailleur sacrifie certains aspects de son humanité lorsqu'il est au travail (en se comportant, idéalement, comme un automate) en échange d'un emploi stable, d'un salaire élevé et des produits de consommation que ceux-ci permettent d'acheter. Un tel compromis n'est pas nécessaire dans la culture d'entreprise, qui offre un salaire élevé (compte tenu du succès de l'entreprise) mais pas de sécurité d'emploi, et qui impose aux employés des charges de travail toujours plus lourdes et des journées de travail toujours plus longues. Dans la culture d'entreprise, le travail est une vertu en soi. On ne travaille plus pour vivre ; on vit pour travailler. Le dilemme fordiste de la sécurité par rapport à la liberté n'existe plus ; le travailleur du MRH ne jouit d'aucune des deux.

Les gestionnaires, notamment les cadres de direction, n'échappent pas aux cajoleries de la technique d'entreprise. Même s'ils ne croient pas personnellement en la culture d'entreprise qu'ils ont imposée (presque toujours avec l'aide de consultants en MRH externes), ils en sont captifs, en raison de leur position en tant que modèles de rôle et de chef. Ils ont moins de possibilités de déroger au modèle et font face à des sanctions plus sévères que les travailleurs ordinaires ou les gestionnaires moins haut placés en cas de résistance. Cela est d'autant plus vrai dans les ateliers syndicaux, où les travailleurs jouissent d'une forme de protection institutionnalisée contre la discipline. D'ailleurs, les cultures de gestion prétendument postfordistes favorisent un climat où les distinctions entre les travailleurs et les gestionnaires sont systématiquement réduites au minimum. Dans ces établissements, les travailleurs et les gestionnaires laissent leurs voitures dans le même stationnement, portent des uniformes semblables, partagent la même salle à manger et les mêmes toilettes, et sont décrits comme les membres d'une même équipe. Dans la mesure où la culture d'entreprise a du succès en tant que stratégie ; dans la mesure où les travailleurs, au même titre que les gestionnaires, deviennent un prolongement de l'entreprise et de ses valeurs ; et dans la mesure où ils deviennent une sorte d'organisme cybernétique, leur comportement commence à acquérir des caractéristiques mécaniques, abandonnant les attributs moraux et affectifs ou empathiques purement humains pouvant avoir survécu au conditionnement fordiste et qui entrent en conflit avec les valeurs et les objectifs de la culture d'entreprise.

Les technologies de l'information ont le potentiel d'accélérer grandement ce processus. Le logiciel de planification des ressources de l'entreprise (PRE) est devenu très lucratif au cours des dernières années pour des entreprises comme SAP en Allemagne et Oracle aux États-Unis. Son attrait repose sur sa capacité d'automatiser les structures de gestion des grandes entreprises afin de les rendre conformes à des directives et des critères d'efficacité stricts intégrés dans les programmes informatiques. Dans les compagnies qui privilégient la PRE, les gestionnaires passent le plus clair de leur temps devant des écrans d'ordinateur qui surveillent les activités des travailleurs subalternes, par exemple les employés d'un centre d'appels. De plus, le logiciel de PRE permet désormais de surveiller les activités du gestionnaire lui-même (puisque presque tous ses actes de gestion sont à leur tour gérés par son ordinateur). Comme le signale un chercheur : « Les cadres peuvent fixer des objectifs de rapidité et d'efficacité pour la chaîne d'approvisionnement et, en tout temps, activer le système pour savoir si le gestionnaire de la chaîne atteint ses objectifs[17]. »

Certains systèmes de PRE encore plus complexes peuvent recueillir et analyser en temps réel des informations provenant de tous les niveaux d'activité de l'entreprise. L'ordinateur, programmé en fonction d'objectifs économiques optimaux, commence à se comporter comme un cerveau administratif primitif, et les anciennes distinctions entre les dirigeants et les dirigés disparaissent. C'est maintenant l'entreprise, idéalisation incarnée par les réponses et les commandes du logiciel, qui dirige. Thomas Davenport, auteur de textes sur la réingénierie, écrit dans *Mission Critical* qu'avec la PRE, « il n'y a plus de moyens de dissimuler un faible rendement, ce qui élimine les révisions rétroactives[18] ». Un groupe – le chef de la direction et ses collègues cadres – peut sembler échapper à la surveillance. Après tout, ils sont les auteurs de ce système… mais le sont-ils vraiment ? Je ferais valoir que la compagnie en soi surveille étroitement leur rendement à l'aide de moyens plus traditionnels, tels que les chiffres fournis dans les rapports annuels.

Dans son ouvrage *Surveiller et punir* (*Discipline and Punish*, 1979), le philosophe, sociologue et historien français Michel Foucault a écrit sur le système PRE avant même qu'il soit inventé. Foucault s'intéressait aux premières prisons, plus particulièrement à une prison conçue et réalisée dans les moindres détails par Jeremy Bentham (de qui nous avons fait la connaissance précédemment en tant que pionnier de la pensée utilitariste). Son ingénieuse prison panoptique était « une structure de fer au revêtement de verre en forme de polygone à douze côtés », créant ce qu'il appelait une « transparence universelle ». Un seul gardien placé au centre de la structure en forme de roue était en mesure de voir dans chacune des cellules radiant du centre comme des rayons, privant les prisonniers de toute intimité. « Le principal effet de la prison panoptique, écrit Foucault, était de provoquer chez le détenu un état de visibilité consciente et permanente qui assurait le fonctionnement autonome du pouvoir. » Voici la partie la plus adroite de ce système : pour que le pouvoir (direction) soit exercé efficacement, les détenus (travailleurs) n'ont pas besoin d'être constamment surveillés. Seule la possibilité d'être sous surveillance est constamment présente. Comme l'exprime Foucault : « Celui qui est assujetti à un champ de visibilité et qui le sait assume ses responsabilités sous les contraintes du pouvoir ; il les fait agir spontanément sur lui ; il inscrit en lui-même la relation de pouvoir dans laquelle il joue simultanément les deux rôles ; il devient le principe de sa propre subjugation. » Cela a pour effet d'éviter à l'autorité (direction) l'apparence de coercition. « Il s'agit d'une victoire de perception qui évite toute confrontation physique et qui est toujours décidée d'avance[19]. » Pour les travailleurs des entreprises qui utilisent la PRE, « l'ordinateur investi de pouvoir auquel l'employé doit faire face au début de chaque journée de travail n'est rien de moins que l'aperçu, donné par Foucault, de la tour centrale depuis laquelle [l'employé-prisonnier] est espionné[20] ».

Plus ça change…[*] L'industrie des centres d'appels d'aujourd'hui réalise le rêve des théoriciens de la gestion du XVIIIe siècle et du début du XIXe, qui consistait à appliquer l'étude des temps et mouvements aux industries de services (qui représentent actuellement 80 % de la main-d'œuvre nord-américaine) constituées de « cols blancs marchant au rythme de la gestion scientifique ». Dans l'alignement sans fin des postes de travail modulaires des centres d'appels et d'autres lieux de travail modernes, « on retrouve des chaînes d'assemblages numériques où la standardisation, la mesure et le contrôle créent ensemble un milieu de travail où règnent une discipline et une pression implacables[21] ».

---

[*] N.d.t. : en français dans le texte.

On retrouve dans la PRE les grandes lignes d'un projet aux ambitions franchement orwelliennes. Ce projet vise à mettre au point des technologies dont le fonctionnement est essentiellement à l'épreuve des humains ; des technologies dont le contrôle sur le comportement des employés est si puissant que, même si la main-d'œuvre est mal formée, marginale ou passagère, on peut toujours s'y fier pour améliorer et renforcer les niveaux de productivité des employés[22].

De crainte que le lecteur ne trouve pas ce passage particulièrement important par rapport à sa vie personnelle parce qu'il ne travaille pas dans un centre d'appels, il faut souligner que la PRE fait d'importantes incursions dans d'autres secteurs, comme les prétendus soins médicaux gérés aux États-Unis. Comme dans les autres secteurs où la PRE entre en jeu, le rôle du travailleur professionnel, dans cette situation celui du médecin, est radicalement dévalué. Dans le cadre des soins médicaux gérés fournis aux entreprises, qui les offrent à leurs employés, le rôle du médecin se résume à répartir les patients en sous-groupes. Les soins aux patients sont fournis en fonction du plan protocolaire approprié, décrits en détail dans des bases de données informatiques qui optimisent la rentabilité, et étroitement surveillés par des « gestionnaires de cas » qui sont souvent dénués de formation médicale. « La grande ambition de l'industrie des soins gérés consiste à intégrer le médecin dans un régime de processus dont la rigueur et la discipline évoquent ceux qui régissent les activités des machinistes et des préposés de centres d'appels[23]. »

On prétend que les systèmes de PRE accroissent radicalement la productivité des travailleurs. La théorie économique standard pose l'hypothèse que lorsque cela se produit, certains des avantages sont transmis aux travailleurs sous forme d'augmentations de salaire. Dans une économie de plus en plus dominée par les techniques de PRE, on pourrait s'attendre à ce que la croissance de la productivité de la main-d'œuvre corresponde à une croissance du salaire net et des avantages. Toutefois, aux États-Unis, entre 1989 et 2002, la productivité des travailleurs non agricoles s'est accrue d'un taux annuel moyen de 2,07 %, tandis que leur rémunération totale a connu un taux de croissance moyen de seulement 0,43 %. Les gains de productivité ont devancé la rémunération de 4,81 %. Où sont donc passés les gains économiques ? Ils ont été en grande partie distribués aux actionnaires, aux directeurs et aux chefs de la direction. Selon une étude menée par Simon Head : « Le lien entre l'augmentation de la productivité et celle des salaires nets et des avantages se brise lorsqu'on utilise la technologie de manière à banaliser les compétences de la plupart des travailleurs, à miner leur sécurité dans le milieu de travail et à les rendre vulnérables face à des employeurs dotés d'un pouvoir écrasant[24]. »

Dans leur livre *L'Entreprise à l'âge du virtuel* (*The Virtual Corporation : Structuring and Revitalizing the Corporation for the 21 st Century*), William Davidow et Michael Malone parlent en termes élogieux du nouveau modèle de gestion dans lequel « les bureaux, les services et les divisions d'exploitation traditionnels sont constamment réformés en fonction des besoins. Les responsabilités inhérentes aux postes changeront régulièrement, de même que l'autorité hiérarchique ». Tout cela sera rendu possible grâce aux systèmes de PRE. « Il est préférable d'aborder l'entreprise virtuelle sous l'angle des modèles d'information et de relations[25]. » Les auteurs décrivent ce qui semble être une résurgence des idées du capitalisme social des années 1920, en détaillant des programmes d'éducation en entreprise comme l'Université Motorola, qui emploie plus de 100 membres du corps enseignant à temps plein et 300 enseignants à temps partiel. « L'Université se spécialise dans l'enseignement de compétences en communications interpersonnelles et, au cours des dernières années, a coopéré avec des collèges communautaires régionaux et des écoles techniques [...]. De plus, le programme met l'accent sur les capacités de constitution d'équipes et la transmission de la culture d'entreprise de Motorola[26]. » À Silicon Valley, le géant Intel Corporation « dépense chaque année plus de 2 000 dollars par employé en perfectionnement, pour inculquer aux travailleurs et aux gestionnaires de l'entreprise les valeurs fondamentales de la société relativement à l'éthique de travail, à la prise de risques et aux approches axées sur la clientèle[27] ». Les auteurs signalent que Plumey Companies, une entreprise familiale de fabrication de pièces automobiles établie au Tennessee, justifie comme suit le programme de formation interne très coûteux adopté par l'entreprise :

> Il nous en aurait coûté plus cher de ne pas faire cet investissement. De nombreuses personnes parmi l'effectif ont une éthique du travail remarquable, mais un grand nombre d'entre eux ont besoin d'améliorer radicalement leur estime de soi pour pouvoir atteindre leur plein potentiel humain. Nous devons éduquer les travailleurs afin qu'ils réagissent avec leur tête, et non avec leurs tripes[28].

L'importance accordée à la formation sur les valeurs est courante dans de tels programmes de formation en entreprise et reflète les objectifs de la culture de celle-ci.

La chaîne hôtelière renommée Marriott Corporation, un autre exemple prépondérant de compagnie
bien gérée du XXIe siècle selon Davidow et Malone, s'est
attaquée au problème chronique de roulement de son
personnel (plus de 100 % par année) en embauchant ce
qu'elle appelait des « travailleurs non traditionnels ».
En langage clair et simple, ces employés sont des personnes ayant une déficience physique et intellectuelle.
« Ils font souvent preuve d'un dévouement, d'une
loyauté et même de compétences spéciales qu'on
retrouve rarement chez les employés traditionnels. »
Même si le programme a ses coûts – cours d'aptitudes
sociales et formation en milieu de travail, jumelage des
nouveaux employés avec des gestionnaires de
l'entreprise – on nous a dit que « le taux de roulement
de ce groupe n'était que de 9 % [29] ».

On ne peut nier qu'il est positif d'employer des
personnes ayant une déficience, à supposer qu'ils
veulent un emploi. Mais quelle idée le programme de
Marriott donne-t-il des conditions de travail offertes
aux travailleurs « traditionnels » ? Le taux de roulement
donne à penser qu'elles sont loin d'être satisfaisantes.
Doit-on s'attendre à ce que les handicapés acceptent
des conditions de travail que les autres travailleurs
refusent ? Quelle image cela donne-t-il du statut que
nous leur assignons ? Cette question demeure sans
réponse dans le compte rendu élogieux de Davidow et
Malone. D'une certaine façon, la solution mise de
l'avant par Marriott est représentative des objectifs et
des valeurs générales de la PRE et de la culture d'entreprise. Si nous étions tous aussi vulnérables que les
personnes ayant une déficience intellectuelle et physique qui vivent parmi nous, les objectifs de la culture
d'entreprise et de la PRE seraient atteints beaucoup
plus facilement.

Les produits humains de la culture d'entreprise, dont la valeur se résume à leur capacité de produire et de consommer, se trouvent dans une sorte de vide moral où ils ne peuvent faire ni l'un ni l'autre. Dans une telle culture, les indigents et ceux qui n'ont pas de travail occupent un statut unique – ils n'ont aucune valeur. En conséquence, la société n'est pas responsable de les aider d'aucune façon, bien qu'elle voudra s'en protéger, surtout s'ils deviennent assez nombreux pour être visibles. Cela contribue à expliquer la tendance, autrement inexplicable et abusive, de l'ensemble des gouvernements néolibéraux à imiter les réformateurs rationalistes de la *Loi sur les pauvres* du XVIIIe siècle en réduisant l'aide sociale et autres dispositions du filet de sécurité sociale tout en rehaussant les budgets de la police[30].

On peut se demander s'il est possible de construire une identité fondée sur des valeurs qui sont celles de l'entreprise, comme l'envisage le Mouvement des relations humaines. Selon le philosophe Charles Taylor :

> Je peux définir mon identité uniquement par rapport à un ensemble d'éléments qui comptent [...]. C'est seulement si j'existe dans un monde dans lequel l'histoire, ou les exigences de la nature, ou les besoins de mes semblables, ou les devoirs de citoyens, ou l'appel de Dieu ou les autres choses de cet ordre comptent vraiment, que je peux me définir une identité qui ne soit pas futile [...]. En l'absence [d'un tel] cadre, nous nous retrouvons à vivre une vie dénuée de sens spirituel[31].

Toutefois, il est difficile, sinon impossible, de trouver un sens à la vie en se fondant sur les valeurs de l'entreprise moderne, telles que prônées par les partisans de la théorie du MRH.

Si le fait de savoir qui je suis est une façon de savoir où j'en suis, comme le suggère Taylor[32], qui suis-je si mes préceptes moraux fondamentaux sont issus de l'entreprise ? De la même façon, le réalisme moral, ou théorie du sens moral, propose que l'identité personnelle provient de l'impulsion morale innée vers l'autre. On pourrait dire que nous créons notre identité en agissant selon nos obligations morales. Si ces idées sont justes, le seul soi pouvant être construit dans le cadre de la culture d'entreprise est synthétique plutôt qu'authentique, stérile sur le plan spirituel, et dépendant de son utilité à la compagnie pour continuer d'exister. À cet égard, cela peut être comparé à l'identité d'une fourmi ouvrière, d'une abeille, ou de tout autre insecte « social » qui ne peut survivre sans les relations de la colonie, qui sont nécessaires pour la maintenir, en un sens, entière. Ce pourrait être la définition d'une ressource humaine idéale.

Pour le psychanalyste Erich Fromm, l'« entrepreneur du soi » qui croit à la notion de la culture d'entreprise, la personne « ajustée » « s'est transformée en produit, sans rien de stable ni de définitif hormis son besoin de plaire et son empressement à changer de rôle[33] ». Le philosophe François Perroux a émis les observations suivantes relativement aux humains qui jouent le rôle de produits ou d'objets : « L'esclavage ne se caractérise pas par l'obéissance ou le degré de difficulté du travail, mais par le fait de n'être qu'un simple instrument, et par la réduction de l'homme à l'état de chose[34]. » Pour sa part, le philosophe Herbert Marcuse croit qu'« il s'agit de la forme pure de la servitude : exister en tant qu'instrument ou chose. De plus, ce mode d'existence n'est pas aboli [même] si la chose est animée et choisit sa nourriture matérielle et intellectuelle, même si elle n'a pas l'impression d'être un objet ; même s'il s'agit d'une chose jolie, propre et mobile[35] ».

Si nous pouvons envisager l'entreprise comme une forme de vie autonome et artificielle, comme je le propose dans ce livre, il me semble que les manières dont elle façonne les humains qu'elle recrute sont aussi cauchemardesques que dans n'importe quelle histoire de science-fiction. Il s'agit bel et bien de *L'Invasion des profanateurs de sépultures*, ou du moins, c'est une façon de voir les choses. Ce qui est troublant avec la réalité, c'est qu'elle finit par ressembler à ce que nous avions imaginé. Durant 300 ans, nous avons cru que les institutions rationalistes, y compris l'entreprise, façonnent les individus, autrement indisciplinés et égoïstes, en une force constructive qui améliore constamment le bien-être humain — ce que nous appelons le progrès. Mais si nous prenons le temps d'interrompre un instant le tourbillon de nos vies quotidiennes pour regarder ce que nous avons créé, en nous-mêmes et dans le monde en général, on peut se demander si nous n'avons pas été entraînés dans le mauvais rêve, et si la science-fiction n'avait pas raison, après tout.

Une génération après *L'Invasion des profanateurs de sépultures*, le film culte *Terminator* et ses suites présentaient un homme-machine rendu invincible par son manque total d'émotions humaines. Les effets spéciaux sont plus perfectionnés, mais le sujet n'a pas tellement changé. L'organisme cybernétique « Terminator » « est un symbole de la peur que l'humanité soit en danger de se faire entièrement absorber par un avenir technologique dans lequel la machine devient un paradigme grâce auquel ce qui est organique fonctionne[36] ». Ce n'est plus le communisme ni la consommation, mais bien les machines qui permettent aux hommes d'exercer leurs activités qui sont devenues l'objet de la peur de l'humanité. L'entreprise moderne pourrait bien être la machine en question. L'organisme cybernétique d'une entreprise, mi-humain, mi-machine (bureaucratique), technologie sociale rationaliste par excellence, a en fait absorbé et modulé des aspects majeurs de l'existence humaine. Il est devenu à d'importants égards le modèle autour duquel s'organise la sphère organique et humaine que nous appelons la culture de consommation – ou peut-être, de façon plus générale, la culture occidentale.

Notes

1. David F. Noble, *Progress Without People: New Technology, Unemployment and the Message of Resistance*, Toronto, Between the Lines, 1995, p. 43.
2. David F. Noble, *America by Design: Science, Technology and the Rise of Corporate Capitalism*, Oxford, Oxford University Press, 1977, p. 82.
3. *Ibid.*
4. *Ibid.*, p. 179.
5. Philip Hancock et Melissa Tyler, *Work, Postmodernism and Organization: A Critical Introduction*, Londres, Sage, 2001, p. 40.
6. Cité dans Melman, *Profits Without Production, op. cit.*, p. 106.
7. Robert Jackall, *Moral Mazes*, New York, Oxford University Press, 1988, p. 203-204.
8. Noah Kennedy, *The Industrialization of Intelligence*, New York, Unwin Hyman, 1986, p. 251.
9. Cité dans Stewart Ewan, *Captains of Consciousness: Advertising and the Social Roots of Consumer Culture*, New York, McGraw-Hill, 1976, p. 18.
10. Treviño et Nelson, *Managing Business Ethics, op. cit.*, p. 210-211. Par la suite, Dunlap s'est retrouvé dans l'embarras avec la Securities and Exchange Commission des États-Unis relativement à des pratiques comptables qui avaient fait en sorte de surévaluer les profits de Sunbeam, et il a dû verser une amende de 500 000 $.
11. Fait à noter, les principales entreprises mondiales continuent de faire appel aux techniques de gestion primitives fordiste et taylorienne dans leurs ateliers du tiers-monde.
12. Paul du Guay, « Governing Organizational Life », dans *Consumption and Identity at Work*, Thousand Oaks, Sage Publications, 1996, p. 57.

13. Hancock et Tyler, *Work, Postmodernism and Organization, op. cit.*, p. 100.
14. *The Cambridge Dictionary of Philosophy*, Cambridge, Cambridge University Press, 1995, p. 625.
15. Du Gay, *op. cit.*, p. 58.
16. *Ibid.*, p. 73.
17. Simon Head, *The New Ruthless Economy : Work and Power in the Digital Age*, Oxford, Oxford University Press, 2000, p. 163.
18. Cité dans Head, *The New Ruthless Economy, op. cit.*, p. 163.
19. *Ibid.*, p. 165.
20. *Ibid.*, p. 166.
21. *Ibid.*, p. 98.
22. *Ibid.*, p. 109.
23. *Ibid.*, p. 124. Simon Head soulève à cet égard une question qui mérite l'attention de tous ceux qui s'intéressent au débat sur les soins médicaux financés par le privé ou par l'État. « Les MCO [organismes de gestion des soins à but lucratif, comme Aetna et Humana, qui fournissent des soins médicaux aux employés des entreprises, aux frais de ces dernières] [...] font des profits lorsque leurs dépenses moyennes par patient inscrit tombent sous la valeur moyenne des primes qu'ils reçoivent des employeurs. Plus les sommes dépensées par les MCO pour les patients sont petites, plus leurs profits sont grands, de même que la valeur pour les actionnaires qu'ils procurent à leurs investisseurs. L'industrie emploie l'expression "pertes médicales" pour décrire les paiements qu'elle doit faire au nom de ses clients malades ; ce choix de vocabulaire en dit long sur la façon dont l'industrie considère ces paiements. Le "ratio de pertes médicales" d'un MCO est le calcul des paiements aux clients des MCO en tant que pourcentage des recettes totales. Les gestionnaires des MCO tentent de maintenir ce montant le plus bas

possible. Toutefois, ce qu'on appelle la "perte médicale" d'un MCO pourrait être, littéralement, l'élément vital d'un patient. » *Ibid.*, p. 120.

24. *Ibid.*, p. 187.

25. Willam H. Davidow et Michael S. Malone, *The Virtual Corporation : Structuring and Revitalizing the Corporation for the 21 st Century*, New York, Harper Business, 1992, p. 6.

26. *Ibid.*, p. 191-192.

27. *Ibid.*, p. 192.

28. *Ibid.*, p. 194.

29. *Ibid.*, p. 198.

30. Voir Bauman, *Work, Consumption and the New Poor*, *op. cit.*, 1998.

31. Charles Taylor, *The Malaise of Modernity*, Toronto, Anansi, 1991, p. 40, 18.

32. *Ibid.*, p. 27.

33. Erich Fromm, *Psychoanalysis and Religion*, New York, Bantam Books, 1950, p. 86.

34. Cité dans Herbert Marcuse, *One-Dimensional Man*, New York, Beacon Press, 1964, p. 33.

35. *Ibid.*

36. *The Icon Critical Dictionary of Postmodern Theory*, Cambridge, Icon Books, 1998, p. 220.

Chapitre 10

Éthique artificielle
pour personnes juridiques

L'une des réalisations, qui date de l'époque où j'étais cadre dans une station de télévision, dont je suis le plus fier est la rédaction d'un ensemble de règles régissant le comportement acceptable des employés de la division des nouvelles du réseau. Après une introduction élaborée traçant les grandes lignes de notions traditionnelles telles que l'importance d'une presse libre et juste pour la démocratie, le document énumérait un certain nombre d'interdictions conçues pour garantir à la fois le fait et l'apparence d'impartialité de la part de chaque personne prenant part à la production des nouvelles, particulièrement les présentateurs. Par exemple, les employés n'avaient pas le droit de participer à des campagnes politiques, ou d'être mêlés à des « questions controversées » qui auraient pu faire l'objet d'une couverture médiatique. En vertu des règlements, ils devaient obtenir l'approbation du vice-président à l'information avant de « publier des livres, des articles de magazines, ou autres ouvrages littéraires touchant à des questions controversées ». Un autre règlement interdisait aux employés des nouvelles de « fournir des services à tout gouvernement ou organisme gouverne-mental, étranger ou national, qu'il y ait rémunération ou non ». Un liste beaucoup plus longue de normes éditoriales comprenait des règles conçues pour garantir la justesse et l'exactitude de la couverture médiatique. En outre, une liste d'environ 20 règles et admonestations couvrait tout, de la nécessité de traiter avec délicatesse les personnes interviewées ayant vécu un traumatisme sur les lieux de désastres ou d'accidents, jusqu'à l'utilisation de musique (interdite), aux reconstitutions (interdites, sauf dans des circonstances extraordinaires), à l'achat d'informations (interdit), et à la recommandation d'évi-ter les images ou le langage stéréotypés.

Si je devais entreprendre la tâche de rédiger un ensemble de normes à suivre pour les journalistes ou d'autres types de professionnels à la lumière de ce que j'ai appris depuis, j'utiliserais une approche assez diffé-rente, en affirmant la vraisemblance des valeurs morales – l'existence et la valeur réelles du « bien » et de son opposé – de même que notre capacité à distin-guer l'un de l'autre grâce à l'impulsion morale, ou au sens moral, ou simplement à la conscience. Je souligne-rais également que l'impulsion morale demande une disponibilité inconditionnelle pour l'autre, que cette exigence est en fait ce qui définit la moralité. Dans ces deux préceptes fondamentaux, il me semble possible d'établir solidement la condition de base à la conduite éthique du journalisme ou de toute autre profession. Malheureusement, en suivant ces mêmes préceptes, de nombreux professionnels auraient de la difficulté à faire leur travail sans entrer en contradiction avec leurs conditions d'emploi, tant écrites que tacites. D'un point de vue purement économique, le professionnel idéal se comporterait comme une entreprise, c'est-à-dire qu'il adhérerait strictement aux impératifs du marché et éviterait ou supprimerait toute allégeance à des préceptes éthiques non rationnels.

Dans le cas du journaliste, l'autre n'est certainement pas son éditeur, ou l'agence de publicité qui, en fin de compte, verse son salaire. L'autre englobe ceux qui sont exclus du pouvoir et victimes de la société rationaliste libérale. Pour le journaliste, l'autre est le silencieux et l'impuissant, d'où la vénérable remontrance qu'on fait aux jeunes journalistes : « Réconfortez les personnes qui souffrent et faites souffrir celles qui vivent dans le confort. » Cela donne au journaliste une responsabilité qui dépasse la notion classique qui consiste à « recueillir les nouvelles, trouver les faits, les rapporter [...] pour découvrir ce qui se passe et transmettre cette information aux autres, accompagnée d'une explication adéquate de sa signification[1] ».

Il ne suffit pas d'accomplir ces tâches conformément aux normes éthiques journalistiques d'impartialité, d'équilibre et de compréhension. Pour le journaliste, l'authentique responsabilité morale consiste à agir de manière à alléger la souffrance des victimes du système rencontrées dans l'exercice de ses fonctions et à leur donner une voix. Celui qui fait preuve d'éthique est non seulement responsable de chercher et d'exposer les injustices, mais aussi de se faire le porte-parole des victimes. Un rapport équilibré et impartial ira fréquemment à l'encontre de cette responsabilité. On ne peut réduire l'impartialité, cet autre leitmotiv, ni l'équilibre, en pouces-colonnes de couverture. Le seul rôle moralement légitime de l'équilibre et de l'impartialité tels qu'on les définit habituellement est de donner voix aux opinions contraires dans les circonstances où il est difficile d'identifier l'autre – là où les questions morales sont trop obscures pour permettre de porter un jugement sûr. Ce sera souvent le cas, mais pas toujours.

On pourrait répliquer que les médias avaient compris cela avant l'époque de la « révolution du journal à un sou » de la fin du XIXe siècle, avant que la publicité fasse des abonnements et des ventes dans la rue la principale source de revenus des éditeurs, et que ceux-ci cherchent à élargir leur clientèle d'abonnés de façon à rendre leurs journaux plus attrayants pour les publicitaires. Voilà l'origine commerciale des préceptes prétendument éthiques d'objectivité et d'équilibre. De nos jours, les activités courantes du journalisme de masse consistent à recueillir, tamiser, publier et présenter un flot constant d'« information » sur des événements. Le métier s'est transformé en une sorte de sténographie élaborée.

Soulignons en passant que les termes « objectivité », dans le sens où les journalistes l'emploient, et « neutralité » peuvent par moments entrer en contradiction :

> Le terme objectivité n'est pas synonyme de neutralité [...]. Prenons par exemple plusieurs descriptions d'un même événement – des millions de personnes sont mortes ; des millions de personnes ont été tuées ; les millions de civils innocents ont été massacrés – en présumant qu'elles sont toutes vraies. Chacune est plus objective et moins neutre que la précédente ; elle est plus objective parce qu'elle fournit un compte rendu plus complet de ce qui s'est produit, excluant ainsi davantage d'idées fausses ; et est moins neutre parce qu'elle dépeint l'événement de manière plus horrible[2].

Ainsi, si le véritable but du journalisme est d'atteindre la vérité, l'objectivité peut souvent constituer un obstacle : « À mesure qu'on s'éloigne des descriptions neutres, on arrive à un compte rendu plus complet et objectif de la société[3]. »

Toutefois, on fait souvent valoir que même dans les procédures d'usage de la production de nouvelles, les journalistes se montrent en fait à la hauteur de leurs responsabilités morales, dans la mesure où en ciblant et en faisant connaître les difficultés vécues par les autres, ils leur donnent par le fait même du pouvoir. Il s'agit d'une idée essentiellement rationaliste, qui rappelle la théorie du marché de laisser-faire et son procédé d'automatisation du comportement éthique. L'idée selon laquelle le journalisme a rempli son devoir simplement en présentant des faits, qui sont ensuite, grâce à une alchimie institutionnelle, transformés en or (de la réponse morale), doit être jugée suspecte, ne serait-ce que par association. Ni le reporter témoin d'une injustice, ni l'éditeur qui présente le travail du reporter au public, ni le propriétaire du journal qui permet la publication n'ont épuisé leurs responsabilités morales envers l'autre par leurs actions.

Malgré leur présumé engagement envers l'objectivité, l'équilibre et l'impartialité, les journalistes se trouvent actuellement au bas de la liste dans les sondages sur les personnes auxquelles les gens font le plus confiance, au même titre que les vendeurs de voitures usagées et les charlatans. Les gens ne croient tout simplement pas les discours creux. Ils reconnaissent que les journalistes, en tant qu'employés d'entreprises médiatiques, ne sont pas des agents moraux indépendants, mais plutôt des représentants des intérêts commerciaux et politiques de leurs employeurs. Pour leur part, les journalistes croient qu'il s'agit d'une accusation calomnieuse et la nient avec indignation dès qu'ils en ont l'occasion. « Nous sommes des professionnels », soutiennent-ils, et c'est là le problème. La position éthique des professionnels et des agents de toutes sortes est une question épineuse, plus encore en ce moment en raison du fait que tant d'entre eux sont employés par des compagnies.

Dans la société contemporaine, nous sommes plus susceptibles que jamais de nous retrouver dans la situation d'*acteurs*, exécutant des tâches sur l'ordre d'autres personnes que nous pouvons qualifier d'*auteurs*. Ces termes et leur distinction proviennent de notre ami Hobbes, premier philosophe qui s'est penché sérieusement sur la position morale de la personne juridique il y a plus de 200 ans, avant que la Cour suprême des États-Unis accorde l'identité individuelle aux entreprises. Hobbes s'intéressait à un autre type de personne juridique, soit l'humain qui exécute des tâches au nom d'un d'autre. Il avait délibérément choisi ces termes afin de refléter la relation entre le comédien et le dramaturge ou l'auteur, qui représentait selon lui une analogie fructueuse. Hobbes soulignait que l'acteur qui revêtait la peau d'un personnage n'était absolument pas responsable des actes moraux ou immoraux de celui-ci dans la pièce ; il jouait simplement un rôle. Il était curieux de savoir si un acteur dans la vraie vie, par exemple un avocat ou un soldat qui agirait pour le compte d'une autre entité, pouvait demander l'immunité de la culpabilité morale sous prétexte qu'il ne faisait que suivre des ordres. Quelle est la relation éthique entre les acteurs (ou les agents) et ceux qui les emploient, les auteurs présumés de leurs actes ?

Nous faisons tous fréquemment appel à des « acteurs » pour exécuter à notre place les tâches que nous n'avons pas le temps ou pas envie de faire. De plus, nous avons parfois recours à leurs services lorsqu'ils ont des connaissances ou des capacités que nous ne possédons pas nous-mêmes en tant qu'auteurs, et ils nous permettent ainsi de réaliser des choses que nous ne pourrions accomplir seuls. Le fait d'embaucher un chirurgien ou un architecte en est un exemple typique ; le client est l'auteur et le professionnel, l'acteur.

Il s'agit rarement d'une relation honnête. Dans certains cas, par exemple, les acteurs doivent faire abstraction de leurs connaissances et de leurs capacités pour effectuer la tâche. C'est ce qui arrive aux ingénieurs qui doivent négliger des critères de conception importants pour assurer la fiabilité et la sécurité d'un produit afin de satisfaire aux exigences des entreprises qui commercialisent un produit (comme dans l'affaire de la Ford Pinto), ou à un architecte qui doit accepter le mauvais jugement esthétique et le manque de considération à l'égard du contexte de son client, et construire selon les exigences de ce dernier (comme dans le cas de nombreux aménagements immobiliers). Les avocats, un exemple classique, doivent souvent mettre de côté leur jugement et leurs idéaux personnels pour bien servir leurs clients dans un contexte accusatoire. « La procédure accusatoire oblige les avocats à réduire leurs vues [et] à laisser de côté leurs ambitions de justice [pour plutôt se concentrer] sur les bonnes fins, plus modestes, du triomphe d'un client et de la défaite d'un adversaire[4]. » Les conseillers en relations publiques et les rédacteurs de discours doivent fréquemment faire fi de leurs connaissances et de leur instinct de façon à satisfaire leurs clients. Dans chacun de ces exemples, l'acteur doit non seulement éviter d'employer son talent, ses connaissances et son jugement, mais aussi sa sensibilité éthique afin d'être utile à l'auteur pour lequel il travaille.

On peut dire qu'en général, dans la mesure où les acteurs sont des instruments fiables des intentions de l'auteur, ils sacrifient leur propre liberté d'action, ou autonomie. De plus, dans la mesure où ils perdent leur autonomie, ils deviennent moins crédibles en tant qu'agents moraux, car cela (la capacité de répondre à l'impulsion morale) requiert une liberté de choix ; il est inutile de dire qu'une personne *doit* faire quelque chose si elle ne *peut* pas le faire. Dans certains cas, bien sûr, la débrouillardise et l'habileté d'un acteur à improviser sont des atouts très estimés par l'auteur. Toutefois, l'autonomie d'action ne doit pas dépasser les frontières de l'affectation ; bien que les moyens puissent bénéficier d'une certaine souplesse, la fin est rarement négociable.

Comme l'avait fait remarquer Hobbes, il est clair que les positions de l'acteur et de l'auteur sont moralement ambiguës. Jusqu'à quel point peut-on blâmer l'auteur lorsque l'acteur agit de façon contraire à l'éthique en faisant son devoir ? Jusqu'à quel point l'acteur est-il moralement coupable de suivre des instructions immorales données par l'auteur ? Quel est le statut de leur contrat dans de telles situations ? Il est si difficile de répondre à ces questions qu'on les laisse trop souvent de côté.

Les professionnels sont souvent embauchés en tant qu'acteurs ; c'est leur principal rôle dans la vie. Au même titre que le comédien n'est pas responsable des faits et gestes de son personnage, le professionnel peut être tenté de penser qu'il n'est pas responsable, éthiquement parlant, des actes qu'il pose au nom de son client. Nous n'avons qu'à penser à une avocate qui évince une famille pauvre en plein hiver au nom du propriétaire de l'immeuble, son client. De retour chez elle, elle racontera peut-être à son mari qu'elle a eu une journée éreintante au bureau, ayant eu affaire à des clients désagréables, mais elle est peu susceptible de sentir tout le poids de la culpabilité morale. Prenons l'exemple d'un pilote militaire dont la mission est de bombarder une ville très peuplée. Peu d'entre nous le tiennent moralement responsable de la mort et de la destruction qu'il provoque. Il n'est qu'un acteur, un représentant de son gouvernement, et donc pas responsable. Différentes descriptions de règles de guerre entraînent d'autres absolutions. Pensons aussi au journaliste qui produit des bulletins télévisés montrant de la violence et de la destruction en abondance, tout en renonçant à présenter des nouvelles « ennuyeuses » mais importantes. Il se conforme simplement à un format préétabli par ses patrons, qu'il peut fort bien juger irresponsables. Mais il le fait malgré tout.

Toutefois, l'analogie auteur-comédien proposée par Hobbes est dangereusement inappropriée, car le comédien n'est pas moralement coupable de ses paroles et de ses actes, parce qu'ils sont du domaine de la fiction ; ils n'ont pas de conséquences dans la vie courante. Si, lorsqu'un comédien tire une balle à blanc, sa victime mourait, la responsabilité morale (et, bien sûr, juridique) devrait être assignée normalement.

Toutefois, il est probablement juste de dire que la plupart des professionnels – à vrai dire, la plupart des employés qui portent une responsabilité notable – ont l'impression de jouer un rôle lorsqu'ils sont au travail ; un rôle qui touche à leur statut moral. Le rôle joué au travail comporte souvent des normes éthiques qui diffèrent de leurs normes personnelles. Le concepteur-rédacteur de publicité ou le spécialiste des relations publiques qui raconte des mensonges pour gagner sa vie n'est probablement pas plus menteur que le reste d'entre nous dans sa vie privée. On présume que l'acteur abandonne son rôle à la fin de la journée ; qu'il y a une vraie personne derrière le masque. Cette personne authentique joue des rôles, parfois plusieurs à la fois (mère, épouse, agente immobilière, bénévole, investisseuse à la Bourse, etc.) ; elle les revêt ou les abandonne selon les circonstances. Par conséquent, il est possible pour une personne authentique de s'en tenir à un ensemble véritable ou central de valeurs éthiques, même pendant qu'elle joue un rôle dans un contexte professionnel compromettant sur le plan éthique. Nous nous disons que l'acteur qui exécute les ordres d'un quelconque auteur n'est « pas vraiment nous ».

Cette analyse repose toutefois sur deux hypothèses discutables. Dans la première, l'acteur n'est pas moralement responsable lorsqu'il obéit aux instructions de l'auteur. Nous avons vu que ce n'est le cas que dans le monde fictif, où les actes n'ont pas de conséquences dans la vie réelle. Dans celle-ci, on ne peut se défendre en disant : « Je ne faisais que suivre des ordres. »

Dans la deuxième hypothèse, la personne est distincte des rôles qu'elle assume, et peut les laisser tomber à son gré. Prenons par exemple Kenneth Lay, d'Enron. Selon le magazine *Newsweek*, Lay, fils d'un prédicateur pauvre, s'est hissé au pouvoir à la force du poignet à la manière d'Horatio Alger. Il a en fait déjà gagné le prix d'entreprenariat du même nom. À l'université, il dirigeait une association d'étudiants suivant une ligne pure et dure et a obtenu un diplôme de doctorat en économie. Peu après, il a fondé Enron qui, en 2000, était devenue la septième société en importance aux États-Unis. Malgré le fait qu'il fût devenu riche depuis peu, il vivait modestement et consacrait du temps à des activités caritatives et à des causes civiques. Toutefois, dans son rôle de PDG d'Enron, Lay était un joueur arrogant qui ne s'intéressait qu'à la valeur et à la cote de son entreprise. Il renvoyait un cabinet d'experts-comptables pour en embaucher un autre mieux disposé envers le type de piratage qui a fait la notoriété d'Enron.

Il a créé une culture d'entreprise « coupe-gorge » dans laquelle ceux qui n'atteignaient pas les quotas étaient sommairement renvoyés, et le service de sécurité de la vaste entreprise est devenu un objet de crainte. Il a embauché des dirigeants brillants et dénués de principes, tels Jeff Skilling (chef de la direction) et Arthur Fastow (directeur des finances) afin de tenir les rênes. Il a fait de généreux dons à des candidats politiques et, en retour, a obtenu des exemptions de règlements d'État et locaux. Lorsque la situation d'Enron a commencé à péricliter en 2001, Lay a assuré aux employés que les finances de la société étaient bonnes et qu'ils devaient conserver leurs actions, même s'il s'était lui-même débarrassé des siennes depuis des années. Ceux qui l'ont écouté ont perdu toutes leurs économies dans l'effondrement. Selon *Newsweek* et d'autres observateurs, Lay était certainement au courant des « manœuvres élaborées d'Enron visant à dissimuler les pertes et les dettes[5] ».

Lay possède-t-il deux personnalités, comme Jekyll et Hyde, ou une seule ? Seul lui-même pourrait le dire, mais les comédiens expérimentés savent que le fait de jouer continuellement des rôles finit par altérer le soi authentique, et le bon sens nous dit que l'identité personnelle est, jusqu'à un certain point, un amalgame des rôles assumés par l'individu. Au fil du temps, les gens ont tendance à absorber les valeurs inhérentes ou rattachées aux rôles qu'ils jouent, ne serait-ce que pour éviter la tension occasionnée par la dissonance cognitive. Après tout, nous sommes ce que nous faisons (cela varie, bien sûr, dans la mesure où nous nous identifions à notre travail). Une personne qui se comporte contrairement à l'éthique lorsqu'elle est au travail (même si elle se conforme à un code d'éthique d'une entreprise ou d'une profession) *est* certainement une personne immorale, et non une quelconque partie d'elle-même jouant un rôle. Bauman fait valoir, comme nous l'avons vu précédemment, que « la responsabilité morale est précisément l'acte de constitution de soi[6] », et Charles Taylor abonde en ce sens : « Savoir qui je suis est une façon de savoir où je me situe. » Savoir où je me situe sur le plan éthique me permet dans une large mesure de savoir quel type de personne je suis. Ce qui compte pour moi et les valeurs auxquelles j'adhère me façonnent. Chaque fois que je compromets ces éléments importants, je me corromps, je modifie ma personnalité. Le psychothérapeute et philosophe Viktor Frankl, survivant des camps de concentration nazis, a poussé plus loin cette ligne de pensée en faisant valoir que les choix que nous faisons en répondant aux différents appels à l'action dans la vie – que nous choisissions le bien ou mal – sont la façon dont nous lui donnons un sens. Le sens de la vie n'est pas que le fruit d'une quête, croyait-il, mais quelque chose que nous créons au jour le jour grâce à nos choix. Dans son livre *Man's Search for Meaning* (*Découvrir un sens à sa vie avec la logothérapie*), Frankl cite un passage de Dostoïevski : « Je n'ai qu'une seule crainte, celle de ne pas être à la hauteur de mes souffrances, point. » Il poursuit dans ses propres mots :

> La façon dont un homme accepte son sort et toutes les souffrances qu'il comporte et la façon dont il porte sa croix lui donnent de vastes possibilités, même dans les circonstances les plus difficiles, d'approfondir le sens de sa vie. Il peut demeurer brave, digne et altruiste. Ou bien, dans la lutte amère pour la conservation de soi, il peut oublier sa dignité humaine et devenir un simple animal. L'homme a le choix de saisir ou de laisser passer des occasions d'atteindre les valeurs morales que peut lui fournir une situation difficile. C'est ce qui détermine s'il est ou non à la hauteur de ses souffrances[7].

Dans un monde où les hommes et les femmes sont forcés, sous peine de perdre leur gagne-pain, de vivre au moins une partie du temps selon des valeurs qui leur sont étrangères, l'entreprise sans fin de la formation de soi et l'organisation parallèle d'une vie qui a du sens sont rendues difficiles. Pourtant, chacun d'entre nous recherche à la fois une identité et un sens. Si nous ne pouvons avoir ce qui est authentique, nous accepterons un succédané, car n'importe quoi est préférable à rien. Dans la société de consommation actuelle, les gens sont encouragés par les médias omniprésents à accepter les valeurs synthétiques véhiculées par l'idéologie de cette société. Ils peuvent aussi adhérer à la culture d'entreprise, proche parente du Mouvement des relations humaines. Toutefois, la substitution n'est jamais satisfaisante. Une bonne vie, dans le sens socratique du terme, n'est pas envisageable pour ces personnes.

Ces propos nous ramènent à ceux du début du présent chapitre, et à l'idée de codes professionnels de comportement, ou codes d'éthique. J'ai rédigé un manuel de politiques en partie parce que, comme la plupart des professionnels, les journalistes se retrouvent souvent dans des situations ambiguës sur le plan éthique vis-à-vis de leurs employeurs. (En réalité, le manuel faisait partie d'un plan visant à défendre l'intégrité de notre organe d'information contre le nouveau chef de la direction.) Il existe cependant un certain nombre de principes qui s'appliquent aux « codes d'éthique » omniprésents dans le monde des entreprises et des professions. Certains sont bien publicisés et d'autres sont moins fréquemment reconnus.

Les plus anciennes corporations professionnelles sont celles des avocats et des médecins. Dans la plupart des pays, ces deux groupes ont obtenu une vaste autorité pour réglementer leurs activités et discipliner leurs membres. Chaque profession possède un code d'éthique élaboré. Parallèlement, chacune d'elles est un monopole étroitement administré et a dû mener des luttes soutenues au fil des ans afin d'éviter d'être envahie par les politiciens, les profanes et les autres professionnels. Par exemple, les médecins ont sans cesse résisté aux tentatives de la profession des soins infirmiers d'étendre son domaine de compétences reconnues et son autorité ainsi que de légaliser la profession de sage-femme. En outre, les médecins et les avocats, par l'intermédiaire de leurs associations, ont lutté sans relâche contre les tentatives du gouvernement de réglementer les honoraires dans l'intérêt public.

Une volonté de garantir la compétence des praticiens et d'uniformiser la qualité de leur service à un niveau acceptable est sous-jacente aux dispositions nettement égocentriques des codes d'éthique. De nombreuses associations professionnelles et commerciales interviennent de façon marquée dans les programmes éducatifs destinés à leurs membres et membres éventuels. Les ingénieurs, par l'entremise de leurs associations professionnelles, ont joué un rôle de premier plan dans l'établissement d'écoles de génie et d'administration dans les universités américaines. Des médecins et des avocats mettent sur pied et dirigent des écoles de droit et de médecine, souvent avec l'aide financière de l'État.

Lorsqu'un nouveau groupe de professionnels commence à s'organiser – ce peut être un métier entièrement nouveau, comme la création de sites Web –, c'est généralement pour rehausser le statut de la profession et pour améliorer son image publique. En réalité, le code d'éthique est souvent le totem autour duquel les premiers membres se rassemblent et s'organisent. Les services et les qualifications sont normalisés au sein du groupe pour permettre la prévisibilité sur le marché, ce qui est à l'avantage du vendeur et de l'acheteur. Toutefois, la plupart des codes sont rapidement formulés de façon à protéger les intérêts de ceux qui sont supposés les suivre[8]. En l'occurrence, la critique publique de membres de l'association par leurs pairs est fréquemment interdite par les codes afin de préserver les réputations, qu'elles soient individuelles ou collectives. L'une des priorités consiste à limiter le nombre de praticiens (par des règles de certification professionnelle), de façon à créer un monopole partiel des compétences en cause, ce qui permet en contrepartie de fixer des honoraires plus élevés que le marché en conviendrait autrement. Sous ce rapport, la U.S. National Society of Professional Engineers interdisait les appels d'offres dans le cadre de son code d'éthique, jusqu'à ce que la Cour suprême renverse cette disposition en 1978. Les statuts des associations médicales qui interdisent la publicité a été contesté devant les tribunaux de nombreuses administrations, mais cela a abouti à des résultats mitigés. Les codes d'éthique sont parfois également utilisés comme moyen de devancer la réglementation par l'État d'un métier ou d'une profession grâce à un semblant d'autoréglementation, souvent sur l'ordre de l'État lui-même. Ce fut le cas au Canada, en 2003, lorsque le gouvernement fédéral a obligé les consultants en immigration à former une association qui ébaucherait un code de conduite et élaborerait des moyens de l'appliquer.

Bien entendu, les codes qui régissent la conduite dans les différents métiers et professions diffèrent largement, mais ont certaines caractéristiques génériques qui permettent de dresser une liste de règlements qui couvrent un grand nombre de points communs. Celle-ci inclut notamment les points suivants :

- souci du bien public ;
- souci de l'image et de la réputation ;
- confidentialité des clients et des employeurs ;
- diligence raisonnable / souci de la qualité des produits ;
- fidélité envers les responsabilités profession-nelles / respect à l'égard des pairs ;
- conformité aux lois et règlements.

À mon sens, la principale caractéristique de ces points clés est qu'ils n'ont pas grand-chose à voir avec l'éthique. Un code d'éthique fondé sur ce modèle pour-rait tout aussi bien être adopté par les escadrons de la mort en Colombie que par des vendeurs de voitures usagées ou des fleuristes. Le « souci du bien public » est visiblement un critère très subjectif. Hormis le serment d'Hippocrate et son célèbre « Tout d'abord, ne pas nuire » (une admonestation morale claire), les codes d'éthique professionnels ont tendance à ne pas être ce qu'on prétend qu'ils sont. Il s'agit plutôt de codes de conduite pour professions ou entreprises, ce qui est complètement différent. Ce sont généralement, impli-citement ou explicitement, des formules de gestion des risques financiers ou juridiques, et de nombreuses asso-ciations professionnelles réunissent en fait les sujets de l'éthique et de la gestion du risque dans leurs cours d'instruction professionnelle menant à l'homologation.

Le philosophe John Ladd émet certaines critiques catégoriques sur les codes d'éthique d'entreprises et de professions, en commençant par l'observation que les règlements qu'ils comportent sont généralement beau-coup trop précis pour être considérés comme de véritables préceptes éthiques. « Fondamentalement, l'éthique est une activité individuelle, libre de critique et de réflexion », dit-il. Le fait de tenir pour acquis que les normes éthiques peuvent être fixées dans des réunions de comité, puis codifiées et diffusées, équivaut à « confondre l'éthique avec l'établissement des lois, des règlements et des politiques et d'autres types de prises de décision. Il s'ensuit que les principes éthiques ne peuvent être établis à ce titre par des associations, des organismes ou par un consensus de leurs membres[9] ». Même si l'on pouvait en arriver à un vaste accord sur des règles pouvant être établies dans un code, « l'imposition de ce code à d'autres sous forme d'éthique entre en contradiction avec la notion d'éthique en soi, qui suppose que les gens sont des agents moraux autonomes ». Le fait d'associer des procédures disciplinaires à de tels codes les transforme en règles juridiques ou tout autre type de règles de conduite qui font autorité, comme les règlements administratifs d'un organisme, les règlements promulgués par un représentant officiel, les règles d'un club, les règles de l'étiquette ou d'autres exemples de normes de conduite. Le fait de coller l'étiquette « éthique » à de telles conventions, règles et normes, fait valoir Ladd, « reflète simplement une confusion intellectuelle quant au statut et aux fonctions desdites conventions, règles et normes ». L'éthique occupe visiblement une place pertinente dans de telles listes de règlements, mais le lien est le même qu'entre l'éthique et la loi. Le rôle de l'éthique consiste à « évaluer, critiquer et peut-être même défendre (ou condamner) [...] les règlements et les procédures qu'elle prescrit, ainsi que les objectifs sociaux et politiques qu'elle représente ». Malgré ce qu'on nous apprend depuis des générations, l'éthique passe avant la collectivité. Elle n'est pas issue des institutions sociales et de leurs règlements ; elle est ce qui les rend possibles, et fournit la perspective qui nous permet de les juger.

La philosophe Elisabeth Wolgast signale qu'en 1980, le général de l'armée américaine Maxwell Taylor s'inquiétait de « l'absence d'un code d'éthique explicite pour les militaires », et a par conséquent proposé que chaque officier en élabore un. Elle cite Taylor, qui suggérait aux officiers l'idée suivante :

> L'officier idéal est celui auquel on peut se fier pour accomplir toutes les tâches et les missions qui lui sont assignées et qui, ce faisant, tire le meilleur parti des ressources disponibles avec un minimum de pertes et de gaspillage. Un tel officier est profondément convaincu de l'importance de la profession militaire et de son rôle [et] se perçoit comme un descendant du guerrier qui, aux côtés du roi, du prêtre et du juge, a aidé la civilisation à survivre[10].

Wolgast constate : « En définitive, Taylor croit que les exigences professionnelles doivent déterminer les exigences morales, et non l'inverse[11]. » La conclusion du général sera reprise par tout code de conduite professionnelle cherchant à éluder les tensions et les ambiguïtés de la relation entre l'auteur et l'acteur. Tout code aura pour principal dessein de conditionner les exigences morales afin qu'elles soient conformes aux exigences professionnelles et à celles de l'entreprise. Ce sera une invitation à agir sans faire preuve de responsabilité morale sincère, à porter une cape d'invisibilité morale.

Parmi les répercussions de la prolifération des codes d'éthique professionnels, mentionnons celle, moins remarquée, de la professionnalisation continue de la critique de l'éthique, sortie des compétences du citoyen ordinaire et placée entre les mains de spécialistes. On s'attend à ce que les éthiciens de la médecine et des affaires ou les bioéthiciens, pour ne nommer que trois de ces nouveaux spécialistes, possèdent une connaissance approfondie, et même des diplômes, dans les disciplines qu'ils évaluent. Cela peut sembler sensé, mais c'est sans compter le danger que l'éthicien soit retenu « prisonnier » de la discipline et de ses normes internes. Les sciences en sont un exemple typique. Compte tenu du prestige imposé par la science et la médecine, l'allégation selon laquelle ces branches de l'activité humaine sont en mesure de s'autoréglementer grâce à leurs éthiciens spécialement formés est convaincante. Peu de citoyens ordinaires ont le sentiment d'être suffisamment compétents pour argumenter avec quelqu'un portant le titre imposant de bioéthicien et une liste de titres à la suite de son nom. Le débat moral est ainsi de plus en plus réservé aux experts et se déroule dans un langage technique inaccessible aux profanes, et à la plupart des journalistes.

Cela représente, bien entendu, une bonne nouvelle pour ces professionnels qui chercheraient à échapper à l'intervention du public ou du gouvernement dans leur travail. Toutefois, comme je le fais valoir tout au long de ce livre, en dernière analyse, il n'y a pas d'experts en matière d'éthique. N'importe quel citoyen réfléchi et avisé est aussi apte que n'importe quel expert à porter des jugements éthiques sur les répercussions de projets scientifiques et technologiques. Grâce à sa formation, l'expert peut toutefois chercher et publiciser d'importantes questions d'éthique. Toutefois, les citoyens ordinaires qui exercent leur sens moral sont souvent les mieux placés pour émettre un jugement final. Il y a très longtemps, Platon soulignait dans *Protagoras* que la connaissance de la vertu diffère de la connaissance technique, au sens des connaissances spécialisées. Tout le monde, disait-il, a accès à la connaissance éthique et tout le monde peut et devrait l'enseigner.

Avant le milieu des années 1980, le poste d'agent d'éthique n'existait pas. Aujourd'hui, un si grand nombre de cadres sont officiellement affectés à la supervision de l'éthique dans les entreprises qu'ils ont désormais leur association, l'Ethics Officer Association, et tiennent de vastes congrès. Une grande partie de leur travail consiste à créer et à administrer des codes d'éthiques d'entreprise. En effet, 90 % des entreprises du palmarès Fortune 500 ont des codes d'éthique ou de conduite que les employés doivent connaître et comprendre[12]. Ces derniers posent encore plus de problèmes que les codes d'associations professionnelles puisque la façon dont les entreprises envisagent l'éthique est, comme on peut s'y attendre, différente de la vision humaine. Les implications pratiques de cela sont manifestes dans un grand nombre de codes d'entreprises appelés « codes d'éthique et de conformité ». Comme l'indique le mot *conformité*, ces codes existent principalement pour empêcher les employés d'enfreindre la loi ou la réglementation gouvernementale, ce qui pourrait entraîner des amendes.

Altria Corporation, pour ne nommer qu'un seul des milliers d'exemples possibles, affiche son code de « conformité et d'intégrité » sur son site Web. Il commence ainsi : « Chaque membre du groupe Altria s'engage à poursuivre ses objectifs commerciaux en toute intégrité et conformément à toutes les lois. » Il nomme quatre questions que les employés devraient se poser avant d'agir dans une situation problématique : « Est-ce légal ? Est-ce conforme aux politiques de l'entreprise ? Est-ce la bonne chose à faire ? Comment cela sera-t-il perçu à l'extérieur de l'entreprise ? » Comme nous l'avons vu précédemment, Altria est le nouveau nom du groupe d'entreprises Philip Morris qui inclut Philip Morris International, l'un des plus importants fabricants de cigarettes au monde, et Kraft Foods, l'un des principaux fabricants de grignotines au monde. Un groupe d'États américains a récemment reçu 10,1 milliards de dollars US en dommages dans le cadre d'une poursuite alléguant que Philip Morris vendait des cigarettes tout en sachant qu'elles étaient dangereuses pour ses clients. Kraft fait également face à des poursuites fondées sur des allégations similaires relatives aux effets de ses aliments sur la santé. L'Organisation mondiale de la santé de l'ONU a accusé Altria de tenter de miner les efforts de la lutte antitabac dans les pays du tiers-monde (voir le chapitre 8). Il semble qu'Altria donne un sens nettement différent à l'expression « la bonne chose à faire » que le reste du monde.

La firme de sécurité internationale Pinkerton a quant à elle fait une activité lucrative de l'éthique d'entreprise grâce à un programme appelé « services téléphoniques d'éthique et de conformité AlertLine ». La société décrit le service comme suit dans sa documentation commerciale :

> Les services téléphoniques d'éthique et de conformité AlertLine (MD) répondent aux besoins d'à peu près tous les secteurs. Ils procurent une tierce ressource fiable, accessible 24 heures par jour, 7 jours sur 7, permettant de déclarer les préoccupations en matière d'éthique, de conformité, de prévention des pertes, de sécurité, de ressources humaines, de violence ainsi que d'autres problèmes critiques en milieu de travail. Cette ressource, un service téléphonique sans frais, est le fondement des programmes de conformité efficaces fournis par Pinkerton à ses clients dans plus de 100 000 endroits dans le monde entier[13].

Ce programme « d'éthique et de conformité » est en fait une sorte de service qui encourage la « délation », enregistre et classifie les déclarations de violation et prépare des rapports périodiques pour la direction des entreprises.

Selon moi, ces exemples reflètent le fait que la conformité, en tant que substitut synthétique du comportement éthique pour les rationalistes, ne supplante ni ne remplace d'aucune façon l'authentique. Je laisse le dernier mot à Zygmunt Bauman, qui remarque avec justesse que :

> Il n'existe pas de principes purs et durs qu'on peut apprendre, mémoriser et déployer de façon à éviter les situations ayant des répercussions négatives ainsi que l'arrière-goût amer qu'elles laissent (appelons-le scrupule, mauvaise conscience ou péché), qui se produisent spontanément dans la foulée de la prise de décisions et de leur exécution. La réalité humaine est compliquée et ambiguë ; il en va de même pour les décisions morales qui, à la différence des principes éthiques abstraits, sont ambivalentes.

En fin de compte, nous devons, selon lui, porter attention à nos impulsions morales innées afin de découvrir comment être bons les uns envers les autres[14].

Notes

1. Curtis D. MacDougall, *Interpretative Reporting*, New York, MacMillan, 1972, p. 4.
2. Andrew Collier, *In Defence of Objectivity and Other Essays*, Londres, Routledge, 2003, p. 139.
3. John O'Neill, « Commerce and the Language of Value », dans Margaret S. Archer et William Outhwaite, dir., *Defending Objectivity : Essays in Honour of Andrew Collier*, Londres, Routledge, 2004, p. 82.
4. Andreas Eshete, « Does a Lawyer's Character Matter ? » dans David Luban, dir., *The Good Lawyer*, Princeton, Princeton University Press, 1986, p. 227.
5. « The Gambler Who Blew It All », *Newsweek*, le 4 février 2002, p. 18-24 ; « Cliff Was Climbing the Walls », *Newsweek*, le 4 février 2002, p. 24.
6. *Ibid.*, p. 13.
7. Viktor Frankl, *Man's Search for Meaning*, New York, Washington Square Press, 1963, p. 106-107.
8. L'Association for Computing Machinery (ACM) est une exception digne de mention. Son code d'éthique et de conduite professionnelle, avant de passer aux précisions, exhorte ses membres à se conformer à un ensemble d'« impératifs moraux généraux ». Elle énonce : « En tant que membre de l'ACM, je [...] contribuerai au bien-être de la société et des humains ; éviterai de causer du tort aux autres ; serai honnête et fiable ; serai juste et ferai en sorte de ne pas discriminer ; reconnaîtrai les droits de propriété, y compris les droits d'auteur et les brevets ; donnerai foi à la propriété intellectuelle et respecterai la confidentialité. » Le code est reproduit dans Deborah G. Johnson et Helen Nissenbaum, *Computers, Ethics and Social Values*, Upper Saddle River, Prentice Hall, 1995, p. 598-600.
9. Cette citation ainsi que les suivantes sont de John Ladd, « The Quest for a Professional Code of Ethics : An

Intellectual and Moral Confusion », dans Rosemary Chalk, Mark S. Frankel et Sallie B. Chafer, dir., *Professional Ethics Project : Professional Ethics in the Scientific and Engineering Societies* de l'American Association for the Advancement of Science (AAAS), Washington, D.C., AAAS, 1980, p. 154-159.

10. Tiré de Maxwell Taylor, « A Do-It-Yourself Professional Code for the Military », *Parameters : Journal of the U.S. Army War College* 10, n° 4, décembre 1980, p. 11, dans Wolgast, *Ethics of an Artificial Person*, p. 23.

11. *Ibid.*

12. Thomas Donaldson et Thomas Dundee, « Values in Tension : Ethics Away from Home », *Harvard Business Review*, septembre 1996, p. 54.

13. http://www.ci-pinkerton.com/workplace/alertline.html.

14. Bauman, *Postmodern Ethics*, *op. cit.*, p. 32.

Chapitre 11

La consommation et l'entreprise

J'AI PROPOSÉ L'IDÉE, plus tôt dans cette partie, que les entreprises peuvent être comparées à des envahisseurs étrangers qui cherchent à prendre le contrôle de nos vies. En reprenant cette métaphore, j'ajouterais que le principal domaine d'autorité contesté s'est révélé être l'éthique et la moralité. C'est grâce à l'instinct moral que les gens ont pris conscience des façons de procéder des compagnies et ont commencé à montrer une résistance de plus en plus ferme devant elles. C'est en se fondant sur l'impulsion morale et ses prescriptions que nous finirons par trouver de nouveaux et meilleurs moyens de mener nos activités économiques. À la lumière de cela, il me semble qu'il faut placer l'entreprise, en tant qu'institution, dans la même catégorie qu'une autre institution à laquelle ont fait souvent référence comme à une machine – l'armée.

Tant l'une que l'autre fournissent des services utiles à l'État et à sa population humaine, et toutes deux emploient des gens pour ce faire. Toutefois, dans le cas de l'armée, nous comprenons depuis des siècles qu'il faut lui tenir la bride haute et l'éloigner scrupuleusement des pouvoirs politique et économique. Nous le savons, car à bien des occasions, dans de nombreux pays, la non-observation de ces règles a permis à des militaires de prendre le pouvoir. L'armée a un travail à accomplir, et nous nous attendons à ce qu'elle le fasse correctement, ni plus ni moins. Le même principe devrait s'appliquer à l'entreprise. Dans chaque cas, nous avons affaire à un outil qui sert à atteindre des objectifs de société et dans aucun cas nous n'avons intérêt à ce que l'outil en question prenne les commandes. Si l'on tient compte du fait que la compagnie est simplement un objet conçu pour faciliter le processus complexe qu'est sa direction, il est extrêmement bizarre que nous lui ayons octroyé une identité individuelle et la protection des chartes des droits de la personne, et que nous demandions conseil à ses porte-parole pour l'élaboration des lignes de conduite politiques et économiques, tout en sachant que ces conseils seront, bien sûr, égocentriques.

Comme dans les sociétés qui ont permis à l'armée d'usurper le pouvoir, les sociétés sous l'emprise des entreprises ont des attitudes caractéristiques envers l'éthique et ce qui constitue un comportement vertueux. Ces attitudes peuvent d'abord recouvrir les structures de valeurs existantes, mais à mesure que le temps passe, elles en viennent à constituer la perception dominante. L'éthique militaire suggérée par le général Taylor au chapitre précédent propose, par exemple, que l'officier idéal soit « profondément convaincu de l'importance de la profession militaire et de son rôle [et] se perçoive comme un descendant du guerrier qui, aux côtés du roi, du prêtre et du juge, a aidé la civilisation à survivre ». L'entreprise possède non seulement une telle éthique, mais deux éthiques, et les deux ont été profondément implantées dans notre conscience.

La célèbre (ou notoire) éthique du travail – en résumé, les motivations intériorisées qui poussent les gens à travailler – a été, pendant plus d'un siècle, le centre d'une recherche zélée sur ce qui stimule la productivité industrielle. Il existe un type d'éthique parallèle, et bien qu'il soit reconnu, on ne fait généralement pas le lien historique entre celui-ci et l'éthique du travail : il s'agit de l'éthique de consommation. Toutes deux sont des impostures, car aucune d'elles ne constitue une véritable éthique. Bien qu'une solide « éthique » de travail puisse être considérée comme une vertu et permette même à certaines personnes de mener une belle vie, ce n'est pas à proprement parler une bonne chose. On peut travailler dur pour de mauvaises causes. La frime est à la fois plus et moins manifeste dans le cas de l'« éthique » de consommation, qui fait valoir que cette dernière est « bonne » dans un sens historique particulier.

Les deux sont étroitement liées, dans la mesure où l'éthique du travail comme nous la connaissons aujourd'hui est alimentée par des promesses de consommation. À d'autres époques, l'éthique du travail, que les protestants embrassaient dans leurs enseignements, a servi la société industrielle émergente en inculquant les vertus communes de ponctualité, de dur labeur, d'obéissance et de frugalité. Tandis qu'on prétendait que le comportement vertueux était une récompense en soi, la théologie protestante avait également comme caractéristiques de reconnaître, et même de célébrer, le fait que ces vertus pouvaient entraîner la richesse, que l'on pouvait conséquemment considérer comme un signe extérieur de rectitude morale. En d'autres mots, la richesse pouvait être un signe qu'une personne avait réservé sa place au paradis.

Au milieu du XXᵉ siècle, l'association symbiotique de l'éthique du travail et de l'éthique de consommation avait évolué afin de mieux servir une ère d'entrepreneuriat et d'individualisme. La relation se résumait à travailler dur et à s'enrichir (ou, comme cela m'a été présenté quand j'étais cadre à la télévision : fais-toi riche ou fais-toi mettre à pied). Une récompense était promise : le paradis sur terre grâce à la consommation. C'est cette promesse qui a rendu le travail supportable, dans un monde de conseillers en étude des temps et mouvements et de tâches insignifiantes, répétitives et assommantes. Pour bien des gens, les avoirs acquis au moyen d'un revenu stable étaient suffisants ; pour d'autres, le salaire constituait un point de départ pour démarrer sa propre entreprise et devenir vraiment riche. Dans les deux cas, on a fait du travail et de la consommation des points d'un continuum : il fallait travailler pour consommer ; et pour consommer, il fallait travailler davantage. Il s'agit d'un ordre purement rationaliste, d'un système cybernétique réglé par la rétroaction positive sans jamais faire référence à la moralité. À ce titre, il convient parfaitement aux institutions rationalistes de l'économie de marché.

C'est ainsi qu'a été créée la société de consommation au début du XXe siècle – non pas naturellement, mais pour des raisons historiques, en tant que substitut des récompenses de la vertu que les générations précédentes de travailleurs avaient rattachées au travail pour le travail. Malgré les timides incursions d'une poignée de grandes entreprises dans le capitalisme à visage humain, ou capitalisme social, au début du XXe siècle et malgré les efforts déployés par les premiers gourous de la gestion « scientifique » du capitalisme d'entreprise, le syndicalisme et le socialisme radicaux ont continué de gagner en popularité auprès de la classe ouvrière avant et immédiatement après la guerre de 1914-1918. Le spectacle alarmant de la Révolution bolchevique en

Russie a suscité la peur de bouleversements semblables à l'Ouest. Même les plus ardents capitalistes de marché ont convenu que les conditions de travail en usine étaient à la source du problème.

La raison d'être de la consommation en tant qu'idéologie était de soulager cette aliénation des travailleurs en rendant attrayante la récompense du travail insatisfaisant – de l'esclavage salarial. Le capitalisme de marché et la nouvelle entreprise moderne faisaient face à deux crises : l'agitation des travailleurs et la surproduction causée par l'efficacité même qui était responsable de l'insatisfaction de la main-d'œuvre. L'invention de l'éthique de consommation devait fournir une solution globale aux deux problèmes ainsi qu'une explication à laquelle les différents plans de gestion scientifique du siècle feraient appel pour se justifier.

Les historiens culturels ont documenté de manière approfondie la façon dont l'essor de la culture de consommation contemporaine a été délibérément encouragé par les nouveaux géants de l'industrie du début du XXe siècle[1]. La famille, comme toujours le fondement nécessaire de la stabilité sociale, s'est vu nier son rôle historique en tant que centre de *production* avec l'arrivée du modèle de production en usine et de l'économie basée sur les salaires durant la révolution industrielle. L'idéologie de la consommation a repositionné la famille en tant que centre de *consommation*, dans lequel chaque membre avait un rôle particulier à jouer. Ces rôles étaient définis par les publicitaires des années 1910 et 1920 : le père gagnait de l'argent et achetait pour lui-même et son foyer les meubles qui, selon les affirmations des publicitaires, lui étaient nécessaires pour décrocher un bon emploi et le garder. Pour sa part, la mère faisait office de quartier-maître et aide de camp de la maisonnée ; son emploi dépendait de sa capacité soutenue à conserver l'intérêt sexuel de son époux. Pour ce faire, elle-même dépendait des industries de l'hygiène, de la beauté et de la mode. Les enfants constituaient initialement un marché pour les aliments « sains », et deviendraient plus tard des consommateurs à part entière. La nouvelle voix d'autorité parentale provenait de l'entreprise et de ses porte-parole, inventés pour la cause mais bien réels.

Les publicitaires des années 1920 et 1930 s'exprimaient souvent en paraboles, en tentant de tirer des leçons morales du quotidien des consommateurs. À force d'être répétées, les paraboles finissaient par devenir si familières qu'elles pouvaient susciter une réaction simplement au moyen de quelques lignes de texte et d'une illustration. Roland Marchand, qui a catalogué des centaines de ces tableaux de calcul, souligne que leur but était de renforcer et d'encourager la conversion à une « "logique de vie" moderne et séculière[2] ». Mentionnons notamment la parabole de la Première Impression, qui mettait l'accent sur la façon dont la première impression qu'on donne peut sceller notre destin, sur le plan tant professionnel que personnel. Marchand paraphrase ici une publicité illustrée d'un grand magasin de l'époque :

> Dans la « Porte ouverte », [une jeune femme] et son époux vivaient la plus grande crise sociale de leurs cinq années de mariage : ils avaient eu l'audace d'inviter à souper le vice-président responsable des ventes et son épouse. La jeune femme empressée a consacré plusieurs jours à la planification du menu. Pour sa part, son époux a cherché des sujets de conversation appropriés et les a répétés. Toutefois, ils ont tous deux complètement oublié l'apparence de leur porte d'entrée, qui était terne et sans boiseries. Ils ne se sont pas rendus compte à quel point les

meubles qu'ils avaient achetés peu après leur mariage semblaient fatigués et démodés. Tous leurs efforts de préparation ont été réduits à néant, car leurs invités se sont forgés une impression indélébile durant les quelques secondes entre le moment où ils ont sonné et leur entrée dans le salon. Même la meilleure cuisine ou les conversations les plus appropriées ne pouvaient compenser la première impression d'insipidité démodée et de manque de modernisme. Cela témoignait d'une fatidique insuffisance de caractère et d'ambition. Vingt ans plus tard, l'homme occupait toujours le même poste de troisième assistant aux ventes à la petite succursale. Le couple a transmis à ses enfants une leçon de sagesse durement apprise : « Votre avenir peut reposer sur ce que révèle la "Porte ouverte". »

La publicité d'un fabricant de ciment demandait : « Aimeriez-vous qu'on vous juge par l'apparence des murs de votre sous-sol ? » La compagnie Kohler, quand à elle, mettait les gens en garde : « Aucune pièce de la maison n'est plus éloquente que la salle de bain. » Les fabricants de crème à raser, de dentifrice, et même de jarretières produisaient des publicités qui dramatisaient les tragiques occasions manquées, en amour comme en avancement de carrière, en raison d'une apparence moins qu'impeccable.

La parabole publicitaire de la Démocratie des biens dressait le portrait d'un monde où même le plus humble des foyers pouvait bénéficier de biens et de services qui étaient autrefois l'apanage des riches et des puissants. Une publicité de crème de blé datant de 1929 présentait le descendant, juché sur un tricycle, de la richissime famille Biddle en soulignant que sa santé rayonnante était le résultat d'un régime prescrit par des « spécialistes réputés ». Ce n'était pas faute de budget que le jeune Biddle mangeait de la crème de blé matin et soir. Grâce à la démocratie des biens de la société de consommation, ajoutait la publicité avec enthousiasme, « toutes les mères peuvent offrir les bienfaits et le plaisir que procure un déjeuner à la crème de blé à leurs enfants, au même titre que les parents de ces enfants qui reçoivent le meilleur de ce qu'offre la richesse ».

« Selon cette parabole, observe Marchand, les prodiges de la production et de la distribution de masse modernes permettaient à chacun d'apprécier les plaisirs, les commodités ou les bienfaits les plus considérables qu'offrait la société. » La C. F. Church Manufacturing Company annonçait que « vous auriez beau vivre dans l'une de ces suites présidentielles sur Park Avenue, à New York, où les loyers coûtent entre 2 000 et 7 500 dollars par année, vous ne pourriez avoir un meilleur siège de toilette que le Sani-white de Church, le siège de toilette que vous pouvez vous offrir dès maintenant ». Toujours dans la même veine démocratique, le savon Lifebuoy mettait les hommes en garde : « Les odeurs corporelles ne font pas de favoritisme. » De plus, Paramount Pictures assurait aux Américains : « Vous êtres des rois dans vos maisons » et « aucun monarque de toute l'histoire n'a jamais eu la moitié de ce que vous possédez ». Visiblement, l'Amérique pouvait se passer du socialisme. « Les annonceurs n'avaient pas à imposer la parabole de la Démocratie des biens à un public contrarié, souligne Marchand. Ils avaient la mission, plus facile, de substituer subtilement cette vision d'égalité, certainement satisfaisante *en tant que vision*, par les attentes et les espoirs, plus généraux et traditionnels, d'une égalité fondée sur l'autosuffisance, l'indépendance personnelle et l'interaction sociale. »

Dans la parabole de la Civilisation rachetée, le rédempteur est la technologie moderne, plus particulièrement celle qui produit des aliments transformés et des médicaments brevetés. Même les cigarettes étaient annoncées comme la solution au stress de la vie moderne. « La morale, affirme Marchand, était que la civilisation et la nature n'étaient pas des antithèses. Il n'était pas nécessaire d'appliquer les freins aux roues du progrès. »

L'idée du rédempteur technologique était étendue à la vie de famille dans la parabole de l'Enfant captif, où l'on donnait des conseils aux mères sur les soins et l'alimentation à donner à leurs enfants. Les câlineries ou la discipline rétrogrades devaient être remplacées par des produits si alléchants (la soupe aux légumes Campbell) qu'il ne serait nullement nécessaire de persuader ou d'obliger l'enfant à faire ce qui est le mieux pour lui. Une publicité d'Ex-Lax datant de 1920 tentait de persuader les consommateurs : « Ne poussez pas vos enfants à vous détester en les forçant à prendre ces horribles médicaments et ces purgatifs amers qui suscitent si souvent des larmes et des accès de colère. » Les mères devraient plutôt tenter leurs petits avec des Ex-Lax à saveur de bonbons. « Ils les adoreront, et vous aimeront parce que vous leur en donnez. »

Des publicités omniprésentes comme celles-là « invitaient les lecteurs à adopter une nouvelle "logique de vie" où les anciennes valeurs de discipline, de formation du caractère, de modération et de réalisations axées sur la production étaient subordonnées aux nouvelles valeurs de plaisir, d'apparence extérieure et de réalisations grâce à la consommation », conclut Marchand. C'était la « logique » de la consommation. Les publicités ultérieures, peut-être influencées par la télévision, se sont mises à éviter les textes trop longs et à miser plutôt sur une rédaction publicitaire empreinte d'une imagerie subliminale et emblématique et de subtilités psychologiques, afin de véhiculer des messages conçus de façon similaire pour exploiter les insécurités des consommateurs. Nous sommes tous au fait de cela.

Compte tenu que cette idéologie provient des entreprises, il n'est pas surprenant que les valeurs implicites de la consommation ressemblent peu aux valeurs traditionnelles incluant la famille, la communauté, l'économie, la piété, le développement autocentré, la charité, la modestie, l'amour et d'autres valeurs qui caractérisaient les meilleures aspirations de la société du XIXe siècle et jusqu'en 1914. En effet, à titre de nouveaux consommateurs, les membres de la classe moyenne et de la classe moyenne inférieure étaient encouragés à dépenser au-delà des limites de leurs revenus et à se servir de leurs acquisitions pour prendre avantage sur leurs collègues et voisins. Aussitôt que la capacité de production l'a permis, cette nouvelle éthique matérialiste a été promue aussi parmi les pauvres, par le truchement de la propagande de masse qu'est la publicité. Ce concept est habilement résumé dans cette recommandation datant de 1929, reproduite dans l'ouvrage classique *Captains of Consciousness* de Stewart Ewan : « Le "consommationnisme" est le nom donné à la nouvelle doctrine ; et on admet aujourd'hui qu'il s'agit de la plus grande idée que l'Amérique a donnée au monde ; celle que les travailleurs et les masses ne sont pas simplement considérés comme des travailleurs et des producteurs, mais aussi comme des *consommateurs*. L'équation est la suivante : payez-les plus cher, vendez-leur plus de produits, et prospérez davantage[3]. »

La publicité encourageait les gens à chercher de nouvelles identités dans la lignée de la philosophie de consommation de l'ère de l'entreprise. La consommation était présentée comme un processus créatif :

vous êtes ce que vous possédez ; vous êtes ce que vous consommez. En vue d'absorber la formidable capacité des processus de production industrielle toujours plus efficaces, il fallait s'assurer que les désirs des consommateurs demeurent insatiables. Une mesure concertée a été prise pour atteindre cet objectif grâce à une technique publicitaire visant en grande partie à miner systématiquement la confiance en soi – un *soi* de plus en plus dépendant des biens et services pour s'épanouir. Il s'agissait d'un processus analogue à la création d'une pharmacodépendance, puis à son traitement au moyen d'autres médicaments.

Les participants à la jeune industrie de la publicité du début du XXᵉ siècle étaient en passe de découvrir les sciences humaines naissantes que sont le béhaviorisme, la psychanalyse et la psychologie sociale. Les publicitaires se sont approprié les découvertes des recherches sur la nature et les origines des désirs et des insécurités des humains et s'en sont servis pour créer une demande économique chez les consommateurs. Le behavioriste russe Pavlov, qui était arrivé à la conclusion que tous les comportements humains peuvent être conditionnés, est l'un de ceux qui attira leur attention. Les publicitaires rêvaient de faire de la consommation une culture pavlovienne : « provocation, salivation et consommation ». De plus, dépenser devenait plus facile que jamais grâce à l'arrivée du nouveau concept d'achat instantané, le crédit à la consommation, qui deviendra rapidement une source majeure d'enrichissement pour les compagnies.

Les sciences de l'étude des motivations sont arrivées juste à temps pour les publicitaires, car transformer les travailleurs et les citoyens en consommateurs n'était pas une tâche simple. Les publicitaires avaient besoin de toute la subtilité psychologique qu'ils pouvaient trouver, car l'éthique matérialiste ne faisait pas encore partie du répertoire culturel de la plupart des gens de la classe ouvrière, qui étaient obstinément mal à l'aise à l'idée de vivre au-dessus de leurs moyens ou de consommer plus que nécessaire. Il n'existe pas de preuve qu'il est dans la nature des gens de vouloir appauvrir leurs voisins au moyen de la concurrence économique. Toutefois, la société de consommation était centrée sur la création d'une identité et sur la lutte pour obtenir un statut grâce à la consommation. À cette fin, les anciennes habitudes devaient être vaincues ; les gens devaient recevoir, souvent à l'encontre de leurs instincts naturels, une formation sur leurs nouvelles responsabilités en tant que consommateurs des fruits de la corne d'abondance industrielle.

Les sciences béhavioristes et administratives, qui avaient entraîné un énorme accroissement de la productivité des travailleurs, devaient maintenant être employées pour façonner des consommateurs complaisants et insatiables. Les découvertes scientifiques sur le comportement humain « sont devenues équivalentes aux découvertes industrielles, plus précieuses à la fabrication que l'utilisation de l'électricité ou de l'acier[4] ». Comme le faisait remarquer un article dans un journal scientifique datant de 1922, la publicité était devenue un instrument essentiel de manipulation sociale qui avait pour but « d'invalider les coutumes ancestrales [...] afin de faire tomber les obstacles que constituent les habitudes individuelles ». La publicité était « à la fois l'élément destructeur et créateur du processus de nouveauté en constante évolution. Sa démarche constructive [visait] à superposer les nouvelles conceptions de réalisation individuelle et de volonté communautaire[5] ».

Comme les grandes entreprises administrées professionnellement payaient de plus en plus les factures de ce programme de rééducation, c'étaient leurs besoins et leurs valeurs qui alimentaient le processus publicitaire (et qui continuent de le faire). En 1990, les compagnies du monde entier dépensaient plus de 240 milliards de dollars US par année en publicité et 300 milliards de dollars pour l'emballage, le design et autre publicité promotionnelle au point de vente, ce qui représente 120 dollars pour chaque homme, femme et enfant de la planète. La plus grande partie de l'argent de la publicité directe est dépensée à la télévision, que l'adulte américain moyen regarde pendant environ 28 heures par semaine. Chaque semaine, ces téléspectateurs sont exposés à plus de 9 heures de publicité. Ces chiffres ne sont que légèrement inférieurs au Canada et dans d'autres régions du monde industrialisé.

De plus en plus, l'argent des compagnies affecté à la publicité est dépensé directement dans les écoles, comme l'explique à *Advertising Age* Mark Evans, premier vice-président des éditions Scholastic : « Un nombre croissant d'entreprises considèrent la commercialisation informative comme la façon la plus convaincante, marquante et rentable de se tailler une place auprès des gens et dans le marché du XXIᵉ siècle. » Des agences telles que Learning Enhancement et Lifetime Learning System trouvent des moyens de permettre à leurs entreprises clientes d'insérer du matériel dans les programmes des écoles nord-américaines, comme du matériel didactique sur vidéo et même des manuels scolaires. Le National Council on Economic Education aux États-Unis promeut l'enseignement de l'économie dans les écoles primaires et secondaires à l'aide de matériel « enrichi » à tendance néolibérale. La chaîne de télévision Channel One donne de l'équipement de télévision par satellite aux écoles qui acceptent de présenter leurs émissions pendant au moins 90 % des jours d'école à 90 % des élèves. La programmation axée sur les affaires courantes, dont la valeur est douteuse, est ponctuée de publicités. En 2004, environ 12 000 écoles américaines s'étaient inscrites à ce programme.

Aux États-Unis, peut-être plus qu'ailleurs dans le monde industrialisé, l'éthique de consommation a été reliée à la démocratie, cette combinaison formant une nouvelle et puissante idéologie. Son argumentation va comme suit : comme on prétend que celles-ci reposent sur les récompenses de la consommation, et puisque la paix et la prospérité industrielles ont été les clés de voûte du succès de la démocratie industrielle, la consommation est essentielle au maintien de la démocratie. Un mauvais consommateur est un mauvais démocrate. Cette idée a été illustrée de façon frappante par l'admonestation adressée aux Américains par le président des États-Unis, George W. Bush, au lendemain des événements du 11 septembre 2001, « Sortez et allez magasiner », comme un défi lancé aux terroristes antidémocratiques. Sous ce rapport, Stewart Ewan paraphrase Edward Filne, le théoricien culturel précoce et influent, protecteur du consommateur, fondateur de la Consumer Union et auteur du succès d'édition *Successful Living in the Machine Age* paru en 1931, qui était persuadé que la consommation représentait une solution de rechange efficace à la politique comme moyen de participation démocratique.

> En achetant les produits des grandes industries et en participant à la solvabilité économique de ces géants, les gens élisaient un gouvernement qui satisferait continuellement leurs besoins et leurs désirs ; le processus démocratique était en train d'éloigner la

sphère politique de ses préoccupations gouvernementales traditionnelles et de la solidifier dans les
façons de faire économiques du capitalisme moderne.
« C'est dans la structure commerciale [que] le peuple
choisit l'autorité la meilleure et la plus judicieuse[6]. »

Edward Bernays, neveu de Sigmund Freud et
personnage le plus en vue de l'industrie des relations
publiques aux États-Unis durant les années précédant la
Deuxième Guerre mondiale, affirmait d'un ton approbateur (dans son livre *Propaganda*) : « Nous avons
volontairement accepté de laisser un gouvernement
invisible filtrer les données et mettre en relief les questions en suspens afin que nos choix soient restreints à
des proportions pratiques. » Le « gouvernement invisible » était composé de grandes entreprises et de leurs
porte-parole en publicité et en relations publiques.

Il est clair que l'idéologie de consommation est
essentiellement autoritaire, malgré le fait que ses
adeptes prétendent le contraire. Si la démocratie réside
dans le choix des consommateurs, ces choix se limitent
en fait à ce qui convient aux intérêts des entreprises,
c'est-à-dire que ce sont elles qui fixent les limites des
choix. Leurs besoins s'alignent parfois sur les intérêts
humains, mais quand cela se produit, ce n'est que par
pure coïncidence. Le sens de l'expression « un dollar,
un vote » est complètement différent selon qu'on l'emploie pour parler de démocratie ou de consommation.
Qui plus est, dans la mesure où ils choisissaient le
« leadership d'entreprise » de Bernay pour mener leurs
affaires, les consommateurs choisissaient en fait un
automate administratif puisque, comme nous l'avons
vu, les entreprises dirigent leurs dirigeants. Ce serait
donc le règne de la machine, la réalisation politique du
rationalisme du XVIIIe siècle et le triomphe final du
déterminisme scientifique du XVIIe siècle.

En tant que corollaire moral, la consommation préconise l'idée que le seul choix de société qui compte – le seul susceptible d'accroître la somme du bonheur humain – est le choix du consommateur. Comme c'est la concurrence qui procure le choix, et que la finalité de la concurrence est le rendement-coût, les choix moraux en sont réduits à une équation de marché. Les dirigeants politiques qui font face à des inégalités sociales et à la misère humaine disent : « Nous ne pouvons nous permettre ce que nous ne pouvons nous permettre. » Ou comme l'a si bien dit Margaret Thatcher lors de son accession au poste de premier ministre du Royaume-Uni : « Le bon samaritain n'aurait pas pu faire ce qu'il a fait s'il n'avait pas eu d'argent[7]. »

Ici, dans l'imposition de l'éthique de consommation, on peut parfaitement voir la subversion méthodique des besoins humains en faveur des impératifs commerciaux. Les congruences historiques sont trop frappantes pour être attribuées à de simples hasards : la création de la culture de consommation coïncide précisément avec l'essor de l'entreprise moderne, et les deux ont pris leur élan en même temps. La publicité, qui n'était pas un élément majeur de l'économie américaine avant 1910 (il n'y avait pas d'industrie de la publicité au XIXe siècle), a mis au point un outil de contrôle social sous le mécénat des entreprises (entités ressemblant de plus en plus à des robots), qui étaient dans une importante mesure administrées et exploitées professionnellement selon des règles strictement axées sur le profit. Il existait de nombreuses solutions possibles aux problèmes de la société industrialisée au début du XXe siècle. Ce n'est pas par hasard que celles qui ont modelé la politique publique, plus particulièrement la politique économique en Amérique et en Occident, étaient celles qui correspondaient le mieux aux besoins des compagnies et qui, souvent, ne tenaient pas compte des besoins humains ou cherchaient à les modifier.

L'éthique de consommation est en fait une idéologie de l'entreprise, et on comprend mieux les changements que les historiens attribuent habituellement à des auteurs humains (« les classes dirigeantes », « les capitaines de l'industrie » ou « les capitaines de la conscience » d'Ewan) lorsqu'on leur attribue la provenance appropriée dans les activités mécaniques de l'entreprise moderne. Quand Edward Bernays parle de « la manipulation consciente et intelligente des habitudes et opinions organisées des masses » comme d'un « élément important de la société démocratique » et poursuit en affirmant d'un ton approbateur que « nous sommes gouvernés, notre pensée est façonnée, nos goûts sont modelés et nos idées nous sont suggérées, principalement par des gens dont nous n'avons jamais entendu parler », il fait référence à des « chefs d'entreprises » qui ne sont en réalité que de simples fonctionnaires au service de l'automate administratif[8].

Stewart Ewan lui-même fait valoir qu'« en transférant la notion de "classe" en "masse", les entreprises espéraient créer un "individu" qui pourrait définir ses besoins et ses frustrations en fonction de la consommation de biens plutôt que de la qualité du contenu de sa vie (travail)[9] ». Mais on serait en droit de se demander comment l'« entreprise » est arrivée à coordonner ses actes dans un domaine d'activités aussi vaste et sur autant de décennies. Aucune conspiration humaine (ou programme politique) ne semble être capable d'un pareil accomplissement, et il n'y a pas d'autre preuve d'une telle mesure collective à part la simple attribution aux entreprises. Toutefois, si on entend le mot « entreprise » et ses synonymes comme je le fais dans ces pages, le scénario devient alors beaucoup plus plausible.

À la différence des gens d'affaires instables dont le comportement est scandaleusement imprévisible, les entreprises *sont* capables de faire preuve du type de continuité nécessaire au chapitre des politiques et des actions qui ont fait passer la société occidentale d'une éthique à une autre au cours des quatre ou cinq décennies ayant fait suite à l'émergence de l'entreprise sous sa forme moderne. Les compagnies n'avaient pas non plus besoin de se communiquer mutuellement leurs intentions ; les tactiques de réification et de commercialisation de masse étaient programmées dans leur structure fondamentale comme le moyen le plus opportun de naviguer entre les écueils de la crise du capitalisme de marché au tournant du siècle. Dans son engagement indéfectible à maximiser les profits sans égard au coût humain collatéral, seule l'entreprise était en mesure de favoriser, avec un engagement total et à toute épreuve, une éthique qui mettait en parallèle la démocratie et une belle vie grâce à la consommation égoïste et à la concurrence impitoyable, et de le faire au détriment des valeurs morales concurrentes adoptées depuis deux millénaires.

Notes

1. Je recommande spécialement Stewart Ewan, *Captains of Consciousness : Advertising and the Social Roots of Consumer Culture*, New York, McGraw-Hill, 1976 et *All Consuming Images : The Politics of Style in Contemporary Culture*, New York, Basic Books, 1988.
2. Cette citation ainsi que les suivantes sont de Roland Marchand, « The Great Parables », dans *Advertising and the American Dream : Making Way for Modernity, 1920-1940*, Berkeley, University of California Press, 1985.
3. Ewan, *Captains of Consciousness, op. cit.*, p. 22.
4. Williams Whiting, *Mainsprings of Men*, New York, Charles Scribner's Sons, 1925, p. 192.
5. Herbert W. Hiese, « History and Current Status of the Truth in Advertising Movement as Carried on by the Vigilance Committee of the Associated Advertising Clubs of the World », *Annals of the American Academy of Political and Social Science*, mai 1922, p. 211. Cité dans Ewan, *Captains of Consciousness, op. cit.*, p. 19.
6. *Ibid.*, p. 91-92.
7. Bauman, *Postmodern Ethics, op. cit.*, p. 183.
8. *Ibid.*
9. *Ibid.*, p. 43.

Chapitre 12

Des entreprises risquées

LA VILLE DE PORT HOPE, en Ontario, située non loin de l'endroit où je vis, abrite une industrie qui a été perçue, pendant quelques brèves années à la suite de la Deuxième Guerre mondiale, comme le salut de l'humanité, la source d'énergie illimitée, la panacée universelle aux besoins matériels. La ville de 12 500 habitants a été fondée quelque 16 ans après la guerre d'Indépendance des États-Unis et a été peuplée en partie par des loyalistes de l'Empire-Uni qui avaient fui les colonies américaines, préférant les règles coloniales britanniques au républicanisme américain. L'usine qui domine le port historique de Port Hope appartient à une entreprise qui portait autrefois le nom romantique d'Eldorado Nuclear, aujourd'hui plus sobrement nommée Cameco. Elle produit du combustible d'uranium raffiné destiné aux réacteurs nucléaires CANDU et comptait parmi les premières raffineries d'uranium dans le monde. Pendant la Deuxième Guerre mondiale, elle a fourni de l'uranium qui servit à fabriquer la bombe A, qui a dévasté Nagasaki. Durant la deuxième moitié du XXe siècle, on a découvert dans la ville un certain nombre de points chauds radioactifs où la gestion imprudente des décharges, des déchets et des matériaux de construction a contaminé des maisons, des terrains à bâtir et même une école. Ces endroits ont fini par être assainis aux frais des contribuables canadiens – l'énergie nucléaire est réglementée par le gouvernement fédéral – et maintenant, la ville est surtout reconnue pour ses rues victoriennes et ses magnifiques résidences et jardins du XIXe siècle merveilleusement bien préservés.

L'usine Cameco, qui creuse le port de Port Hope tel un abcès, est entourée d'une clôture en grillage. Elle se trouvait sur la liste des cibles de l'ICBM dressée par le Kremlin pendant la guerre froide, et depuis les événements du 11 septembre 2001, elle semble plus vulnérable que jamais. Si un grave accident survenait à l'usine, la ville et la majeure partie de la campagne avoisinante deviendraient inhabitables.

En 2004, Cameco a annoncé qu'elle demandait aux organismes de réglementation la permission de commencer à produire de l'« uranium légèrement enrichi » en tant que carburant destiné à une version perfectionnée des réacteurs modérés à eau lourde canadiens. Si l'usine obtenait cette permission, le danger couru par la ville serait multiplié en raison de la toxicité du produit fabriqué et du risque accru d'accident catastrophique. Cela a eu pour effet de faire renaître l'ancien débat, qui couvait toujours parmi les citoyens, à savoir s'il fallait demander à Cameco de quitter la ville pour s'installer dans un endroit éloigné des centres à forte densité de population et des sources d'approvisionnement en eau (des dizaines de millions de Canadiens et d'Américains tirent leur eau du lac Ontario). Dans le passé, lorsque des accidents ou des découvertes de nouvelles contaminations ont contribué à relancer le débat, les porte-parole « experts » de Cameco, ses responsables de la réglementation et la chambre de commerce de la ville ont toujours fait en sorte de convaincre les citoyens que le risque posé par l'usine était minime par rapport à son apport économique sous forme d'emplois et de taxes.

Un très grand nombre de villes et de villages du monde entier font face à des types de dangers similaires causés par des entreprises établies à deux pas de chez eux. Le concept de « société du risque » présenté par le sociologue Ulrich Beck propose un point de vue utile sur un problème qui peut être directement relié au manque d'instinct de l'entreprise envers le bien-être humain. Dans *Risk Society*, son ouvrage inédit paru en 1986, Beck souligne que les technologies de pointe (produits de la R et D des entreprises) ont tendance à poser des risques si colossaux à la société qu'elles ne sont pas assurables en vertu des normes actuarielles tradition-nelles. Précisons que souvent, les risques sont entiè-rement inconnus parce que les technologies employées sont trop dangereuses pour faire l'objet d'essais, comme c'est le cas pour les automobiles. Il n'y a aucun moyen de savoir avec certitude quelles seraient les conséquences d'un accident. Les centrales nucléaires, par exemple, ne sont pas complètement assurées pour la responsabilité civile en cas d'accident, parce que l'in-dustrie mondiale de l'assurance privée refuse d'offrir ce type de polices. Même s'il est peu probable qu'une catas-trophe survienne, la valeur du dédommagement serait incalculable. Dans les pays qui font appel à l'énergie nucléaire, les gouvernements ont voté des lois spéciales qui exemptent les usines de la couverture de responsa-bilité normale en faisant acquitter par la collectivité (c'est-à-dire en socialisant) le coût des dommages matériels.

Il s'agit d'un changement historique. En effet, dans le passé, la société s'est prémunie contre ses paris technologiques grâce à une loi sur la responsabilité qui établit celle-ci en fonction des dommages causés et de l'assurance privée qui dédommage les victimes. Les installations trop dangereuses pour être assurées n'étaient pas construites. Beck appelle cette nouvelle approche des technologies à risques élevés « irresponsabilité organisée » ; un système dans lequel les producteurs de risques sont protégés à la fois contre l'imputabilité et le dédommagement aux frais de leurs victimes potentielles.

C'est une caractéristique déterminante de la fin de notre ère industrielle, affirme Beck, que nos institutions sociales dominantes — affaires, droit, politique — soient toutes engagées à produire ces risques et, parallèlement, à refuser de reconnaître leur existence. L'éclosion de la maladie de la vache folle en Grande-Bretagne est souvent mentionnée comme un exemple de résultat auquel on peut s'attendre. Le gouvernement sanctionnait l'utilisation, notamment, de la cervelle et de la moelle épinière de mouton pour nourrir les animaux, parce qu'il s'agissait d'une sorte de protéine moins coûteuse (cela rendait la production de bœuf plus rentable) et que le risque de maladie hétérospécifique transmise aux humains était faible. Faible, mais réel, comme nous le savons maintenant. Le gouvernement et l'industrie ont coopéré à la création du risque, puis ont tenté de le dissimuler. Dans le cas de l'accident nucléaire de Tchernobyl, en Ukraine, un autre exemple inoubliable, c'est l'ensemble de la société qui a payé le prix.

À l'instar de l'industrie nucléaire, les industries chimique, pharmaceutique et biotechnologique posent toutes des risques incalculables. N'oublions pas que la pandémie de VIH-sida semble avoir été causée par les essais d'un vaccin contre la polio en Afrique[1]. Si cette hypothèse finit un jour par être prouvée, les coûts associés à la responsabilité civile que l'entreprise responsable, bien intentionnée au départ, aurait à verser atteindraient des sommes faramineuses. Qu'arriverait-il si de l'ADN humain modifié dans le cadre d'expériences, qui pourrait être transmis de génération en génération, s'échappait d'un laboratoire de recherche en biotechnologie quelque part dans le monde? Qu'arrivera-t-il lorsque le clonage d'embryons humains deviendra répandu, comme cela se produira sans doute s'il y a un profit potentiel en jeu? Combien de temps faudra-t-il avant que l'étape suivante soit amorcée, dans le but (extrêmement rentable) d'« améliorer » la race humaine? Quelles pourraient être les conséquences? « En fin de compte, aucune institution, ni concrète, ni même probablement concevable, ne serait prête si le pire accident imaginable se produisait, et aucun ordre social ne pourrait garantir sa [continuité] politique et sociale dans le pire scénario envisageable. » Nous sommes entrés dans une nouvelle ère de la civilisation où nos technologies nous donnent des pouvoirs « divins » et, à la différence du « dieu » d'Einstein, nous semblons tous disposés à jouer aux dés avec l'univers.

L'entreprise moderne, à l'origine des plus récentes innovations technologiques, est un intervenant important parmi les institutions sociales qui participent à la société du risque. Elle n'a pas fixé de seuil au-delà duquel le risque posé au bien-être des humains devient inacceptable, puisque le seul risque qu'elle soit programmée pour prévoir est relatif au profit. Sa réaction, en exerçant ses activités dans un domaine où les risques relatifs au bien-être des humains sont élevés, est tout à fait prévisible : elle continuera de prendre des risques tant et aussi longtemps que la rentabilité semble assurée. Elle veillera dans la mesure du possible à réduire au minimum la surveillance réglementaire, puisqu'elle représente des frais supplémentaires et ferme des avenues de rentabilité. Bien entendu, le consentement de l'État à socialiser les coûts de la responsabilité des accidents possibles, comme il le fait avec l'énergie nucléaire, intervient dans cette stratégie.

Le principe de précaution séculaire pour gérer les risques demande aux humains de faire preuve de prudence envers leur bien-être et d'éviter de faire des gestes dont les conséquences sont inconnues ou imprévisibles, c'est-à-dire là où le risque est élevé, conformément à la formule « risque = probabilités X conséquences ». Toutefois, pour les entreprises, prendre les précautions qui s'imposent consiste simplement à tenir compte du risque en fonction de la rentabilité. L'élaboration d'une stratégie juridique visant à éviter les poursuites et amendes relatives à l'imputabilité peut très bien être plus acceptable pour une compagnie qu'une procédure d'ingénierie coûteuse qui analyserait de manière exhaustive les répercussions des produits sur les humains et l'environnement, et élaborerait des critères de conception à sûreté intégrée (par exemple, voir le cas du producteur d'amiante Johns Manville au chapitre 8).

Le concept même de risque lié à des dangers pour la santé et l'environnement causés par l'industrie est utilitaire et rationaliste. Le risque suppose le calcul préalable de dommages possibles par rapport aux avantages potentiels. En fonction du résultat, la décision est parfois prise de prendre le risque, et parfois de l'éviter. Au cours des dernières décennies, toute une discipline scientifique d'analyse du risque a été engendrée par cette idée, ce qui a donné lieu à la professionnalisation du jugement quant à savoir si les personnes ou les groupes sont disposés à accepter la présence des dangers produits par l'industrie et à quel moment. Cela a eu pour triste résultat que les mesures visant à réduire les dangers réels ont tendance à être indéfiniment remises à plus tard. Langdon Winner résume la situation :

> Si nous déclarons que nous déterminons et étudions les dangers et que nous y remédions, notre orientation envers le problème est claire. [...] D'abord, nous pouvons présumer qu'en disposant d'éléments de preuve adéquats, on peut assez facilement démontrer les risques pour la santé et la sécurité. Deuxièmement, quand des dangers de la sorte sont révélés, tous les gens raisonnables peuvent habituellement s'entendre d'emblée sur ce qu'il faut faire.

Toutefois, « si nous déclarons que nous sommes intéressés à évaluer les risques, des complications [...] en découleront immédiatement ». Celles-ci incluent d'innombrables considérations scientifiques sur les niveaux d'exposition « sécuritaires », les relations de cause à effet précises, les études épidémiologiques comparatives, les analyses statistiques, et ainsi de suite. Le centre d'attention passe du danger à sa nature et aux conséquences exactes, qui sont presque invariablement des questions scientifiques extrêmement controversées. La question du risque passe du domaine moral au domaine scientifique. « Ainsi, les normes qui réglementent l'acceptation ou le rejet des découvertes scientifiques deviennent des normes morales gouvernant les jugements sur les dommages et la responsabilité. On accorde une grande importance au fait de ne pas se tromper. » Le moins qu'on puisse dire, c'est que le résultat est ironique. « Si on est incertain de ce qui est connu à propos d'un risque en particulier, la prudence ne consiste plus à prendre les mesures efficaces pour remédier à la cause présumée d'une blessure, *mais à attendre de meilleurs résultats de recherche*[2]. »

Ce résultat est entièrement conforme à l'impulsion invétérée du rationalisme scientifique qui vise à réduire la moralité aux mathématiques, et sera naturellement privilégié par le rejeton du rationalisme : l'entreprise. L'analyse du risque « est sensée », tandis que l'identification et l'élimination des dangers sont imprécises et susceptibles d'être teintées d'émotions et de jugements de valeur. Dans le monde rationaliste, la façon adéquate d'envisager des atrocités environnementales comme l'épisode de Love Canal ou les mares de goudron de Sydney ne passe pas par un pamphlet moral, mais bien par une calculatrice de poche.

La question soulevée ici est la suivante : la société devrait-elle être en mesure de dire des innovations – que ce soit de nouveaux produits chimiques, de nouveaux organismes génétiquement modifiés (OGM), de nouvelles thérapies géniques ou de nouvelles technologies de toutes sortes – qu'elles devraient être considérées comme dangereuses jusqu'à ce que leur innocuité soit reconnue ? Comme coupables de représenter un danger pour le bien-être des humains ou de l'environnement, à moins que leur innocence soit reconnue par quelque norme convenue relative aux éléments de preuve ? Ou, vu sous un autre angle, la société devrait-elle ne *jamais* avoir à prendre de risques avec la technologie, à moins que l'avantage soit plus intéressant que l'augmentation des profits pour une entreprise ? La présomption d'innocence est si profondément ancrée dans la psyché occidentale que nous avons même octroyé à la « personne » juridique ce droit fondamental en vertu des codes des droits de la personne. Bien entendu, ça n'a aucun sens. Les compagnies ne sont pas humaines, ce sont des outils.

Ce n'est pas un hasard si l'apparition de la société du risque, que Beck situe au milieu du XXᵉ siècle, coïncide avec l'émergence de l'entreprise moderne entièrement fondée de pouvoir, telle que je l'ai décrite. La société du risque est essentiellement un produit de l'entreprise moderne qui joue sa destinée dans le cadre de la science rationaliste et de la moralité utilitariste. Seule une entité n'ayant aucun concept de valeurs et d'intérêts humains aurait pu produire les technologies qui menacent l'environnement mondial, puis ensuite résister aux tentatives des gouvernements d'en réglementer les dangers. Ce sont des valeurs économiques et non humaines qui sont mises en œuvre dans l'implantation d'innovations biotechnologiques comme la graine terminateur, le clonage humain, l'hormone de croissance bovine ou l'agriculture industrielle, sans oublier les tentatives de l'industrie de faire breveter des séquences génétiques et des formes de vie. Aucune valeur humaine n'est en jeu lorsque les industries chimique et pharmaceutique font des pressions soutenues et documentées de façon exhaustive sur les organismes de réglementation afin qu'ils soient moins sévères lorsqu'ils font l'essai de leurs produits, et qu'ils assouplissent les restrictions sur leur vente.

Il faut le talent de l'entreprise pour tirer profit des externalités, ainsi que son amoralité chronique pour mettre en péril la santé des humains et de l'environnement à grande échelle, en produisant et commercialisant agressivement des agents chimiques et biologiques dont les répercussions sont pour la plupart inconnues. Comme je l'ai déjà mentionné, on ne peut entièrement prévoir et évaluer les répercussions de nombreuses technologies modernes avant que le produit soit placé sur les tablettes ou que la technologie soit fabriquée et en état de fonctionner, parce que les conséquences d'un essai qui échouerait pourraient elles-mêmes être catastrophiques. Pour citer Langdon

Winner : « Dans la sphère technologique, nous concluons sans cesse des contrats sociaux dont les modalités ne sont révélées qu'après la signature[3]. »

Le fait de commercialiser des produits qui présentent un risque concret, même minime, de dommages désastreux pour la santé humaine ou environnementale, ne peut, selon moi, être éthique qu'en vertu d'une seule condition : la technologie en question atténuera ou préviendra, avec un degré élevé de certitude, une calamité encore pire. Un très grand nombre de produits et de technologies posant un risque élevé qui sont actuellement utilisés et en cours de mise au point ne sont pas conformes à ce critère. En tête d'une longue liste d'exemples, mentionnons des produits pharmaceutiques comme l'hormonothérapie substitutive pour les femmes, la thalidomide et les médicaments antidouleur ou anti-inflammatoires, qui ont tous été conçus pour traiter, dans la plupart des cas, des malaises mineurs courants. Tous ces médicaments ont eu des effets secondaires catastrophiques. Pour citer un autre cas, il n'y a pas non plus de preuve que les organismes génétiquement modifiés mis au point et produits par l'industrie agroalimentaire sont nécessaires ou utiles pour prévenir la famine. La production alimentaire mondiale faisant appel aux technologies agricoles traditionnelles suffit amplement. Tout ce qu'on réussit à faire, c'est accroître la dépendance de l'agriculture mondiale envers ces produits commerciaux. Par ailleurs, les risques posés par les OGM sont extraordinairement élevés. Ils sont à vrai dire incalculables, compte tenu du peu que nous savons de leurs répercussions à long terme.

Nous n'avions jamais prévu que les entreprises deviendraient aussi puissantes et, par conséquent, nous ne disposons d'aucun mécanisme institutionnel sur mesure pour mettre un frein à leur influence et à leur contrôle. Le seul lien efficace entre les gens et les entreprises est juridique et, à ce jour, il s'est révélé nettement inadéquat pour garantir un comportement socialement responsable de la part des compagnies. En effet, il existe deux collectivités distinctes au cœur de la nation, l'entreprise et les gens, et leurs valeurs sont profondément conflictuelles. Chacune a accès aux mêmes recours judiciaires lorsqu'elle a l'impression que l'autre a violé ses droits. Toutefois, les entreprises, en agissant de concert comme elles le font en situation de menace juridique, sont des adversaires disposant d'énormément de ressources devant un tribunal. Elles embauchent les meilleurs conseillers juridiques disponibles et peuvent se permettre de prolonger indéfiniment les différends pour épuiser l'enthousiasme et le compte en banque de leurs opposants. Par exemple, Microsoft compte 600 employés au sein de son service juridique à l'interne et embauche des légions de conseillers externes. Même les gouvernements nationaux hésitent de plus en plus à affronter une telle force juridique. Lorsque cela est combiné au muscle tout aussi puissant des relations publiques, les risques politiques que représente l'opposition peuvent être plus intimidants que les risques souvent impossibles à quantifier causés par les pratiques et les produits des entreprises.

Notes

1. Ce point de vue est exposé de manière convaincante en quelque mille pages dans Edward Hopper, *The River : A Journey to the Source of HIV and AIDS*, Boston, Little, Brown and Co., 1999.
2. Langdon Winner, *The Whale and the Reactor : A Search for Limits in an Age of High Technology*, Chicago, University of Chicago Press, 1986, p. 143-144 (c'est nous qui soulignons).
3. *Ibid.*, p. 9.

Chapitre 13

À qui la faute ?

LA SAGESSE TRADITIONNELLE a tendance à considérer l'entreprise comme un ensemble de personnes capables de faire des gestes indépendants, et si c'était le cas, il serait relativement simple d'imputer la culpabilité éthique en vertu des paramètres de Hobbes ou d'un autre théoricien (voir le chapitre 10). La culpabilité serait partagée entre les personnes qui prennent les décisions et celles qui les exécutent. Toutefois, les compagnies représentent bien plus que des groupes d'humains. En tant que personnes juridiques, elles semblent être elles-mêmes des auteurs (terme que Hobbes employait pour parler de l'instigateur autonome de l'action). Les lois en vertu desquelles elles obtiennent leur charte et qui les réglementent leur permettent d'agir en tant que mandataires, ou dans leur propre intérêt. On s'attend à ce que ses membres effectuent leurs tâches dans ce cadre juridique restreint et axé sur le profit. Il peut ensuite sembler que l'entreprise, en tant que personne juridique, est un auteur et que ses fonctionnaires humains sont tous des acteurs – à l'aide, une fois de plus, de l'analogie établie par Hobbes avec les rôles d'auteurs dramatiques et de comédiens. Cette impression est renforcée par le fait que les fonctionnaires humains qui ne réalisent pas l'objectif primordial de la compagnie, qui consiste à générer des profits, sont renvoyés. À long terme, les valeurs ou les motifs humains allant à l'encontre de ceux de l'entreprise ne sont pratiquement pas tolérés : les comédiens doivent respecter mot pour mot le texte de l'auteur.

Toutefois, les compagnies sont-elles réellement les auteurs dans le sens éthique, ou même juridique, du terme ? Ou devrait-on jeter le blâme de leurs agissements sur les employés, ou peut-être les actionnaires ? Nous avons déjà abordé cette question complexe, mais elle est suffisamment importante pour qu'on l'étudie de plus près. Sommes-nous, vous et moi, moralement responsables des gestes que nous faisons en tant que sous-fifres des entreprises, ou la responsabilité revient-elle exclusivement à ces dernières ? Mystère… et nombre de ceux qui ont tenté de répondre à cette question sont arrivés à la conclusion qu'une partie de la fonction de l'entreprise moderne consiste à toujours maintenir en suspens la culpabilité tant morale que juridique comme moyen de se protéger des poursuites.

Comme l'a observé Hobbes, le gardien qui agit au nom d'une entité inanimée, comme un pont ou un édifice (ou une personne incapable au sens de la loi, comme un bébé) — une catégorie dans laquelle la plupart des gens incluraient les entreprises — peut sembler au premier coup d'œil se comporter comme un agent de cette entité, c'est-à-dire un acteur. Pourtant, c'est précisément le fait que les objets inanimés sont incapables de prendre soin d'eux-mêmes qui justifie en premier lieu la désignation d'un gardien, il va donc de soi que celui-ci doit être autre chose qu'un acteur. Dans ces cas-là, le gardien semble être l'*auteur* qui prend des décisions autonomes pour le compte de sa pupille et qui agit en conséquence. Toutefois, il ne peut pas non plus être un auteur, car même s'il n'agit pas sous la direction de l'entité qu'il représente (qui est incapable de donner des directives), il prend ces mesures non pas en son nom propre, mais en celui de son client – ce qui fait de lui un acteur.

Un avocat qui représente une entreprise en cour est un exemple concret de cette relation pour le moins ambiguë. L'avocat agit pour le compte de quelqu'un d'autre, et ne peut ainsi être considéré à juste titre comme un auteur. Toutefois, il n'entre pas non plus dans la catégorie de l'acteur, puisque son client est une entité que la plupart des gens considéreraient incapable d'avoir un comportement autonome, comme celui de donner des ordres. Ici, certains lecteurs pourraient éle-ver l'objection que l'avocat suit en réalité les instruc-tions, par exemple, du vice-président aux affaires juridiques de la compagnie qui, en tant qu'être humain autonome, peut être considéré à juste titre comme l'au-teur. Pourtant, comme je l'ai fait valoir tout au long du présent ouvrage, le vice-président n'est *pas* vraiment un auteur, car peu importe ce qu'il fait, il doit se conformer aux objectifs et aux visées de l'entreprise qui l'emploie. En d'autres mots, il est un acteur. Cela s'applique à toute la chaîne de commandement, y compris au chef de la direction. En fin de compte, l'entreprise semble encore une fois être l'auteur, ce qui est impossible… à moins de considérer qu'elle est capable de prendre des décisions pour elle-même. Dans cet imbroglio, je vois une preuve supplémentaire que l'entreprise est en réalité un agent autonome qui exerce ses activités dans le monde.

Cependant, cela ne constitue pas une réponse entièrement satisfaisante à la question « Qui *est* l'auteur – la personne moralement responsable – dans les cas où les entreprises sont représentées (se représentent elles-mêmes ?) dans le monde ? » Il m'apparaît que, puisqu'elles doivent leur existence à l'autorité qui leur octroie leur charte d'exploitation, celle-ci doit, jusqu'à un certain point, porter la responsabilité des actes de l'entreprise (cette autorité est, bien sûr, l'État). Cette relation a été reconnue de manière explicite au début de l'histoire des compagnies, à l'époque où les chartes d'État détaillaient très précisément quelles étaient les activités commerciales que pouvait entreprendre une organisation (habituellement dans le cadre d'un projet unique). Dans le passé, une compagnie pouvait obtenir une charte pour construire un pont, creuser un canal ou se lancer dans le commerce avec un pays étranger, et le gouvernement qui octroyait la charte acceptait d'être tenu responsable dans ce champ d'action réduit. Cependant, les gouvernements n'étaient *pas* disposés à accepter l'imputabilité pour n'importe quelle autre action qu'une compagnie déciderait d'entreprendre, et retiraient les chartes lorsque celle-ci outrepassait ses limites. Aujourd'hui, nous avons perdu de vue la délimitation de base de la responsabilité. On octroie aux entreprises des chartes qui leur permettent de s'engager, à leur discrétion, dans n'importe quelle activité commerciale.

À la lumière de cela, je veux suggérer qu'il est erroné de vouloir situer l'entière responsabilité éthique des actes commis par les entreprises modernes exclusivement dans n'importe laquelle des trois zones notoires de culpabilité morale, c'est-à-dire l'entreprise elle-même, les personnes qui y travaillent ou les actionnaires-propriétaires. Une part de l'imputabilité des actes contraires à l'éthique doit également revenir aux gouvernements qui octroient les chartes qui permettent aux entreprises d'exercer leurs activités. L'État est l'auteur, et il est par conséquent moralement coupable à deux égards : il est le créateur de l'entreprise et donc un auteur dans le même sens que le père de famille dans la loi romaine[1], et il l'emploie également comme son agent dans le but précis de faciliter le fonctionnement de l'économie, sujet que nous avons abordé au chapitre 7. Cette deuxième relation est analogue à celle d'un plaignant qui prend un avocat ou d'un propriétaire qui embauche un architecte. Plus que le dogme hobbesien, c'est le simple bon sens qui dicte que, dans les cas où un acteur ou un agent est employé pour accomplir une tâche, l'auteur est responsable des actes de l'acteur.

Cependant, l'image est quelque peu brouillée par le fait que les acteurs de la construction hobbesienne traditionnelle sont aussi des personnes autonomes (au même titre qu'un comédien) et donc des créatures éthiques indépendantes. Elles sont capables de distinguer le bien du mal et de décider s'il faut ou non suivre les ordres. Si elles causent un préjudice en suivant les instructions d'un auteur, elles devraient indubitablement porter une part de la responsabilité morale[2]. L'application de ce raisonnement au contexte d'entreprise signifierait que, si une compagnie cause un préjudice en jouant un rôle prévu par une charte octroyée par l'État, elle doit partager la responsabilité avec l'État-auteur.

Quand on y réfléchit, il apparaît que nous considérons les entreprises comme des entités éthiques, du moins dans une certaine mesure. Nous attendons de l'entreprise de câblodistribution qu'elle nous fournisse des images télévisuelles nettes en échange du paiement mensuel de nos factures, et nous sommes mécontents, avec raison, lorsqu'elle ne répond pas à nos attentes. Nous lui reprochons de ne pas se comporter de manière conforme à l'éthique. Nous nous attendons des sociétés pétrolières qu'elles ne polluent pas l'océan lorsqu'elles obtiennent des droits de forage en mer, et nous sommes moralement indignés lorsqu'elles le font. Au demeurant, les entreprises modernes se comportent davantage comme des auteurs que comme des acteurs dans leurs activités quotidiennes. Une fois qu'elles ont obtenu leurs chartes à usages multiples, elles agissent de façon presque entièrement autonome, et ne sont restreintes uniquement que par la loi. Elles se défendent vigoureusement contre les règlements de l'État et d'autres formes d'interférence avec leur liberté d'agir dans leur meilleur intérêt. Elles embauchent des agents politiques pour promouvoir leurs intérêts auprès des gouvernements. De plus, elles prennent régulièrement des décisions de manière autonome − fermeture et déplacement d'usines, mise à pied de nombreux travailleurs, mise au point de nouvelles technologies et suppression de certaines autres − ayant d'importantes répercussions dans la société.

Il est donc possible de faire valoir que nous *pouvons* raisonnablement tenir les entreprises en soi responsables des torts qu'elles causent, puisqu'elles exercent leur intentionnalité et leur mandat. Cela signifie qu'elles décident de ce qu'elles veulent faire et le font, se qualifiant ainsi en tant qu'agents moraux à ces deux importants égards. Parallèlement, des doutes subsistent quant à savoir si elles distinguent le bien du mal, ce qui est l'exigence fondamentale du mandat moral. Elles ne fonctionnent pas dans le monde humain de la pensée morale. Elles mènent leurs affaires dans un monde défini par des chartes, des lois et règlements, et d'autres instruments juridiques qui ne relèvent pas nécessairement de la moralité. Dans notre monde dirigé par la loi, on ne s'attend pas à ce qu'elles agissent de manière éthique, mais seulement légale.

La plupart des philosophes allégueraient que la responsabilité morale est un attribut strictement humain. Puisque les compagnies, en tant que mécanismes cybernétiques faisant preuve d'un degré élevé d'autonomie, semblent se situer quelque part entre la catégorie des humains et celle des machines, il faudrait aller voir du côté de la science-fiction pour obtenir quelque éclairage sur la question. Dans le traitement classique de l'éthique des créatures robotisées de l'auteur Isaac Asimov, le comportement moral est programmé dans la machine sous la forme de la Première Loi : « Un robot n'a pas le droit de porter préjudice à un humain, ou, par l'inaction, de permettre qu'un humain subisse un préjudice[3]. » De tels impératifs éthiques ne sont pas compris dans les chartes des entreprises, et ce, même si elles sont assujetties à la loi. Celle-ci est malheureusement un outil principalement réactif qui n'entre en jeu qu'après qu'une infraction a été commise.

La ligne de conduite la plus sensée à adopter envers une entreprise fautive est peut-être de ne pas tenir compte de la question embrouillée de la culpabilité et d'agir comme nous le ferions avec toute autre machine : si elle risque de causer du tort, il faut réglementer étroitement sa fabrication et (ou) son utilisation. Dans le cas de l'entreprise, cela signifierait mettre en place certaines réglementations importantes relatives aux permis d'exploitation (sa charte), pouvant aller jusqu'à la révocation de ces derniers. Dans l'histoire d'Asimov intitulée *La Première Loi*, un robot ayant désobéi à la Première loi fut, lui et tous ceux de son espèce, mis hors service immédiatement et de façon permanente.

L'autre solution viserait à continuer de traiter les entreprises comme des personnes physiques et à leur attribuer un mandat moral. Cela réglerait le problème du coupable à trouver, mais le prix à payer serait peut-être trop élevé. En tant que personnes physiques, elles ont, comme nous l'avons vu, un immense pouvoir légal pour se défendre contre les poursuites. La raison pour laquelle elles devraient continuer à être dotées de ce pouvoir n'est pas claire, puisque ce sont des outils conçus à des fins sociales déterminées. Après tout, nous n'accordons pas ce type d'autorité aux autres outils et machines qui nous entourent.

La loi libère les actionnaires, qui sont les propriétaires, de toute imputabilité financière. La responsabilité pour tout dommage causé par l'entreprise ou toute infraction au droit civil se limite à des réclamations s'appliquant aux actifs de l'entreprise elle-même plutôt qu'à ceux des actionnaires. Mais jouissent-ils aussi d'une exemption de responsabilité *éthique*? En tant que propriétaires, on pourrait s'attendre à ce qu'ils portent l'entière responsabilité éthique des actes posés par la compagnie. Après tout, celle-ci exerce ses activités en leur nom… et les actionnaires sont clairement les auteurs dans ce sens. Toutefois, si c'est le cas, il s'agit d'un étrange type d'auteurs. En général, les actionnaires détiennent leurs actions seulement durant quelques mois, et durant cette période, ils s'intéressent peu ou pas du tout aux activités de l'entreprise. Ils détiennent habituellement leurs actions par l'intermédiaire de fonds communs de placement, qui sont gérés par une autre compagnie, ou par l'intermédiaire de leur régime de retraite, également administré par une autre société. Les actionnaires qui négocient des valeurs à des fins de spéculation détiennent en moyenne leurs actions pendant trois mois et ne s'intéressent qu'au rendement des placements. Les assemblées annuelles se sont depuis longtemps transformées en réunions *pro forma* où les administrateurs votent par procuration au nom de millions d'actionnaires désintéressés[4]. Il serait insensé de considérer ces actionnaires comme des auteurs et de les tenir responsables des actes des entreprises. Ils ne sont pas davantage des acteurs en vertu de la définition de Hobbes. Ils semblent plutôt être une forme de parasite éthique dans le système, qui tire des profits sans contribuer à la supervision tout en étant inapte à assumer toute responsabilité morale.

La pratique visant à limiter l'imputabilité à l'entreprise en soi est relativement récente et était perçue, au début, comme une déviation radicale des pratiques antérieures. Avant le XXe siècle, les propriétaires d'entreprises – les actionnaires – devaient superviser l'utilisation de leur argent. En cas de préjudice, la loi prévoyait des dommages proportionnels à leurs avoirs. C'était le concept originel de responsabilité limitée. Grâce à la condition moderne d'*entière* immunité contre les poursuites judiciaires, les actionnaires peuvent investir dans les compagnies et en tirer des profits tout en étant libres de toute responsabilité relativement aux préjudices causés par l'entreprise dans le cadre de ses activités. Les actionnaires sont ainsi beaucoup moins motivés à superviser le processus de prise de décisions. Cela est d'ailleurs amplifié par le fait que les entreprises elles-mêmes sont souvent actionnaires d'autres compagnies. Ce qui crée un écart encore plus grand entre d'une part, l'acteur humain et, d'autre part, la prise de risques et les délits commis par les entreprises.

Le juriste T. A. Gabalon observe que « peu importe les conséquences légales sur la politique, le fait que la responsabilité limitée soit garantie par la loi peut infliger un préjudice distinct en modelant des valeurs et une réalité sociale[5] ». En d'autres mots, cela pourrait contribuer à une réduction générale des normes de responsabilité éthique dans la société. Le psychologue Dennis Fox reprend ce point, préoccupé par « les coûts psychologiques qui découlent des personnes physiques qui ne sont motivées que par le profit, et qui ne sont découragées par aucune contrainte légale ou morale ». Il fait valoir que la doctrine de la responsabilité limitée a servi à réduire la distinction entre les personnes physiques et juridiques.

> De la même manière que les compagnies se sont soustraites à l'exigence légale selon laquelle elles exercent une fonction publique, les personnes sous le régime du capitalisme d'entreprise sont encouragées à rechercher les profits en dépit du bien collectif. Ce parallèle ne devrait peut-être pas nous surprendre. Après tout, si la personne juridique amorale est un bien social, pourquoi la personne amorale ne serait-elle pas motivée uniquement par l'augmentation des dividendes[6] ?

Dans le cas, inhabituel, d'un actionnaire qui possède un important bloc d'actions, il peut sembler réaliste d'assigner une culpabilité éthique. Dans cette situation, il est clair que le propriétaire-actionnaire est éthiquement responsable de s'intéresser aux activités de son entreprise. Il en aura normalement connaissance et sera en mesure d'influencer la direction ou de se défaire de ses actions s'il apprend qu'elle mène des activités contraires à l'éthique. Nous pourrions qualifier ce type de propriétaires de responsables. La réalité de ce système tel qu'il est constitué actuellement est la suivante : c'est seulement dans le cas du propriétaire responsable qu'on peut raisonnablement tenir les actionnaires coupables sur le plan moral.

On peut faire valoir que théoriquement, quiconque achète des actions, peu importe leur nombre et par quel intermédiaire, devient un auteur et, par conséquent, est moralement responsable de se tenir au courant de l'aspect éthique des activités de l'entreprise. De plus, le fait d'en être conscient impose bien sûr une responsabilité morale d'agir. La logique de cet argument est sans faille, mais son application pratique est semée de difficultés, la plupart ayant trait au secret de fabrication industriel, tant des formulations de produits que des futures stratégies, chacune étant protégée par le besoin allégué d'être concurrentielle grâce à l'exclusivité des produits. Les entreprises ont horreur de l'idée que leurs concurrents puissent connaître leurs activités, et le droit commercial respecte cette aversion[7].

Qu'en est-il des personnes qui travaillent au sein de l'entreprise, particulièrement les cadres de gestion professionnels, qui sont devenus une partie intégrante de la vie économique au XXe siècle ? Peut-on raisonnablement leur faire endosser la responsabilité éthique des actes répréhensibles de la compagnie, surtout à la lumière de la fragmentation des responsabilités propre aux grandes entreprises ? Cette fragmentation, encouragée dans l'usine pour des raisons d'efficacité tayloriennes, devient inévitable dans la gestion bureaucratique, simplement en raison de la taille et de la complexité des structures. Comme l'expose Zygmunt Bauman :

> Presque toutes les entreprises font intervenir de nombreuses personnes, chacune exécutant une petite part de la tâche globale. En fait, il y en a tant qu'aucune ne peut, de manière raisonnable et convaincante, réclamer (se faire imputer) le titre d'"auteur" (la responsabilité) du résultat final. [...] La responsabilité envers les résultats flotte en quelque sorte dans le vide sans trouver sa place, à l'instar du péché sans pécheurs, du crime sans criminels et de la culpabilité sans coupables[8] !

Pourtant, les gestionnaires *peuvent* être tenus responsables, car ils sont des acteurs (au nom de la compagnie, qui est l'auteur), et des acteurs qui causent des préjudices, même s'ils suivent les directives d'un auteur, doivent assumer leur part de responsabilité. Les travailleurs sont eux aussi des acteurs, même si leur travail est, si cela se peut, encore plus fragmenté. En général, ceux-ci sont complètement interchangeables avec des collègues ayant la même formation, qui se comptent par milliers. « Le rôle de chaque [travailleur], fait remarquer Bauman, comprend une fiche qui spécifie de façon exacte le travail à exécuter ainsi que le moment et la façon de le faire. Quiconque connaît la fiche et possède les aptitudes requises pour accomplir la tâche peut exécuter le travail. » (Dennis Gioia, dont nous avons parlé précédemment relativement à la tragédie Pinto, aurait pu qualifier ces fiches de « scénarios ».) La conclusion à retenir est que les gens se disent : « Ça ne changerait rien si *je*, qui joue un rôle en particulier, choisissais de ne pas faire mon travail, car quelqu'un d'autre me remplacerait et le travail serait exécuté de toute façon. » C'est donc ainsi que nous nous consolons, non sans raison, lorsque nous jugeons une tâche qu'on nous demande d'exécuter moralement suspecte ou difficile à accepter[9].

Cependant, même si nous souhaitions rationaliser l'idée que la responsabilité appartient au rôle et non à celui qui le joue, le fait est que nous ne pouvons nous dérober à notre responsabilité en tant qu'acteurs. Bien entendu, le degré de culpabilité varie selon la liberté d'action dont disposent les acteurs. Les esclaves, par exemple, ne sont pas vraiment responsables des ordres qu'ils exécutent. Les employés et les gestionnaires ne sont pas des esclaves (même s'ils se heurtent à de graves conséquences lorsqu'ils n'obéissent pas aux ordres, comme nous l'avons vu aux chapitres 8 et 9). Pourtant, dans la mesure où ils sont bien informés des conséquences de leurs actes, ou dans celle où ils le deviennent, les travailleurs et les gestionnaires doivent accepter d'assumer l'entière responsabilité morale des mesures contraires à l'éthique qu'ils prennent, en entier ou en partie, au nom de l'entreprise. Ajoutons que la responsabilité éthique ne se limite pas à un total déterminé : chaque partie consentante, peu en importe le nombre, ayant pris part consciemment à un acte immoral sera entièrement coupable. Il y a matière à les blâmer tous.

La culpabilité ne peut toutefois pas s'arrêter ici. Elle doit s'étendre à l'auteur absolu, qui est, comme nous l'avons vu, l'État[10]. Les coupables, dans les cas d'immoralité administrative, sont les entreprises elles-mêmes[11], les personnes qui y travaillent, les « propriétaires responsables », ainsi que l'État et ses organismes chargés de la création et de la réglementation des compagnies. La censure éthique doit tomber sur chacun d'eux. L'indignation publique morale peut et doit être tournée vers le gouvernement, ainsi que vers les suspects habituels au sein des entreprises, tant les fonctionnaires, qui jouent le rôle d'acteurs, que les politiciens, qui agissent en tant qu'auteurs des mesures prises par tout État. S'ils sont incapables de surveiller les activités des entreprises d'assez près pour garantir un fonctionnement conforme à l'éthique, *ils sont moralement responsables de créer les conditions permettant une telle supervision.* Cela pourrait être, par exemple, l'établissement d'une réglementation directe de l'État ou une autoréglementation imposée par l'industrie. Toutefois, elle doit être efficace si l'on veut que le gouvernement se comporte de manière responsable sur le plan éthique. Les citoyens assument eux aussi une responsabilité morale pour les méfaits des compagnies auxquelles leur gouvernement ont octroyé une charte. Après tout, les citoyens sont les auteurs absolus des agissements de l'État dans une démocratie – le gouvernement constitué du peuple, par le peuple et pour le peuple. Aussi éloignés que la plupart des citoyens peuvent être de ces méfaits, dont ils n'ont peut-être jamais entendu parler, ils ne peuvent se soustraire à la culpabilité. Leur responsabilité morale s'étend à faire en sorte que ces méfaits soient punis, ne serait-ce que dans un souci de dissuasion. En fait, cela ne peut être accompli qu'en portant au pouvoir les représentants appropriés.

Finalement, cela vaut la peine de réitérer qu'en tant qu'entités créées pour jouer le rôle d'agents économiques rationnels parfaits, les entreprises, par l'intermédiaire de leurs porte-parole des relations publiques et des déclarations publiques de leurs cadres de direction, ont une drôle de façon de donner toutes sortes de conseils. Comme je l'ai indiqué précédemment (au chapitre 5), le présumé agent économique rationnel est un égoïste éthique dont la seule et unique obligation est de trouver le meilleur équilibre possible entre le plaisir et la douleur, le plaisir se définissant comme une richesse matérielle. De plus, cela implique inévitablement que l'agent économique porte, non seulement en tant qu'acteur, mais aussi en tant qu'*observateur et conseiller*, des jugements moraux et offre des observations et des conseils moraux en fonction de ce qui est à son propre avantage. En fait, il offre non seulement des conseils moraux, mais aussi des conseils économiques, politiques, sociaux, culturels et esthétiques qui doivent être considérés comme ayant une fin essentiellement égocentrique. Cela ne peut être pris à la légère, vu la fréquence à laquelle les médias et les gouvernements demandent leur avis aux porte-parole d'entreprises, et à laquelle les instituts de recherche parrainés par des entreprises préconisent des orientations dans le même esprit. *Il est tout simplement irréaliste de s'attendre à ce que ces conseils soient impartiaux et axés sur le bien commun.* S'ils se trouvent à le servir, c'est par pure coïncidence, car les entreprises ne s'intéressent nullement au bien commun.

L'un des pionniers de la recherche opérationnelle, Sir Stafford Beer, a proposé un paradigme utile pour l'entreprise en tant qu'entité axée sur elle-même, en abordant les aspects bureaucratiques. Beer soutient que « nos institutions [produisent] les bienfaits sociaux de leurs activités simplement en tant que sous-produits de leurs principales entreprises bureaucratiques, qui consistent à se produire elles-mêmes[12] ». Toujours selon Beer, les institutions qui réussissent à s'« autoproduire » se sont ménagées une homéostasie permanente.

> Tous les systèmes homéostatiques (ou à la recherche d'un équilibre) maintiennent une production critique à un niveau stable. Toutefois, certains d'entre eux [c'est-à-dire les bureaucraties] ont une caractéristique très spéciale, dans la mesure où la production dont ils maintiennent la stabilité est leur propre organisation. D'où le fait que chacune de leurs réponses, de leurs adaptations et de leurs mutations évolutives ont une fonction de survie. Cela explique assez bien pourquoi il est difficile de changer nos institutions. Leur organisation systématique est *orientée, non pas principalement vers notre bien-être, mais vers leur propre survie*[*] [13].

En fin de compte, le véritable problème semble être que ni les citoyens ni les législateurs ne savent clairement à qui rattacher la responsabilité quand il est

---

[*] C'est nous qui soulignons.

question de compagnies. Cette confusion nous paralyse lorsque nous sommes aux prises avec le problème démesuré et grandissant des préjudices causés par les entreprises à tous les niveaux. Que ce soit intentionnel ou non, l'entreprise moderne a réussi de façon consternante à embrouiller la responsabilité morale et à maintenir la culpabilité toujours en suspens, jamais ancrée.

Dans une élégante allusion à l'anneau mythique qui rendait son porteur invisible pendant qu'il commettait ses crimes, la philosophe Elizabeth Wolgast se demande, au même titre que Platon, si l'absence de blâme équivaut à une absence de responsabilité morale. « Le fait de traiter les entreprises comme des personnes est dangereux sur le plan moral, affirme-t-elle, car la fiction d'une personne dénuée d'attributs moraux équivaut à un anneau des Gyres moderne, à une invitation à agir sans prendre de responsabilités[14]. »

Notes

1. Le père, en tant que chef de la famille, était tenu responsable des actes de tous les autres membres de la famille, y compris l'épouse, les enfants, les esclaves et les serviteurs. Wolgast, *Ethics of an Artificial Person, op. cit.*, p. 13.

2. La part exacte dépendra jusqu'à un certain point de la contrainte sous laquelle ils mènent leurs activités. Les soldats qui sont menacés de mort s'ils font preuve d'insubordination ont une moins grande part de responsabilité que les avocats, qui sont libres de laisser tomber les clients qui leur demandent de se comporter d'une manière contraire à l'éthique.

3. Isaac Asimov, « First Law », dans *The Rest of the Robots*, New York, Panther Books, 1968. Asimov a édicté ses « trois lois de la robotique » en 1941. Les deux autres sont (2) « Un robot doit obéir aux ordres donnés par les êtres humains, sauf si ces ordres entrent en conflit avec la Première Loi » ; et (3) « Un robot doit protéger sa propre existence, tant et aussi longtemps que cette protection n'entre pas en conflit avec la Première et la Deuxième Loi. »

4. Andrew Hacker, « Corporate America », dans *The Corporation Take-Over, op. cit.*, p. 9.

5. T. A. Gabalon, « The Lemonade Stand : Feminist and Other Reflections on the Limited Liability of Corporate Shareholders », *Vanderbilt Law Review*, 45, p. 1429.

6. Dennis R. Fox, « The Law Says Corporations are Persons, but Psychology Knows Better », *Behavioral Sciences and the Law*, 14, p. 349.

7. C'est l'un des nombreux moyens qu'utilise le système pour militer contre le comportement éthique. La solution évidente et radicale consiste à rendre les entreprises parfaitement transparentes. Toutefois, on peut

se demander si les gouvernements ont encore le pouvoir de promulguer les lois nécessaires et de les défendre contre les inévitables contestations judiciaires.

8. Bauman, *Postmodern Ethics*, *op. cit.*, p. 19.

9. *Ibid.*

10. Dans une démocratie, bien entendu, l'État est le peuple, et les politiciens le représentent, sous réserve d'élections périodiques. Dire que l'État est un auteur n'est pas tout à fait exact. L'auteur absolu de tout événement qui se produit dans l'État est le peuple. Toutefois, comme dans le cas d'une personne qui en embauche une autre pour accomplir une tâche, l'acteur peut parfois agir d'une façon que l'auteur n'avait pas souhaitée ou à laquelle il ne s'attendait pas. Dans ces cas-là, l'auteur est jusqu'à un certain point responsable de ses actes, mais pas entièrement. Une part de la faute, sinon la grande partie, doit clairement être aussi imputée à l'acteur. Ainsi, les citoyens ne sont que partiellement responsables des méfaits éthiques du gouvernement; l'État doit assumer une part de la culpabilité.

11. Bien que sous certaines conditions, tel que suggéré ci-dessus.

12. Stafford Beer, *Designing Freedom*, Toronto, CBC, 1974, p. 77.

13. *Ibid.*, p. 71.

14. Wolgast, *Ethics of an Artificial Person*, *op. cit.*, p. 95.

Chapitre 14

Quelques conclusions « irrationnelles » mais pleines de bon sens à propos des entreprises

Entre la folie publique et celle qui est soignée par les médecins, il n'y a qu'une seule différence ; la dernière souffre d'une maladie et la première, de fausses opinions.

Sénèque

Il se peut fort bien que la rhétorique suivra la réalité et que nous trouverons des moyens indolores de rationaliser les arrangements entre nous. Toutefois, aucune philosophie n'a encore été créée qui mêle des participants tant humains que machines, et il n'est pas non plus certain que le génie inventif des Américains sera en mesure d'ajuster le vocabulaire de la démocratie pour permettre aux entreprises d'assumer le rôle de simples citoyens.

Andrew Hacker

JE SUIS SOUVENT ÉTONNÉ DE VOIR comment nous nions les observations les plus fondamentales sur la vie parce qu'elles ne cadrent pas avec ce que nous appelons le bon sens ou les idées reçues. Celles-ci se révèlent être en grande partie une compilation de notions sur le monde que nous avons concoctées il y a 300 ans et qui ont, pour la plupart, été discréditées par des théories scientifiques et philosophiques plus récentes. J'en ai déjà mentionné quelques-unes : l'idée selon laquelle la science est notre seule voie vers la vérité vraie sur le monde ; que l'humanité progresse régulièrement grâce à la technologie ; que le progrès est inexorable et inévitable, afin que le futur soit préférable au présent, lequel est préférable au passé ; que les anciennes idées sont moins bonnes que les nouvelles ; qu'il est possible d'avoir une science de l'humanité et de la société qui soit aussi exacte et mathématiquement définissable que la physique de Newton ; que ce qui ne peut être observé est nécessairement moins réel que ce qui peut l'être ; ou, comme le présente Lord Kelvin, physicien britannique du XIXe siècle : « Tout ce qui existe, existe dans une certaine quantité, et peut donc être mesuré » ; et que le bonheur se mesure à la richesse matérielle.

À mon sens, la vérité la plus criante est que les gens ne sont pas égoïstes de façon constante et innée, comme l'affirment l'idéologie de marché rationaliste et la théorie économique actuelles. Ou encore, comme le disait David Hume, philosophe à contre-courant du XVIIIe siècle : « La bienveillance est présente en nous, peu importe en quelle quantité [...] nous avons une particule du cygne, de même que des éléments du loup et du serpent. »

En ce qui me concerne, l'idée de l'égoïsme éthique universel a été contredite à tous les niveaux de mon expérience, à commencer par la notion darwinienne de compétition égoïste et impitoyable pour survivre. Mon épouse et moi vivons avec trois chats, qui ont tous été adoptés à peu près au même moment, alors qu'ils étaient des chatons. Il n'y a qu'à regarder ces animaux interagir pour comprendre que leur comportement est tout sauf bestial, au sens où Hobbes aurait employé ce mot. Les jeux mouvementés s'arrêtent brusquement lorsqu'un des chats s'avoue vaincu ; ils attendent patiemment qu'on verse de la nourriture dans chacun de leurs bols ; ils partagent les appuis de fenêtre et leurs coins préférés pour faire la sieste. Avant cela, quand nos enfants étaient jeunes, nous avions deux autres chats et un chien qui mangeaient, dormaient et même pêchaient ensemble dans l'étang, amicalement et en toute coopération. Ces animaux ne se comportaient presque jamais de manière égoïste.

Cela m'amène à me demander s'il est possible que nous soyons moins doués à la base sur le plan éthique que nos animaux familiers. Cette question est absurde aux yeux des spécialistes en sciences sociales et des biologistes évolutionnistes, qui nous mettent sévèrement en garde contre l'anthropomorphisation du comportement des animaux. Selon eux, les animaux sont incapables d'avoir un comportement réfléchi. Ils font ce pour quoi ils sont programmés par la génétique et les mécanismes de stimulus-réponse. Ce qui peut ressembler à du bonheur ou de la tristesse, à du chagrin, de la joie, de l'amour, de l'expectative ou de la déception est simplement une manifestation visible de réactions corporelles entièrement déterminées à différentes stimulations. Toutefois, on n'a qu'à observer n'importe quel mammifère pendant une période prolongée (je parle des mammifères en raison de notre étroite affinité physiologique avec eux, et donc de la meilleure compréhension que nous en avons) pour que l'idée qu'il s'agit de machines irréfléchies devienne absurde. Dans ce cas, pourquoi devrions-nous présumer, comme l'a fait Hobbes, que la vie des humains à l'état naturel était faite de guerres permanentes les uns contre les autres, « de peur continuelle et de danger de mort violente », et que les hommes eux-mêmes étaient « solitaires, pauvres, méchants, brutaux et avaient la vie courte » ? Pour Hobbes, les fruits de la raison, soit les arts, les lettres et la société, semblent être les seuls déterminants d'une vie digne d'être vécue. Il n'est pas surprenant que les autochtones, avec lesquels on établissait des contacts partout dans le monde à cette époque, étaient considérés comme des « sauvages » ou des sous-hommes. Tel était l'esprit de clocher de la pensée rationaliste.

Récemment, nous nous sommes mis à nourrir différents animaux sauvages qui viennent sur notre terrain : des ratons laveurs, des mouffettes, des chats sauvages et un renard. Pour un observateur de la génération Disney, voir ces animaux interagir est une véritable révélation. Un soir, par exemple, nous avons regardé, captivés, un raton qui attendait avec impatience qu'une mouffette ait fini de manger dans le bol, et qui a fini par la pousser de là. Le fait que le raton était deux fois plus gros que la mouffette myope n'a pas empêché celle-ci de replonger son museau dans le bol. La scène s'est déroulée sans drame ni bain de sang. Quelques semaines plus tard, nous avons été témoins d'une autre altercation de bienséance similaire entre un chat sauvage et une mouffette. Au début de l'été, des mamans ratons ont commencé à emmener leurs petits. Ainsi, nous avons eu la visite d'une dizaine de ces jolies créatures qui venaient manger des aliments secs pour chiens et des arachides en même temps, sans qu'aucun incident majeur survienne.

Ces petits tableaux m'ont ouvert l'esprit sur la vie des animaux dans la nature, et des lectures subséquentes sur la symbiose et la coopération entre les animaux ont confirmé mes doutes, selon lesquels le comportement altruiste est courant parmi les espèces dites inférieures. Pour citer un exemple connu, les petits de la mangouste africaine restent dans la colonie où ils sont nés pour aider à élever les plus jeunes, participer à leur alimentation, les garder et effectuer d'autres tâches, plutôt que de se disperser immédiatement pour aller se reproduire ailleurs. Des études ont identifié plus de trois cents oiseaux et mammifères, y compris les chiens sauvages d'Afrique, les chimpanzés, les kookaburras, les martins-pêcheurs pie et les rousserolles des Seychelles, qui aident ainsi leurs semblables en retardant leur propre occasion de se reproduire. Nos ratons laveurs semblent nouer des liens d'amitié à long terme (à moins qu'ils ne soient frères et sœurs de portée) et nous les regardons avec attendrissement faire mutuellement leur toilette après avoir mangé un bol de nourriture sèche.

Quand j'étais réalisateur à la télévision, j'ai remarqué que les images vidéo montrant les pires désastres avaient quelque chose en commun : on voyait les gens accourir *vers* le lieu de la calamité pour tenter de fournir de l'aide. Bien entendu, aux fins du téléjournal, nous nous concentrions surtout sur les victimes du désastre et, s'il était causé par l'homme, sur leur auteur. En d'autres mots, nous mettions l'accent sur le malheur et sur ce qui est aberrant. Les nombreuses personnes affairées à aider les autres et à dispenser des soins étaient trop « normales » pour faire l'objet des nouvelles. Je me demandais souvent : pourquoi identifions nous si fortement l'humanité aux criminels plutôt qu'aux sauveteurs ?

Partout où j'ai voyagé dans le monde, j'ai rencontré des gens ordinaires d'une gentillesse et d'une générosité extraordinaires, hormis certaines personnes occupant des postes officiels dont les tâches et la formation exigeaient qu'elles se comportent efficacement, conformément à quelque programme bureaucratique ou commercial. À de rares occasions, j'ai été harcelé par des gens très pauvres, habituellement dans des pays du tiers-monde, parce qu'ils me percevaient (avec raison) comme un représentant de ceux qui les exploitaient. Toutefois, de façon générale et peu importe la région du monde, j'ai trouvé que les gens avaient davantage tendance à se comporter gentiment et humainement plutôt qu'autrement, et je ne connais personne ayant beaucoup voyagé qui pourrait affirmer le contraire.

Les éléments de preuve que j'ai présentés dans les chapitres précédents étaient peut-être plus convaincants, mais ces bribes de corroboration hautement irrationnelles soutiennent, du moins dans mon esprit, ma conviction intellectuelle que l'image rationaliste et utilitariste qui dépeint les humains comme des égoïstes éthiques est fausse. Hobbes avait tort à propos de l'état primitif de l'humanité, comme peuvent l'attester l'anthropologie et l'archéologie modernes. Les rationalistes et les utilitaristes avaient tort de penser que le comportement moral est créé par la société et ses institutions, et que sans ces institutions, nous régresserions à la bestialité hobbesienne. Darwin, lui aussi, avait tort de brosser un tableau de la vie dans la nature comme un milieu de compétitivité incessante et sans pitié axé sur l'intérêt particulier. La coopération est aussi courante, sinon plus, et l'altruisme est loin d'être rare. Ces faits sont certainement observables dans la société humaine, et tout porte à croire qu'ils le sont aussi chez les animaux. Il nous importe peu de connaître les raisons profondes du comportement altruiste pour les besoins de ce livre ; nous pouvons même accepter l'insistance des béhavioristes selon laquelle l'altruisme doit finir par avoir des retombées positives sur l'altruiste, et il reste vrai que la prémisse fondamentale de la théorie économique des rationalistes – qu'on pourrait appeler le principe d'appauvrissement de son voisin – est une erreur.

Pourquoi, alors, croyons-nous à l'idée de l'égoïsme humain inné et nions-nous l'existence de l'impulsion morale ? Pourquoi faisons-nous valoir la nécessité d'un système de marché fondé sur la « réalité » de ces faux concepts ? Pourquoi acceptons-nous le pouvoir et l'influence des entreprises qui appuient et alimentent cette réalité, mais qui n'ont aucun véritable intérêt envers le bien-être des humains ? Pourquoi, avec le temps, nous retrouvons-nous à travailler de plus en plus pour le marché et l'entreprise, plutôt que ce soit ceux-ci qui travaillent de plus en plus pour nous ? Pourquoi avons-nous ainsi laissé notre outil prendre le dessus sur nous ?

Les humains s'adaptent toujours jusqu'à un certain point aux technologies qu'ils utilisent. On dit qu'en domestiquant des animaux, par exemple, les gens se sont eux aussi domestiqués, passant d'une vie aventureuse de chasse et de cueillette à une vie plus sédentaire et sécuritaire d'agriculture et d'élevage. L'invention de l'étrier a changé la nature de la conduite de la guerre sur terre tandis que la radio a transformé les conflits sur mer. L'adoption du système de production en usine et de sources d'énergie comme la roue à augets et la machine à vapeur ont transfiguré la société européenne, vidant les campagnes et peuplant les villes.

Les gens se sont adaptés en conséquence aux technologies sociales inventées par les rationalistes des XVIIIe et XIXe siècles, notamment aux technologies que nous appelons le marché et la compagnie. Cette adaptation nous a obligé à devenir, autant que cela est possible, des « agents économiques rationnels ». Nous

nous sommes entraînés à devenir intéressés et nombri-
listes ainsi qu'à obéir à l'éthique du travail et de consommation. « Nous vivons, jusqu'à notre mort, de manière
rationnelle et productive », a clamé Herbert Marcuse.
« Nous savons que la destruction est le prix du progrès,
au même titre que la mort est le prix de la vie, que la
renonciation et le labeur sont les préalables à la grati-
fication et à la joie, que les affaires doivent continuer et
que les solutions de rechange sont utopiques[1]. » Cette
formation a pris place à contre-courant et devant une
très grande résistance ponctuée d'émeutes, de soulè-
vements et de sabotage. Nous percevons maintenant
cette résistance comme étant non seulement vaine, mais
également immorale. Les luddites qui, dans l'Angleterre
du XIXe siècle, protestaient contre les répercussions
déshumanisantes du travail en usine, sont rejetés
comme étant criminellement obtus, et quiconque avoue
se contenter de ce qui est suffisant et qui ne souhaite pas
travailler, gagner de l'argent et consommer au-delà de ce
niveau de subsistance a un comportement dangereusement antisocial et présente une déficience morale
causée par la paresse. L'ambition en soi est une vertu, au
même titre que la possession de biens, malgré le fait que
l'idée même de propriété privée, dans le sens moderne,
n'existe que depuis John Locke (1632-1704). Toutes ces
attitudes vont directement à l'encontre de la conscience,
de la sagesse populaire ainsi que des préceptes moraux
acceptés par la tradition occidentale (et orientale)
depuis Socrate, et même avant cela.

Socrate, premier philosophe moral, croyait que la
plus importante question philosophique n'était pas
« Comment fonctionne le monde ? » mais bien
« Comment les hommes doivent-ils vivre ? » La réponse
à cette question dépend surtout de la façon dont nous
définissons l'homme, ou l'humanité. Socrate et les

générations suivantes de philosophes moraux avant la révolution scientifique du XVIIe siècle pensaient presque unanimement que les humains étaient des êtres spirituels, faits à l'image de Dieu. Avec la révolution scientifique, cette vision a changé : les humains étaient essentiellement devenus des entités mécaniques. On les a associés successivement aux technologies les plus populaires de l'heure – les horloges mécaniques, les moteurs à vapeur, et finalement, les ordinateurs.

La question « Comment les personnes mécaniques ou juridiques doivent-elles mener leur vie ? » n'a pas la même portée que lorsqu'on parle des êtres humains. En réalité, cette question n'est pas morale du tout, car les vies mécaniques sont déterminées ; elles ne font pas de choix autonome et ne jouissent pas du libre arbitre, et il ne peut y avoir de choix moral sans libre arbitre. La question « Comment une machine doit-elle mener sa vie ? » n'a aucun sens, car la machine ne fait pas de choix.

Le fait d'avertir les directeurs d'entreprises et leurs employés de se comporter de manière éthique au travail est peu utile. En effet, les employés sont liés en vertu d'un contrat écrit ou implicite pour faire avancer les visées de l'entreprise. Même prise au sens le plus large, l'idée de la moralité inclut certaines notions d'intérêt général, tandis que la philosophie morale dans laquelle fonctionnent les entreprises est restreinte aux obligations et aux récompenses contractuelles. Le fait de demander à des employés de se comporter conformément à des valeurs morales authentiques, par opposition aux normes éthiques synthétiques de la machine commerciale, équivaut à leur demander de se faire mettre à pied et remplacer. Dans l'entreprise parfaitement efficace, il n'y a pas de place pour les scrupules moraux humains, à moins qu'ils ne coïncident avec ses visées. Peu de compagnies sont totalement efficaces, et les employés peuvent parfois s'en tirer en obéissant à leurs impulsions morales, en faisant ce qui est bien plutôt que ce qui est simplement rentable. Pourtant, à long terme, l'entreprise finira par détecter ce qu'elle considère comme de la malveillance et par s'en débarrasser.

Il me semble qu'il est erroné de critiquer les compagnies parce qu'elles ont un comportement immoral ou contraire à l'éthique sans aller plus loin. Elles font ce qu'elles ont été conçues pour faire. Si ce qu'elles font ne sert pas les intérêts humains, nous devons modifier la façon dont elles fonctionnent. Elles sont nos inventions, et nous portons donc la responsabilité éthique des préjudices qu'elles causent. Nous ne pouvons raisonnablement nous attendre à ce qu'elles tiennent compte des intérêts humains dans leurs activités si nous ne les forçons pas à le faire au moyen de lois et de règlements. Si nous leur permettons d'échapper à la supervision réglementaire ou de la renverser, nous sommes, je le répète, éthiquement responsables, parce qu'il est dans leur nature d'éviter les dépenses non nécessaires.

Les personnes humaines qui travaillent au sein de l'entreprise, quelles que soient leurs fonctions, se trouvent dans une position éthique difficile. Elles ne peuvent échapper à la culpabilité morale car elles sont des entités moralement conscientes, un statut dont les personnes juridiques ne jouissent pas. Les employés ne peuvent échapper à la responsabilité en répétant la rengaine : « Je ne faisais que suivre des ordres. » On aura au moins tiré cette leçon de la déplorable histoire du XXe siècle.

J'ai dit d'entrée de jeu que c'était une erreur de concevoir les entreprises comme des êtres humains au sens strict. J'espère que la raison qui le prouve est maintenant claire : elles ne sont d'aucune façon dirigées par des hommes. Elles n'incarnent pas non plus dans leur fonctionnement autonome en tant qu'avatars humains – représentations mécaniques de l'agent économique rationnel – le vaste éventail des attributs humains. En fait, elles n'imitent que ce qui est le moins souhaitable dans la psyché humaine. De plus, il est erroné de tenter de faire affaire avec les personnes juridiques comme s'il s'agissait d'individus. Les entreprises sont des créatures hautement sociales et comptent sur le soutien des autres compagnies pour faire en sorte que le contexte légal et réglementaire dans lequel elles fonctionnent soit convivial et conciliant. Elles constituent une sorte de diaspora, une tribu mondiale qui partage la même histoire et les mêmes valeurs de base, et qui pratique les mêmes rituels. Il s'agit pourtant d'une tribu étrangère, et ses membres ont davantage en commun entre eux qu'avec la race humaine.

Nous leur demandons conseil à nos propres risques, car comme ce sont de parfaites égoïstes éthiques, tout ce qu'elles nous disent est intéressé. La seule réponse honnête qu'on pourrait obtenir d'elles serait relative à l'accroissement de leur rentabilité.

Les entreprises ne devraient pas être chargées d'administrer des aspects de la vie humaine qui n'ont rien à voir avec le profit. Elles ne devraient participer à aucun volet du processus démocratique, ni être mêlées de quelque façon que ce soit à l'éducation. Elles ne devraient jouer aucun rôle dans la santé, ni dans l'administration des services sociaux, ni dans celle de la justice. Pourquoi ? Parce qu'elles sont incapables de comprendre les aspirations et les besoins plus essentiels des humains et de s'y conformer. Tenter d'imposer des règlements suffisamment complexes et exhaustifs pour s'assurer qu'elles respecteraient ces valeurs serait

pratiquement impossible d'un point de vue administratif, ce qui est sans compter les lourdes dépenses de
supervision et d'application que cela exigerait. Il est
préférable de laisser ces sphères au gouvernement et
aux organismes sans but lucratif, qui sont administrés
par des humains, dans l'intérêt des humains.

Telles qu'elles sont actuellement constituées, les
entreprises ne devraient pas non plus prendre part aux
arts ni aux médias, sauf peut-être en tant que donateurs
dans une relation d'indépendance mutuelle. Rares sont
les artistes qui peuvent résister à la tentation de modeler
leurs créations pour plaire à la source de leurs revenus.
Durant la Renaissance, les peintres et les sculpteurs, qui
comptaient sur la générosité des mécènes, allaient
souvent à l'encontre de leur meilleur jugement. Lorsqu'il est question de maintenir l'intégrité artistique,
plaire à un mécène humain ou à une institution humaine
comme l'Église est une chose ; plaire à une compagnie
avec ses valeurs et son esthétique commerciales en est
une autre.

La commandite par le secteur privé de la programmation des médias électroniques d'information et de
divertissement devrait être soit interdite, soit sévèrement restreinte, car les entreprises placent invariablement le profit avant la qualité. La concurrence, qui est
supposée assurer la qualité dans une économie de
marché, y échoue à la radio et à la télévision commerciales, étant donné qu'elle joue au niveau des annonceurs
plutôt que des auditeurs et des téléspectateurs. Bien des
émissions de télévision populaires auprès des critiques et
des téléspectateurs ont été retirées de la programmation
parce qu'elles ne plaisaient pas aux annonceurs. Ces
derniers, qui font l'objet de la concurrence entre les
médias électroniques, sont presque invariablement
d'autres entreprises dont les valeurs et l'esthétique sont

commerciales et non humaines. La télévision privée mesure la qualité au moyen de la réponse des annonceurs, et non de celle des téléspectateurs. Ainsi, ce qu'on juge être une « bonne » programmation sert les intérêts de l'entreprise plutôt que ceux des humains. Dans les rares occasions où, en raison de circonstances fortuites salutaires, un média commercial produit une bonne émission, on considère cela (à juste titre) comme un petit miracle.

L'idée de restreindre la commandite par le secteur privé des médias électroniques peut sembler désespérément utopique, mais c'était l'opinion de la majorité, même aux États-Unis dans les années 1920. Les opinions publique et gouvernementale étaient fortement en faveur du financement des émissions de radio à l'aide de dotations ou de fondations ou encore de taxes plutôt qu'au moyen de la publicité. En 1922, Herbert Hoover, alors secrétaire du Commerce des États-Unis, qui devint plus tard président, a exprimé le point de vue de la majorité en ces mots : « Les ondes sont un moyen de communication public et doivent être utilisées pour le bien public. Il est inconcevable qu'elles servent à diffuser de la publicité[2]. » David Sarnoff, président de RCA (et plus tard de NBC), faisait valoir avec force que la publicité détruirait le potentiel de la radio en matière d'éducation et de divertissement de qualité. Il croyait que les émissions devaient être financées de manière indépendante par des fabricants de radios comme RCA, GE et Westinghouse. Un groupe de gens influents commandités par l'industrie pour examiner la situation de la radio en 1925 a déclaré : « Il existe un conflit d'intérêt naturel entre le fait de servir l'auditeur et de servir l'annonceur [...]. L'auditeur recherche une programmation de la plus haute qualité, aussi libre que possible de tout contenu extérieur et non pertinent, particulièrement s'il est susceptible de détourner son attention d'une performance artistique en raison de sa teneur commerciale[3]. »

Ces idées ont été écartées lorsque AT&T, qui menait alors également ses activités en radio, en plus du téléphone, a découvert l'aubaine financière qui attendait les entreprises qui mettaient sur pied des réseaux de stations (reliées par des lignes téléphoniques) capables d'atteindre de très vastes auditoires à l'échelle nationale, et donc de grand intérêt pour les commanditaires du secteur privé[4].

Les histoires de censure par des entreprises de journaux télévisés sont légion et il n'est pas nécessaire de les répéter. En voici tout de même un récent et peu subtil exemple dans l'industrie du cinéma, lorsque Disney Corporation a interdit à sa filiale Miramax de distribuer le long métrage *Farenheit 9/11*. Le film du documentariste lauréat d'un oscar Michael Moore (*Bowling for Columbine*) explorait les liens étroits entre la dynastie Bush et la famille royale saoudienne, et le rôle qu'ont joué leurs relations durant les semaines qui ont suivi les attaques terroristes du 11 septembre 2001 à New York et à Washington. Le *New York Times* a cité un cadre de Disney expliquant que :

> Disney essaie de satisfaire les goûts de familles de toutes les allégeances politiques et croit que le film de M. Moore [...] pourrait lui en aliéner un grand nombre. Il n'est pas dans l'intérêt d'une grande compagnie d'être entraînée dans une lutte politique partisane très tendue[5].

Voilà une déclaration inhabituellement honnête sur la réticence des entreprises médiatiques à diffuser des points de vue controversés susceptibles d'offenser certains de leurs clients. Fait encore plus inquiétant, des allégations ont été publiées selon lesquelles Disney craignait aussi que les allégements fiscaux qu'elle obtenait pour ses parcs d'attraction thématiques et ses hôtels en Floride, où le frère de George W. Bush, Jeb, était gouverneur, ne soient compromis si le film était diffusé par l'intermédiaire de sa filiale ; d'autres sur le fait qu'un membre de la famille royale saoudienne, actionnaire majoritaire du parc d'attraction Euro Disney, situé près de Paris, éprouvait des difficultés financières.

La première et principale étape à franchir relativement au problème des compagnies consiste à se rendre compte que ni le marché ni l'entreprise n'ont quoi que ce soit de « naturel ». Tous deux sont des technologies, des outils que nous avons conçus pour exécuter des tâches, et tous deux pourraient être remplacés ou modifiés. En fait, ils devraient être modifiés, parce qu'ils ont été créés par l'humain il y a des centaines d'années afin d'atteindre des objectifs louables, mais font appel à des hypothèses sur la nature de l'humanité et de la société qui ne sont plus (en fait, n'ont jamais été) ni appropriées, ni applicables, ni crédibles. Au cours des 100 dernières années, nous avons compensé l'écart de plus en plus large entre la réalité et ces anciennes suppositions en tentant de forcer le comportement et les attentes des humains à s'adapter au cadre économique rationaliste, plutôt que le contraire. L'éthique du travail et l'éthique de consommation ont été déployées à cette fin et considérablement renforcées par les médias modernes.

Comme je l'ai suggéré, il faut envisager l'entreprise comme une technologie sociale, un outil servant à faire de l'argent. À ce titre, c'est un exemple vivant de la fausse idée qu'on se fait de la valeur neutre de la technologie – la notion que nos outils n'ont pas de contenu normatif, que ce sont simplement des dispositifs neutres servant à accomplir des tâches et que tout le bien ou le mal découlant de leur utilisation ne peut être imputé qu'à l'utilisateur. Selon cette vision, il n'y a pas de bonnes ou de mauvaises technologies ; seulement de bons et de mauvais utilisateurs. Il s'agit d'un argument bien connu des Américains dans la rhétorique de l'American Rifle Association, qui a pour mantra : « Les armes ne tuent personne, ce sont les gens qui le font. » Bien entendu, les armes « du samedi soir » (*Saturday-night special*) et le fusil d'assaut sont conçus expressément pour tuer des gens, et dans ce sens important, ils personnifient la pensée éthique, qui est intégrée à leur mécanisme.

L'automobile est une technologie riche en notions culturelles intrinsèques à la modernité occidentale – notamment les idées de liberté et d'individualisme. Les technologies qui ont permis à l'homme de marcher sur la Lune incluent des idées culturelles sur l'importance d'effectuer ce voyage, concepts que d'autres cultures ne partagent peut-être pas. Les outils que nous fabriquons reflètent de manière directe et manifeste la société qui les conçoit, à partir de la décision de les fabriquer jusqu'aux façons dont ils sont mis au point pour interagir avec leurs utilisateurs. Certains outils, par exemple, sont comme le prolongement de leur opérateur et se conforment aux capacités intellectuelles et physiques humaines ; d'autres requièrent que l'opérateur s'adapte aux exigences de la machine. Les premiers ordinateurs personnels Apple, créés par des amateurs de jeux vidéo et des pirates informatiques, représentaient la première attitude ; les mini-ordinateurs précédents, de même que les premiers ordinateurs personnels IBM, étaient des produits de la R et D militaire et d'une culture élitiste d'expertise en génie, comme le prouvaient leurs épais manuels d'utilisation et leurs interfaces utilisateurs insondables. De cette façon et de plusieurs autres, les technologies, qui sont le produit de notre culture, façonnent à leur tour la culture qui les emploie. L'automobile fournit encore une fois un bon exemple : à partir du moment où elle a été produite et acceptée par la société nord-américaine (pour des raisons sociales), elle a entraîné une transformation profonde des milieux sociaux et physiques qui ont encouragé – en fait, rendu obligatoire – une adoption encore plus étendue. Pour utiliser un exemple plus près de nous, les technologies de la modification génétique et du clonage portent en elles le postulat culturel que l'humanité est capable de guider avec sagesse sa propre destinée en tant qu'espèce ainsi que la destinée des autres espèces qui vivent sur Terre. Certains pourraient soutenir que ces technologies incarnent un orgueil fatal ; d'autres les voient comme le reflet d'une destinée humaine naturelle et inévitable.

Pourtant, la reconnaissance du rôle important joué par la culture dans la détermination de la technologie est relativement récente. Les concepteurs et les promoteurs de l'entreprise moderne ont supposé que ce serait une machine moralement neutre dont l'incidence sur la société serait régie et améliorée par le mécanisme, plus vaste, de l'économie de marché. C'était un produit de la détermination rationaliste plus générale pour faire face au « fait » que les humains sont des égoïstes et des avares incorrigibles. Plutôt que de tenter de changer ce fait (qui, en tant que loi de la nature, est de toute façon immuable), on a mis sur pied des institutions qui en tireraient parti en faisant la promotion du bien social. L'entreprise / machine n'a jamais été moralement neutre et n'aurait pu l'être. On ne peut échapper au fait qu'elle a été conçue pour institutionnaliser et rationaliser ce vice qu'est l'avidité, et elle y parvient avec une efficacité pernicieuse.

J'ai décrit l'entreprise comme une entité sociopathe parce qu'elle ne tient pas compte des valeurs et des objectifs humains. D'autres ont souligné que son comportement correspond aux critères employés par l'Organisation mondiale de la santé pour définir le psychopathe. On pourrait ajouter à ces diagnostics psychiatriques l'observation selon laquelle le milieu intellectuel rationaliste scientifique qui a engendré le marché et l'entreprise modernes présente des affinités remarquables avec ce que nous appelons maintenant la paranoïa :

> Le schéma cognitif du paranoïaque est enraciné dans la peur d'être contrôlé par les autres plutôt que dans l'appréhension relative au manque de maîtrise de soi ; dans la crainte de céder aux autres plutôt que dans la peur de ses propres impulsions importunes. L'attention du paranoïaque est rigide mais peu focalisée. Plutôt que de ne pas tenir compte de ce qui ne va pas, il demeure en alerte devant chaque indice possible. Rien, pas le moindre détail, n'échappe à son examen minutieux. Tout doit cadrer. Les gens atteints de délire paranoïaque ne souffrent pas d'un manque de logique, mais d'irréalité. En fait, cette distorsion découle, du moins en partie, de tous les efforts déployés pour faire cadrer tous les indices dans une même interprétation [...]. Pour le paranoïaque, l'interprétation est principalement déterminée par un besoin subjectif, en particulier celui de se défendre contre le sentiment de menace envahissant envers sa propre autonomie [...]. Le monde des objets qui en découle est un monde qui peut être défini avec une extrême précision à de nombreux

égards, mais dont les paramètres sont principalement déterminés par les besoins de l'observateur[6].

Cette définition, qui s'inscrit dans le contexte d'une analyse de la science dominée par les hommes dans un livre d'Evelyn Keller intitulé *Reflections on Gender and Science*, me semble brosser un tableau raisonnablement exact du projet rationaliste et du profil des hommes qui l'ont préconisé. C'est une définition qui explique certainement pourquoi Galilée était inflexible dans son affirmation que la science était la *seule* source fiable de savoir sur le monde et qu'il rejetait violemment les théories aristotélicienne et scolastique. Cette définition explique : le besoin de mécaniser le monde de façon à le rendre compréhensible et maîtrisable ; la vision rationaliste de la nature comme étant dangereuse plutôt que bienveillante ; l'impulsion béhavioriste de *tout* réduire à la physique, sans exception ; l'acceptation victorienne d'une description du développement social et de la moralité qui défiait les idées reçues ; mais elle fournit parallèlement une justification acceptable à l'impérialisme, à l'injustice sociale et au marché.

Et, bien sûr, en expliquant tout cela, la définition n'explique rien du tout, elle ne fait que décrire et fournir un diagnostic. Mais ce faisant, elle nous rend un précieux service en nous aidant à voir l'objet de notre attention plus clairement, d'un autre point de vue. Si nous pouvons commencer à percevoir la personne juridique comme une entité sociopathe atteinte de délire paranoïaque, nous pouvons commencer à considérer certaines de ses manifestations (l'éthique du travail, l'éthique de consommation, la mondialisation selon le modèle de l'OMC) pour ce qu'elles sont : des symptômes de la folie.

Quiconque doute de l'importance d'une perspective ou d'un point de vue dans le monde réel qui va au-delà des théories et des méditations universitaires devrait réfléchir au cas du mouvement écologiste, qui a évolué au cours des 40 ou 50 dernières années autour de la question de la destruction de l'écosystème mondial. Deux des principaux mythes du mouvement écologiste de la fin du XXᵉ siècle étaient la supposée tragédie de la propriété commune, et l'allégation selon laquelle le christianisme était essentiellement incompatible avec une gestion écologique appropriée. J'utilise ici le mot mythe dans le sens péjoratif d'une fausse impression. *The Tragedy of the Commons*, par Garrett Hardin, a été publié dans *Science* en 1968 et mettait en scène l'histoire suivante :

> La tragédie de la propriété commune va comme suit :
> imaginons un pâturage appartenant à tous. On
> s'attend à ce que chaque gardien de troupeau essaie de
> garder le plus de bétail possible dans le pâturage
> commun. Cette disposition peut fonctionner de façon
> assez satisfaisante pendant des siècles, car les guerres
> tribales, le braconnage et les maladies maintiennent
> le nombre d'hommes et de bêtes bien au-dessous de
> la capacité de charge de la terre. Toutefois, arrive le
> jour du Jugement, c'est-à-dire le jour où l'objectif
> longtemps souhaité de stabilité sociale devient réa-
> lité. À ce moment, la logique inhérente au pâturage
> commun entraîne inévitablement une tragédie. En
> effet, en tant qu'être rationnel, chaque berger cherche
> à maximiser ses gains. Explicitement ou implici-
> tement, de manière plus ou moins consciente, il
> demande : « Qu'elle est l'utilité d'ajouter une tête à
> mon troupeau ? » Cette utilité comporte un élément
> positif et un élément négatif.

1. L'élément positif est fonction de l'ajout d'une tête de bétail. Puisque le berger reçoit tous les produits tirés de la vente de l'animal supplémentaire, l'utilité positive est presque multipliée par 1.

2. L'élément négatif est fonction du surpâturage créé par la présence d'une bête supplémentaire. Toutefois, comme les conséquences du surpâturage sont réparties entre tous les bergers, l'utilité négative pour tout berger prenant une décision n'est qu'une fraction de -1.

En additionnant les utilités partielles de l'élément, le berger rationnel conclut que la seule décision sensée pour lui consiste à ajouter un animal à son troupeau. Et un autre. [...] Cependant, il s'agit de la conclusion à laquelle arrivent tous les bergers rationnels qui partagent une propriété commune, et c'est ce en quoi consiste la tragédie. Chaque homme est enfermé dans un système qui l'oblige à accroître son troupeau sans limite dans un monde qui, lui, est limité. La ruine est la destination vers laquelle tous les hommes se précipitent, chacun défendant son intérêt personnel dans une société qui croit en la liberté de propriété commune. La liberté dans une propriété commune entraîne la ruine de tous[7].

Hardin tire plusieurs conclusions quant au besoin d'appliquer des règlements draconiens au chapitre tant de la pollution que de la population, mais l'intérêt de ce besoin est marginal en ce qui nous concerne. En revanche, ce qui importe est la prémisse de base de Hardin, selon laquelle les êtres rationnels agissent toujours en fonction de leur intérêt personnel. Il s'agit de l'hypothèse de base des créateurs de l'institution rationaliste, et la tragédie de la propriété commune n'a aucun sens sans elle. Cependant, comme je l'ai déjà fait valoir, la présomption d'égoïsme éthique est erronée.

Néanmoins, cette histoire semble avoir un accent de vérité lorsqu'on regarde ce qui se passe dans le monde. Les pêcheries et les terres agricoles sont épuisées ; on trouve des produits chimiques toxiques aux quatre coins du monde ; des espèces disparaissent à un rythme accéléré ; le réchauffement de la planète fait fondre les calottes polaires, il y a des trous dans la couche d'ozone, et ainsi de suite. Les lecteurs qui m'ont suivi jusqu'ici repéreront sans difficulté les racines de ce paradoxe apparent. Tandis que les humains ne sont peut-être pas des égoïstes éthiques, comme le suppose Hardin, les entreprises, qui dirigent la plupart des affaires du monde, le sont. Là où elles sont présentes, la tragédie de la propriété commune est non seulement possible, mais inévitable.

Cette distinction est importante, car si nous supposons, comme Hardin, que le problème écologique est un problème de comportement humain inné, nous orientons nos recherches de solutions vers le mauvais endroit. Qui plus est, nous sommes susceptibles d'engendrer un scepticisme répandu sur la possibilité de trouver des solutions, puisque tout le monde sait que la « nature humaine » est réputée pour être difficile à changer. C'était en fait la réponse à l'article de Hardin lorsqu'il est paru. L'écologie remplaçait l'économie en tant que « science sinistre » dans l'esprit de nombreuses personnes en Occident, et dans les pays en voie de développement, sa prescription de lois très strictes pour régir la croissance de la population a été largement interprétée comme un début de racisme[8].

Si, par ailleurs, les solutions au problème sont perçues dans le contexte de la stricte réglementation des activités des entreprises, on peut imaginer sans peine l'orientation préconisée. L'application des politiques sera sans doute difficile, compte tenu de la formidable force collective des compagnies, mais sûrement pas impossible. Il faut nécessairement qu'il y ait une volonté politique chez les gouvernements des principaux pays industrialisés, et elle doit venir du peuple. Cette volonté ne se manifestera pas tant et aussi longtemps que les gens ne comprendront pas que la source fondamentale du problème touche à la nature des entreprises et non à la nature humaine.

On trouve le deuxième mythe du mouvement écologiste dans le célèbre essai de Lynn White Jr. paru dans *Science* en 1967 : « The Historical Roots of Our Ecologic Crisis » (« Les Racines historiques de notre crise écologique »). White, au même titre que Hardin, seulement 10 ans avant l'apparition de l'entreprise parvenue à maturité, accusait le christianisme d'être responsable de la crise écologique, laquelle :

> En entrant en contradiction absolue avec le paganisme ancien et les religions asiatiques [...] a non seulement établi un dualisme entre l'homme et la nature, mais a également insisté sur le fait que c'est Dieu qui veut que l'homme exploite la nature à ses propres fins. En détruisant l'animisme païen, le christianisme a favorisé l'exploitation de la nature avec une attitude indifférente envers la sensibilité des éléments de la nature.

White poursuit en affirmant que « puisque notre science et nos technologies actuelles sont teintées d'arrogance chrétienne orthodoxe envers la nature, on ne peut s'attendre à aucune solution à notre crise écologique venant d'eux seuls ». À la place, l'auteur propose que « la solution soit essentiellement religieuse, peu importe qu'on emploie ce mot ou un autre. Nous devons penser et ressentir à nouveau notre nature et notre destinée ». Il a d'ailleurs, comme on le sait, suggéré que le mouvement écologiste adopte saint François d'Assise comme patron.

Des débats subséquents (et ils furent nombreux) ont établi que White, bien qu'étant un historien de la technologie respecté, n'était pas théologien et n'avait pas réussi à apprécier les complexités des attitudes chrétiennes envers la nature. Une fois de plus, l'intérêt de ces propos est marginal en ce qui nous concerne. L'important, c'est que l'essai de White a éloigné les écologistes de la piste de leur véritable quête, à la poursuite d'une impasse prescriptive – la reconstitution du grand courant du christianisme. Ce n'est ni le christianisme ni toute autre religion qui peut, en dernier ressort, faire en sorte que nous traitions la nature avec tout le respect qu'elle mérite : c'est l'impulsion morale, notre compassion innée envers l'autre. Toutefois, cette impulsion doit être reconnue et écoutée. En outre, ce n'est pas l'attitude chrétienne à l'égard de la nature qui a donné lieu à la crise écologique, pas davantage que l'attitude bouddhiste ou confucéenne. C'est en premier lieu l'éthique d'égoïsme pur et illimité des entreprises appuyée par l'ancienne idée rationaliste du marché comme étant un fabricant autonome et automatique de Dieu. L'entreprise a extrait, distillé et concentré l'essence de l'égoïsme et de l'instinct de possession de l'homme, en amplifiant démesurément l'étendue et la profondeur de l'immoralité jugée acceptable, voire admirable, dans les affaires humaines. Pour elle, le vice est la vertu et la vertu est le vice, et c'est par ce message orwellien que sont quotidiennement bombardés les consommateurs des entreprises médiatiques dans le monde entier. C'est ce pourquoi nous avons conçu les compagnies, et en ce sens, elles font exactement ce qu'on leur a dicté de faire. Cependant, personne, en tout cas certainement aucun des premiers concepteurs rationalistes, ne soupçonnait à quel point elles y parviendraient[9].

Sans vouloir aller trop loin dans ce qui est surtout un moyen rhétorique, je ne peux résister à la tentation de mentionner une autre caractéristique du sujet paranoïaque, dans la mesure où « il montre une constance et une cohérence remarquables dans ses systèmes de croyances ». Parallèlement, « il est extrêmement difficile de le convaincre qu'il a fait une erreur de raisonnement[10] ». La réforme, dont on a un besoin urgent, ne viendra pas de l'intérieur de l'entreprise ou de ses alliés idéologiques. On ne peut attendre aucun changement de leur part ; ce serait aller à l'encontre de leur nature.

Personne ne pense que les automobiles ou les réacteurs nucléaires se modifient d'eux-mêmes. Pourquoi alors exigeons-nous cela de l'outil que nous appelons l'entreprise ? La responsabilité est nôtre, collectivement, et la meilleure façon de relever ce défi, c'est par l'intermédiaire du gouvernement. Il s'agit d'un programme de réforme détaillé qui dépasse la portée du présent ouvrage, ainsi que mes compétences, mais l'aperçu de ce qui doit être fait est clair :

- La personnalité juridique (la « personne physique » qui donne accès aux droits de l'homme) n'a jamais été consentie par le public et s'est révélée être une très mauvaise idée. Elle doit être retirée de la loi.
- Comme l'armée, les entreprises sont un mal nécessaire. Au chapitre constitutionnel, elles devraient être traitées de la même façon. L'entreprise doit respecter strictement l'autorité gouvernementale et être subordonnée à sa volonté (par « entreprise », j'entends les grandes

sociétés cotées en Bourse et non les plus petites entreprises privées qui en constituent la vaste majorité).

- L'obligation morale des chefs d'entreprises et des travailleurs doit être clairement définie par un code de loi, non seulement pour les crimes commis contre les entreprises (comme dans la loi Sarbanes-Oxley inspirée par l'affaire Enron et d'autres mesures législatives), mais pour ceux qu'elles commettent.

- Les entreprises sont devenues trop vastes et puissantes. La loi doit prévoir des limites en matière de taille et d'avoirs. Les municipalités rurales de la région où j'habite fixent des limites de chargement sur les routes de campagne chaque printemps pour éviter qu'elles soient détruites par les poids lourds et la machinerie. Le fait de limiter le gigantisme des compagnies ne devrait pas être plus controversé que cette politique sensée qui contribue à préserver le domaine public des dommages causés par les intérêts privés. Notre culture réagit fortement à l'ingérence du gouvernement dans nos droits individuels ; il est donc important de mettre l'accent sur ce qui est évident : le fait de limiter la croissance des entreprises ne restreindrait d'aucune façon les droits des humains.

- L'idée qu'il faut demander conseil aux chefs d'entreprises relativement aux organismes économiques mondiaux comme l'Organisation mondiale du commerce et la Banque mondiale, aux accords de commerce internationaux, aux budgets nationaux, aux prévisions économiques et ainsi de suite est dangereusement dépassée.

De par leur nature, les entreprises modernes ne donnent des conseils honnêtes que pour accroître leurs profits. Jamais elles ne donneront un conseil, peu importe sa nécessité ou son évidence, pouvant entraîner une dégradation de leur situation financière. En bref, on ne peut pas leur faire confiance en tant que conseillères objectives.

• Les chartes doivent préciser les objectifs commerciaux pour lesquels les entreprises ont été établies. Cela pour faire en sorte qu'elles se préoccupent des produits et services qu'elles offrent, et non pas uniquement des revenus qu'elles génèrent. Cela donnera également un contrôle accru aux organisme de réglementation : la loi doit prévoir le retrait des chartes des entreprises en cas de crimes graves commis par celles-ci. Il me semble que ce type de « peine capitale » est éthiquement justifié dans le cas d'entités inanimées de ce genre.

De telles mesures se traduiront par un marché peuplé d'un nombre beaucoup plus important de petites et moyennes entreprises qui se feront concurrence pour attirer les clients. C'est ce processus, et non l'efficience alléguée des monopoles ou des oligopoles, qui constitue la base de la justification du capitalisme de marché. Un tel programme de réforme n'est pas radical, mais plutôt conservateur.

Des gens comme moi écrivent des livres — dont celui-ci — dans l'espoir que les idées qu'ils exposent feront l'objet de nombreuses discussions et peut-être même d'actions concrètes. Dans la mesure où les organes des entreprises remarqueront cet ouvrage, ils écarteront mes suggestions de réforme, les qualifiant d'irréalisables, de dangereuses, d'aberrantes et, bien sûr, d'irrationnelles. Justement, nous avons assez souffert de l'ingénierie sociale pratiquée par nos aïeux rationalistes et leurs disciples actuels. Il est temps, je le répète, d'écouter les admonestations de Socrate. L'important n'est pas de savoir comment les choses fonctionnent, mais comment nous devons vivre.

Notes

1. Herbert Marcuse, *One Dimensional Man*, Boston, Beacon Press, 1964, p. 145.
2. Cette citation est tirée d'un de mes ouvrages intitulé *Spirit of the Web : The Age of Information from Telegraph to Internet*, Toronto, Key Porter, 1999, dans lequel je fournis une analyse plus complète de la commercialisation de la presse électronique.
3. *Ibid.*
4. La raison pour laquelle les journaux font en sorte que les publicitaires n'aient pas un contrôle aussi manifeste sur le contenu est que les lecteurs peuvent choisir ce qu'ils veulent lire simplement en fouillant du regard les nouvelles et en feuilletant le journal — l'accès au contenu est aléatoire. Les gens n'ont pas envie de lire en entier les publicités pour être en mesure de terminer de lire un article. Les contenus publicitaire et rédactionnel sont, du moins jusqu'à un certain point, distincts dans l'expérience du lecteur. L'autre différence majeure entre les périodiques imprimés et les médias électroniques est que la plupart des journaux et des magazines tirent d'importantes recettes des abonnements et des ventes dans les kiosques à journaux. Cela contribue à les isoler davantage de l'influence des publicitaires.
5. *New York Times*, le 6 mai 2004.
6. Evelyn Fox Keller, *Reflexions on Gender and Science*, New Haven, Yale University Press, 1985, p. 121-122.
7. *Science*, 162, 1968, p. 1243-1248.
8. Voir mon livre : *The Plot to Save the World*, Toronto, Clarke, Irwin & Co., 1973.
9. Certaines personnes feront valoir que le communisme n'avait rien à voir avec les entreprises, mais était tout de même au moins aussi coupable du crime contre l'environnement que la société occidentale dominée par les compagnies. Cela est certainement vrai, mais le

communisme, dans son fétichisme scientifique, n'a pas non plus reconnu l'idée, jugée irrationnelle au point d'en être décadente, de l'impulsion morale. Il cherchait à se montrer plus rationnel que les rationalistes en rejetant l'idée de valeurs transcendantes reposant sur une entité aussi éphémère et non quantifiable que la conscience. Le communisme tel qu'on le pratiquait en Europe de l'Est et en Asie était plutôt l'incarnation de ce que White a attribué par erreur au christianisme — c'est-à-dire une arrogance gonflée d'orgueil devant la nature. Cela n'était non pas fondé sur la religion, mais bien sur le *rationalisme*.

10. L. J. Cohen, « Can Human Irrationality be Experimentally Determined ? », *Behavioral and Brain Sciences*, 4, p. 317-370, dans Phillip Mirowski, *Machine Dreams : Economics Becomes a Cyborg Science*, Cambridge, Cambridge University Press, 2002, p. 341.

Table des matières

Constantes

Achevé d'imprimer
sur papier Enviro 100 % recyclé
sur les presses de l'imprimerie Gauvin
Gatineau, Québec